高等职业教育电子商务专业系列教材

网店客服

ONLINE CUSTOMER SERVICE

龚　芳◎主　编
毛　利　王煦惠　李　阳◎副主编
杨晓峰　谢艳梅　邓佳燕　谭　富◎参　编

中国轻工业出版社

图书在版编目（CIP）数据

网店客服 / 龚芳主编. —北京：中国轻工业出版社，2021.11
高等职业教育“十三五”规划教材
ISBN 978-7-5184-2723-9

Ⅰ. ①网… Ⅱ. ①龚… Ⅲ. ①网店－商业服务－高等职业教育－教材 Ⅳ. ①F713.365.2

中国版本图书馆CIP数据核字（2019）第250728号

策划编辑：张文佳　　责任终审：劳国强　　整体设计：锋尚设计
责任编辑：崔丽娜　　责任校对：吴大朋　　责任监印：张　可

出版发行：中国轻工业出版社（北京东长安街6号，邮编：100740）
印　　刷：河北鑫兆源印刷有限公司
经　　销：各地新华书店
版　　次：2021年11月第1版第2次印刷
开　　本：787×1092　1/16　印张：14
字　　数：330千字
书　　号：ISBN 978-7-5184-2723-9　定价：39.80元
邮购电话：010-65241695
发行电话：010-85119835　传真：85113293
网　　址：http://www.chlip.com.cn
Email：club@chlip.com.cn
如发现图书残缺请与我社邮购联系调换
211390J2C102ZBW

随着网络购物的兴起，网店经营的日益火爆，一个全新的职业——网店客服悄然兴起了。然而，由于网购属于新兴行业，与网店客服相关的职业培训都还没有建立，这让很多淘宝店主为去哪里找到适合自己的客服而发愁，可见网店的客户服务非常重要。

为了适应市场对人才的需求，高职院校的电子商务专业陆续开设了网店客服的课程，但是目前市场上适合教学的教材并不是很多。因为随着电子商务行业的不断发展，很多平台和数据发生了变化，很多同类教材没有相对应的技能实训，不利于培养学生的实战技能；一些省份的电子商务技能抽查对网店客服的重视程度要求强化其技能点；需要以新媒体平台为重点来研究客户需求和服务的变化等。基于此，笔者编写了本书。

电子商务行业日新月异，网店客服的知识和技能点也需要与时俱进，针对上述原因，我们在编写的过程中穿插了很多案例和实训，因此本书具备以下特色：

1. 以项目任务为驱动，在每个任务中设置了相对应的实训，力求学生在实训中掌握知识点和技能点。

2. 对顾客购物的流程三部分进行细化，中间穿插了一些案例、图片和思维导图，让学生学起来思路清晰，容易理解。

3. 以湖南省电子商务技能抽查为基础，强化学生技能训练。

本书由湖南现代物流职业技术学院龚芳担任主编，江苏农牧科技职业学院毛利、湖南商务职业技术学院王煦惠、湖南现代物流职业技术学院李阳担任副主编，参编的还有湖南现代物流职业技术学院杨晓峰、谢艳梅、邓佳燕、谭富老师。另外，特别感谢米志强教授对本书的指导。由于时间仓促和水平有限，书中难免存在不足之处，欢迎广大读者批评指正。

编者

2018年12月

Contents / 目录

绪论

网店客服概论

项目导学

随着网络购物的兴起，网店经营的日益火爆，一个全新的职业——网店客服悄然兴起了。网店客服是一个电子商务公司的门户，客服工作的好坏直接关系到店铺的形象，影响到网店的成交率及客户的回头率，与企业利益直接挂钩。目前，电商人才需求中对客服岗位的需求较为迫切。

通过本项目的学习，会对网店客服有一个大致的了解，为学习后面的内容打下良好的基础。

学习目标

1．了解国内电商企业的发展概况

2．了解电子商务急需人才的状况

3．了解客户服务、网店、网店客户服务的内涵

4．了解网店客服岗位的重要性

5．了解售前、售中和售后的工作内容

学习框架

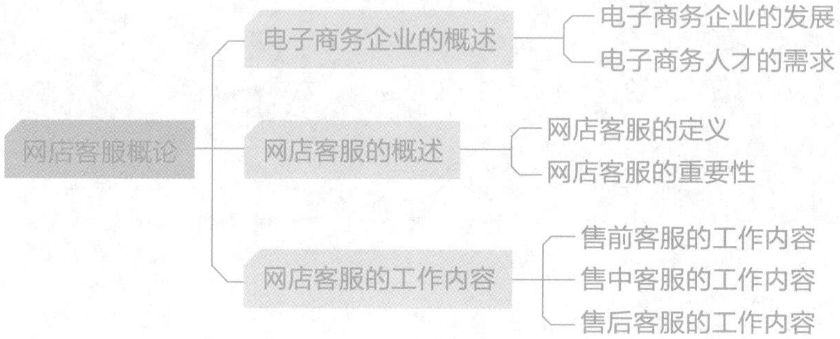

0.1

电子商务企业的概述

0.1.1 电子商务的发展

2019年8月30日，中国互联网络信息中心（CNNIC）在京发布第44次《中国互联网络发展状况统计报告》(以下简称《报告》)。我们可以从下面几个方面来看电子商务的发展前景。

1. 网民的规模

截至2019年6月，我国网民规模达8.54亿，较2018年底增长了2598万，互联网普及率达61.2%，较2018年底提升了1.6个百分点，如图0-1所示。

截至2019年6月，我国手机网民规模达8.46亿，较2018年底增长了2983万，网民中使用手机上网的比率由2018年底的98.6%提升至99.1%，如图0-2所示。

我国持续推进互联网普及工作，"提速降费"深入开展，取得显著成效，2019年《政府工作报告》提出，持续推动网络提速降费，开展城市千兆宽带入户示范改造，提升远程教育、远程医疗网络，推动移动网络扩容升级，让用户切实感受到网速更快、更稳定，并提出移动网络流量平均资费再降低20%以上的年度工作目标。2019年5月，工业

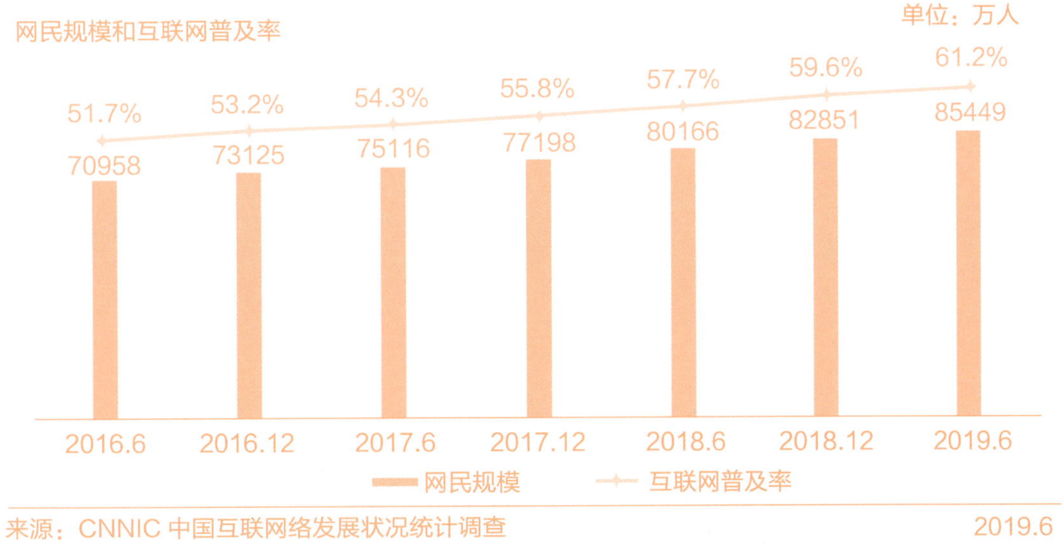

图 0-1 网民规模和互联网普及率

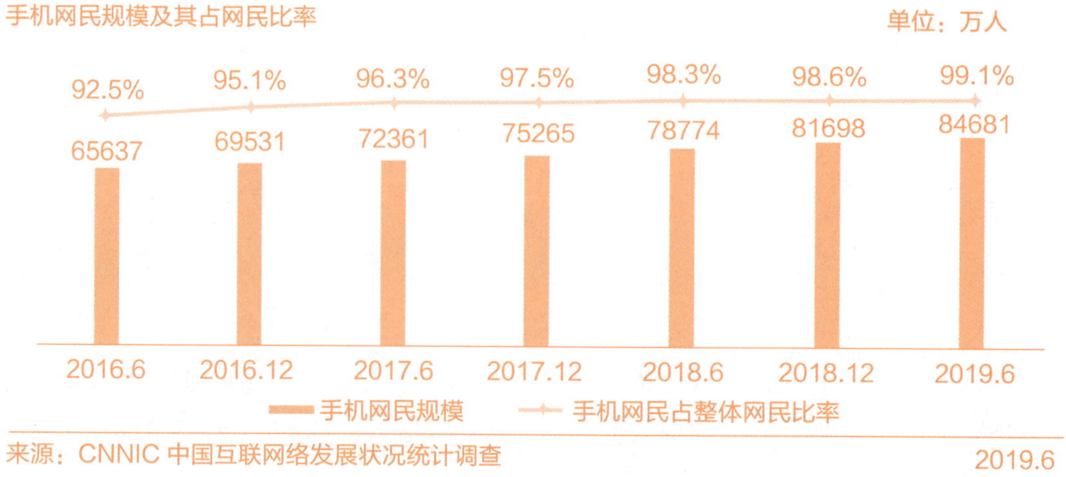

图 0-2 手机网民规模及其占网民比率

和信息化部、国务院国有资产监督管理委员会印发《关于开展深入推进宽带网络提速降费 支撑经济高质量发展2019 专项行动的通知》，进一步提升宽带网络供给能力、补齐发展短板、优化发展环境、促进信息消费和“互联网+”行动深入开展，助力网络强国建设。光纤用户占总宽带用户的比率、固定宽带家庭普及率、贫困村宽带网络覆盖率等指标已提前完成《“十三五”国家信息化规划》确定的目标。

2. 网络购物

截至2019年6月，我国网络购物用户规模达6.38亿，较2018年底增长了2871万，占网民整体的74.8%；手机网络购物用户规模达6.21亿，较2018年底增长了2990万，占手机网民的73.4%。如图0-3和图0-4所示。

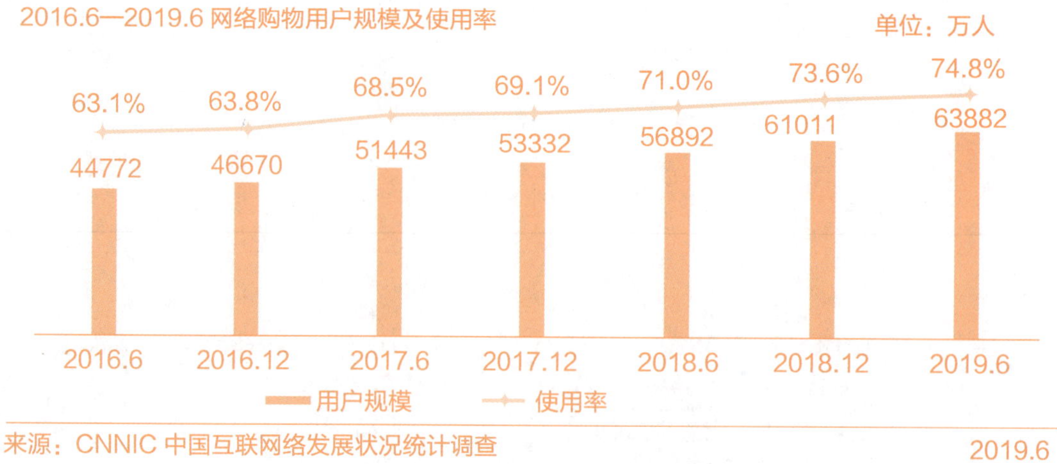

图 0-3 2016.6—2019.6 网络购物用户规模及使用率

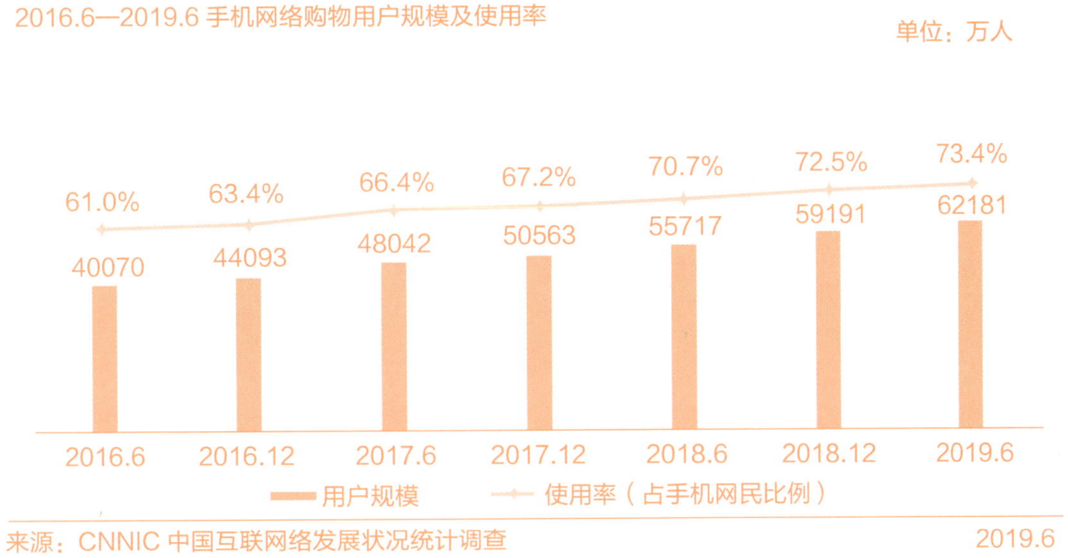

图 0-4 2016.6—2019.6 手机网络购物用户规模及使用率

2019年上半年，网络购物市场保持较快发展，下沉市场、跨境电商、模式创新为网络购物市场提供了新的增长动能。

在地域方面，以中小城市及农村地区为代表的下沉市场拓展了网络消费增长空间，电商平台加速渠道下沉。一是下沉市场网络消费交易额增速正逐步赶超一二线大城市，例如在618活动期间，主要电商平台的美妆、数码等产品在下沉市场的成交额增速高于一二线城市；二是下沉市场用户规模增长仍有很大空间，截至2019年3月底，淘宝天猫1.04亿移动月活跃新增用户的77%来自三线城市及以下地区。

在业态方面，跨境电商零售进口额增长，利好政策进一步推动行业发展。2019年上半年我国跨境电商零售进口商品货值为456.5亿元，同比增长了24.3%。同时，跨境电商利好政策持续释放，有力推动行业持续健康发展。2019年7月，国务院宣布将在现有35个跨境电商综合试验区的基础上，再增加一批试点城市，同时提出落实“无票免税”政策，出台更加便利企业的所得税核定征收办法。

在模式方面，直播带货、工厂电商、社区零售等新模式蓬勃发展，成为网络消费增长新亮点。一是营销创新持续加速。电商与直播、短视频开展深度融合，如淘宝上线独立直播平台、拼多多联合快手进行直播推广、京东购物接入抖音、网易考拉上线短视频购物推荐频道等；二是产业链整合不断深化。主要电商平台着力推动工厂电商模式，如网易考拉开设线下全球工厂店、拼多多推出“新品牌计划”、苏宁拼购签约数百家工厂；三是产业生态日趋完善。阿里巴巴、京东、苏宁易购等电商平台通过自营、投资等方式加快进入社区零售领域，推动社区拼团、社区买菜等新模式快速发展。

0.1.2 电子商务人才的需求

2019年4月15日，网经社–电子商务研究中心和杭州赢动教育咨询有限公司联合发布的《2018年度中国电子商务人才状况调查报告》中说到当前电商的急需人才，如图0–5所示，其中我们发现新媒体、社群运营方向人才和淘宝天猫等传统运营人才是企业需求量最大的，但是这些岗位的优秀人才都是从客服开始做起的。例如，该报告在《2017年度中国电子商务人才状况调查报告》中说到需要的推广销售人才主要就是客服人员，可见培养网店客服人员对于电子商务企业发展的重要性。

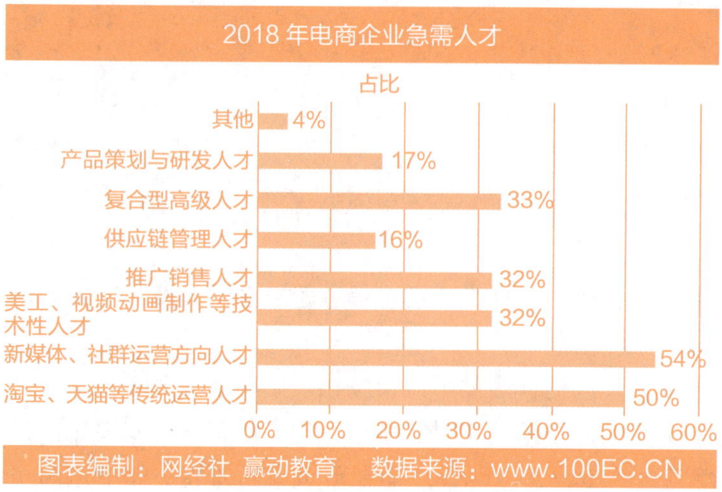

被调查企业中，50%急需淘宝、天猫等传统运营人才，54%的企业急需新媒体、社群运营方向人才，32%的企业急需美工、视频动画制作等技术性人才，32%的企业急需推广销售人才，16%的企业急需供应链管理人才，33%的企业急需复合型高级人才，17%的企业急需产品策划与研发人才。

数据解读：

流量来源逐步的分散与碎片化，淘宝、天猫等传统运营人才素质要求越来越高，需求下降比较明显，而社群、新媒体方向的人才需求非常强劲，成为第一需求。同时，复合型高级人才也比2017年上升11%。

图 0–5　2018 年电商企业急需人才

0.2 网店客服的概述

0.2.1　网店客服的定义

（1）客户服务

1）客户服务的含义

①客户。客户就是企业需要服务的对象。按不同的划分标准，客户有不同的分类，如按客户所处的位置划分，可分为外部客户和内部客户；按客户所处的时间状态划分，

可分为过去客户、现在客户和将来客户；按客户表现类型划分，可分为要求型客户、困惑型客户和激动型客户。

②服务。服务是指为一定的对象工作。经济组织提供的服务为有偿服务，非经济组织提供的服务为无偿服务。

③客户服务。客户服务，简称客服，是指一种以客户为导向的价值观，是企业通过营销渠道，为满足客户的需求，提供的包括售前、售中、售后等一系列服务的过程。广义而言，任何能提高客户满意度的内容都属于客户服务的范围。

简单来说，客户服务就是为公司的客户提供他们所需的服务，维护公司与客户之间的关系。客户服务的目的是满足客户的服务需求，企业为客户提供优质的服务，最终目的就是要使客户满意。

2）客户服务工作的主要内容

客户服务工作的主要内容分为售前、售中和售后。如图0–6所示。

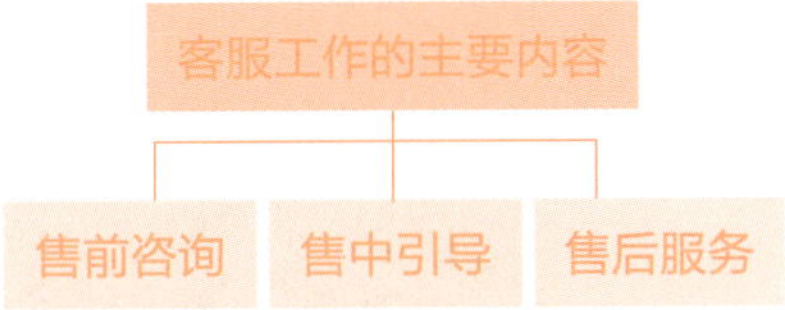

图 0–6 客服工作的主要内容

售前咨询是企业争取客户的前置工程，主要工作是收集客户信息、联系客户、了解客户的需求。售中引导是客户检验企业能力的关键，主要工作是为客户讲解公司的产品或服务，引导客户完成消费。售后服务是企业使客户忠诚的核心，主要工作是解决客户存在的问题，为客户提供满意的解决方案，以及对客户进行回访。

（2）网店

1）网店的含义

网店，全称为网络店铺，也称网上商店、虚拟商店等，是指在网上开设的店铺。网店是随着互联网的发展而逐步走向人们生活的一种新兴的商业活动，能够让人们在浏览的同时进行实际购买，并且通过各种支付手段进行支付完成交易全过程的网站。

2）网店的优势

与传统实体商店相比，网店主要具有以下的优势。

①开店方便快捷。与开实体店铺不同，开网店只需一台联网的计算机，通过单击鼠标、敲打键盘就可完成整个开店过程。开网店无须实体店铺，无须库存等。

②店铺形式多样。企业可以自建网站开设网店，也可以利用阿里巴巴1688、天猫、淘宝、京东商城等第三方平台开设店铺。

③经营管理高效。网店经营不受时间和空间的限制，理论上可实现24小时在线服务，把经营时间最大化，可将自己的产品或服务销售给世界各地有网络的顾客，获得更

多的生意机会。网店无须大量工作人员完成采购、上货、销售等工作，都可在网上进行，节约大量人力和物力。

④交易迅速安全。网上交易买卖双方无须见面，通过网络即可达成意向完成电子支付，最后物流把货品送到买家的手中。整个交易过程方便、迅速，无须携带现金也比较安全。

3）网店的分类

①按网站性质不同，网店可分为自建网站型网店和借助第三方平台型网店。

自建网站型网店需要专业的技术人员，往往需要投入大量的人力与财力，如凡客诚品（VANCL）、1号店等，如图0-7所示。

借助第三方平台型网店的建店门槛相对较低，操作简单，只需在服务提供商网站完成注册和开店操作即可开始经营。第三方平台提供商有阿里巴巴1688网、京东商城、国美在线、当当网、淘宝网等。

图 0-7 凡客诚品和 1 号店首页

②按网店交易对象不同，网店主要可分为B2B、B2C、C2C型网店。

B2B型网店是指主要做批发业务的网店，如借助阿里巴巴1688、慧聪网等平台开设网店。B2C型网店主要指商家开展零售业务的网店，如凡客诚品、1号店、天猫、国美在线等。C2C型网店是个人借助第三方平台开设网店，如在淘宝网或利用微信开设微店等。

（3）网店客户服务

1）含义

网店客户服务，简称网店客服，是指在开设网店这种新型商业活动中，充分利用各种通信工具并以网上即时通信软件（如旺旺、QQ、京东咚咚等）为主，为客户提供产品介绍、问题解答和售后服务等相关服务。

按不同的划分标准，网店客服分为不同的类型，本书主要介绍按网络交易流程分类的售前客服、售中客服和售后客服三种。

2）案例：途牛旅游网-2018金音奖最佳客服

由51Callcenter主办、淄博市政府联合主办，国家工信部、国家商务部等相关主管部门指导，中国呼叫中心与BPO产业联盟（CNCBA）和全国呼叫中心行业自律与监督委员会学术指导，中国产业发展研究院、台湾客服中心发展协会、中国反侵权假冒创新战略联盟协办，4PS国际标准作为评选标准的“金音奖”2018中国最佳客户联络中心及卓越客户体验评选榜单隆重发布。其中途牛旅游网榜上有名。

单位名称：途牛旅游网（见图0–8）

所属行业：旅游业，所在城市：南京

图 0–8　途牛旅游网首页

员工数量：7000+，坐席数量：2000+

中心建立时间：2014年

服务号码：4007-999-999

最佳标杆案例：

途牛旅游网创立于2006年，以“让旅游更简单”为企业使命，以“旅游入口、世界级公司”为企业愿景，以“客户第一、简单、诚信、极致、分享”为核心价值观，以“顾客满意、遵守标准、一次做对”为质量方针。

途牛旅游网作为在线休闲旅游市场领先企业，一家新兴的互联网企业，一直以“让旅游更简单”为使命，为消费者提供由北京、天津、上海、广州、深圳、南京等420个城市出发的旅游产品在线预订服务，产品全面，价格透明，全年365天、24小时400电话预订，并提供丰富的后续服务和保障。如图0-9所示是途牛的客服部门。

近几年，在线旅游市场发展势头正猛，用户看重的不仅仅是旅游产品，更多人对服务质量有越来越高的要求。所以，建立完善的客服体系成为谋求行业竞争优势的关键。

客户服务中心是途牛旅游网最大的对客渠道，经过几年的发展，历经打磨，已经拥有了一套属于自己的体系，并将这套体系应用于售前、售中、售后，形成了一个完整的服务闭环。目前途牛客户服务中心设立在南京及宿迁两地。与此同时，自2014年以来，途牛会员服务体系迅速发展，客户体验不断提升，两者日益呈现出相辅相成的螺旋式上升趋势，经过几年的发展，历经打磨，现在客户服务中心已经拥有了一套属于自己的体系。

我们把这套体系应用于售前、售中、售后，形成了一个完整的服务闭环。途牛客户服务中心在运营管理上非常重视客户的服务体验，会员服务体系迅速发展，客户体验不断提升。用户在成为途牛会员后，会员服务团队的旅游顾问通过与用户的积极沟通，可以在第一时间掌握用户需求，比如用户的年龄、喜好、家庭情况，用户对产品的具体要求，并利用大数据和用户画像系统，对用户进行标签化分类，具象出会员类别，包括亲子、老年、蜜月等，每一个类别都有自己的特征。

用户在之后的出游中，不用再每次都费尽力气，重复解释自己的情况、喜好以及需求，通过旅游顾问的会员服务，可以大大节省用户的精力和时间成本。相比较于同行业

图 0-9　途牛的客服部门

来说，每一位选择途牛出游的用户，都拥有一位专属旅游顾问，享受朋友般专业而贴心的服务。在提升用户体验的同时，在情感上维系客户，促进老客户的复购率。

在不断提升客户体验的同时，途牛对客户服务体系进行了多次全面的升级，推进并且完善了分层化服务和区域化服务，目前途牛按照星级划分，为每一位会员配备了相应的专属顾问，专属顾问的服务涉及旅游全环节，比如在下单前回答客户关于目的地的咨询、疑问，为客户推荐并帮助预订产品，在出游中以及出游后与客户保持沟通，对于可以即时解决的问题立即给予解决，当碰到困难时，专属顾问会积极地协助客户解决，多方面保障客户的出游体验，不断扩大客户专属权益。

此外，途牛还加强了对大数据的分析，针对不同星级、不同区域的客户，优化服务流程、提高服务质量，为客户提供7×24小时全天候服务，给客户全方位的服务体验。同时通过邮件、电话、短信、APP平台、微信等多种交互方式，加强与客户的沟通，及时应答客户的出游咨询、解决客户的出游问题。

通过在咨询、预订、出游中、出游后到点评、回访、维系等客户各个触点提供全周期、全环节的服务，途牛保证客户需求能够得到及时响应和有效帮助，保证其全程无忧的出游体验。

此外，经过长期探索，途牛客服体系形成了“五大优势”，成为行业内学习的标杆。

一是“全”。依靠“六大流程标准”为客户提供7×24小时全天候高品质服务。六大流程为：预订流程、售前流程、签约流程、售后流程、客户关系流程、客服标准。

二是“快”。目前途牛的呼叫中心系统已经实现了将20秒来电接通率提高到90%，在线预订率提高到50%，30分钟回复率提高到96%，当天投诉解决率提高到88%的高效率工作。通过对回应客户各环节效率的提升，不断地提升客户服务的体验度，途牛独有的服务理念和模式也支撑途牛在不断提升客户体验、满足客户服务需求的同时，树立了良好的行业口碑。

三是“多”。互联网时代，客户服务已经不仅仅局限为人工呼叫，途牛将服务延伸至在线客服、“牛跟班”微信群服务、微博沟通等多种交互方式中。

四是“专”。用户在途牛可以享受到由专业知识丰富的旅游顾问提供的一对一管家式专属服务。

五是“保”。业内首创的“十一项出游保障”服务承诺，为用户出游“保驾护航”。

除此之外，会员服务也是途牛客服体系中重要的组成部分。2016年，途牛从服务标准、会员权益、服务平台等方面入手，全面升级会员服务，推出“途致”会员服务品牌，持续为新老客户提供极致的专属服务。

“途致”还将全面扩充提升会员权益：继续推进四星级以上客户的上门签约、收取材料及证件的牛到家服务；五星级会员出境WIFI服务；作为一个服务于高星级客户的品牌，“途致”以“客户第一”作为服务的根本，并且推出了“快”服务，集合了来自各条线的优秀顾问，目前从客户预订到售后均由专门组别服务，途致服务组已经形成一个服务体系的闭环，极大地提升了客户的体验。公司连续多年获得“金音奖”中国最佳客户联络中心奖。

目前，途牛的客户回访满意度高达98%，同时，在途牛整体业绩飞速提升的同时，途牛老客户消费占比也一直在攀升。2017年前三个季度，途牛老客户占比已经超过一半，达到60%左右，体现了客户对途牛会员服务的高满意度与高信赖度。

0.2.2　网店客服的重要性

网店客服在网店运营过程中有着极其重要的作用，主要表现在以下几点。

（1）塑造店铺形象

对于一个网上店铺而言，客户看到的商品都是一张张的图片，既看不到商家本人，也看不到产品本身，无法了解各种实际情况，因此往往会产生距离感和怀疑感。这个时候，客服就显得尤为重要了。客户通过与客服在网上的交流，可以逐步地了解商家的服务和态度以及其他，客服的一个笑脸（旺旺表情符号）或者一个亲切的问候，都能让客户真实地感觉到他不是在跟冷冰冰的电脑和网络打交道，而是跟一个善解人意的人在沟通，这样会帮助客户放弃开始的戒备，从而在客户心目中逐步树立起店铺的良好形象。

（2）提高成交率

现在很多客户都会在购买之前针对不太清楚的内容询问商家，或者询问优惠，确认下商品等。客服在线能够随时回复客户的疑问，可以让客户及时了解需要的内容，从而立即达成交易。

有时候客户拍下商品，但是并不一定是着急要的，这个时候在线客服可以及时跟进，通过向买家询问汇款方式等督促买家及时付款。

（3）提高客户回头率

当买家在客服的良好服务下，完成了一次良好的交易后，买家不仅了解了卖家的服务态度，也对卖家的商品、物流等有了切身的体会。当买家需要再次购买同样商品的时候，就会倾向于选择他所熟悉和了解的卖家，从而提高了客户再次购买机率。

（4）更好地服务客户

如果把网店客服仅仅定位于和客户的网上交流，那么我们说这仅仅是服务客户的第一步。一个有着专业知识和良好沟通技巧的客服，可以给客户提供更多的购物建议，更完善地解答客户的疑问，更快速地对买家售后问题给予反馈，从而更好地服务于客户，才能获得更多的机会。

0.3 网店客服的工作内容

0.3.1 售前客服的工作内容

售前客服主要从事引导性的服务，如客户（包括潜在客户）对产品技术方面的咨询，从客户进店咨询到拍下订单付款的整个工作环节都属于售前客服的工作范畴。如图0-10所示为售前客服的工作内容，主要包括售前准备、接待客户、推荐产品、解决异议、下单指引和欢送客户。

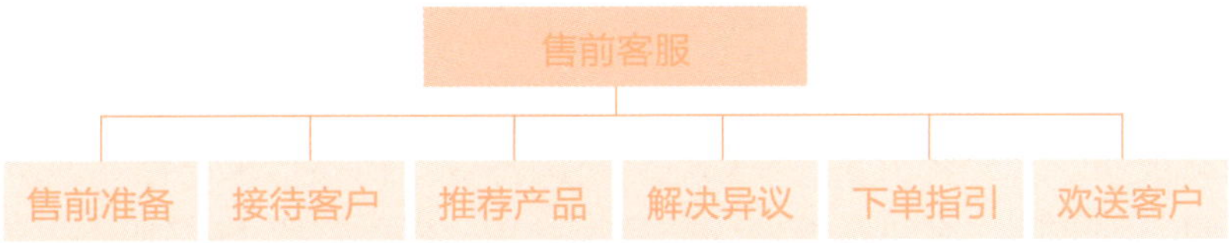

图 0-10 售前客服的工作流程

（1）售前准备

售前准备阶段的工作内容主要包括以下3个方面。

1）学会沟通技巧，熟悉产品

熟悉产品信息，并掌握基本的交流、沟通方法是网店客服最基本的工作。特别是店铺上架新产品前，要开展相关的产品培训，以便快速为客户答疑解惑。

2）熟悉沟通工具，了解活动

除了熟悉产品信息外，客服人员还要掌握店铺正在进行的活动，熟悉活动的运作方式，并根据实际情况为客户介绍，以引起客户的购物兴趣。其次，还要掌握基本的沟通工具的使用。目前淘宝平台中使用的交流、沟通工具为千牛，在该工作台中客服可以同时接待多个客户。掌握千牛的基本使用方法，如快捷回复、自动回复的设置方法，聊天时间排序的设置方法，客户分组的设置方法等，可以提高客服人员接待客户的效率。

3）了解平台规则与注意事项

作为网购平台，必定有其运行的规则，客服需要先了解清楚，以免触犯规则被处罚。同时作为一名专业的客服，必须注意沟通细节，可以说什么，不可以说什么，要做到心里有数，方能在不违规的情况下促成更多的订单。

（2）接待客户

售前客服应该做好随时接待客户的准备，并时刻保持热心、耐心、周到的服务态度，反应要及时，不要客户提了好几个问题之后，客服才回答第一个问题，也不要冰冷冷地回答，要通过一些语气词来尽量调动气氛，给予客户热情、真诚的服务。

（3）推荐产品

当客户咨询相关产品时，客服人员要从客户的语言中主动挖掘客户需求，专业、耐心地解答客户提出的问题，同时主动向客户推销产品，以产品的质量、卖点、优势等来打动客户，引起客户购物的欲望，并在恰当的时候推荐与产品相关联的其他产品做到二次营销。

（4）解决异议

当遇到疑难问题时，客服人员要通过自己的专业销售技巧来进行处理，并且始终保持着热情、耐心的态度。客户可能遇到产品、发货、操作和服务等方面的问题。

①产品问题。包括产品材质、产品尺寸和产品型号等。

②发货问题。包括发货时间、快递时效等。

③操作问题。包括提交订单、使用优惠券、购买运费险等操作。

④服务问题。包括品牌售后服务、产品售后保障等。

（5）下单指引

客户在店铺中成功下单后，客服人员要仔细核实订单，并发送给客户确认，充分体现出客服人员细心的服务水准，以及热情、周到的服务态度。

（6）欢送客户

客户购物完成后，客服人员要向其表达感谢，体现出感恩、热情的态度。

0.3.2 售中客服的工作内容

售中客服的工作主要集中在物流订单的处理，横穿于从客户付款到订单签收的整个时间段。其工作流程如图0-11所示，主要概括为以下四个方面。

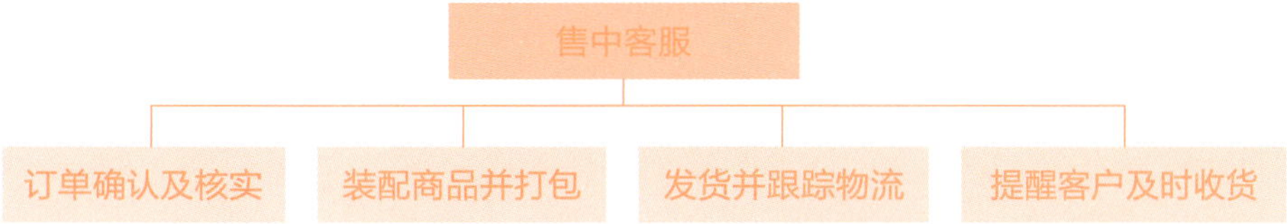

图 0-11 售中客服的工作流程

（1）订单确认及核实

下单后，售中客服要第一时间与客户确认订单并核实信息，保证客户填写的信息正确无误，减少订单出错的概率。若发货后才发现客户姓名、地址或联系电话有误，应尽快与快递公司联系修改，保证货物及时送到客户手中。

（2）装配商品并打包

核对订单无误后，应尽快装配商品并打包，做好商品的发货准备工作，保证产品能在第一时间到达客户手中。打包时要仔细检查产品与包装，避免产品出现瑕疵或者包装有问题。同时，还要细心核对客户信息与快递信息，特别是客户添加的备注信息，一定不要遗漏。另外，也不要出现发错货或者少发货的情况。

（3）发货并跟踪物流

做好商品装配与包装后，要及时通知物流公司揽货，并对订单进行发货处理，告知客户已经正常发货。发货后，需要实时跟踪商品的物流状态，若发生意外事件导致客户收货时间延迟，一定要事先与客户沟通，请求客户了解，并尽快与物流公司联系，尽快解决问题，保证客户顺利收到商品。

当客户顺利收货后，若迟迟没有确认收货，可以稍加提醒，不能生硬地要求客户。在这个过程中，可能会出现中评、差评或投诉等问题，这时，客服人员需要冷静地分析原因，尽最大的能力给客户一个满意的答复，做到双赢。

（4）提醒客户及时收货

当货物运输到客户所在城市后，客服人员可以用短信或者旺旺消息提醒的形式通知客户，商品已经到达所在城市，马上进行配送。当快递公司配送后，还要提醒客户及时收货，防止货物遗失。

0.3.3 售后客服的工作内容

售后服务的质量是衡量网店服务质量一个很重要的方面，好的售后服务不仅可以提高店铺的形象，还能留住更多老客户。如图0-12所示为售后客服的工作内容，主要包

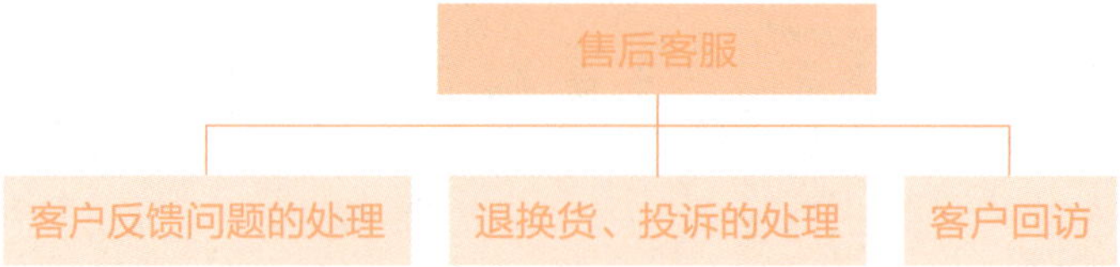

图 0-12 售后客服的工作流程

括客户反馈问题的处理，退换货、投诉处理和客户回访。

（1）客户反馈问题的处理

客户收到货物后，在使用过程中可能会出现某些问题。此时，客户一般会返回店铺，找到店铺客服人员进行反馈，或是直接在评论中进行描述。若直接找到客服进行反馈，客服人员一定要认真对待，先安抚客户的情绪，再根据实际情况进行处理，尽量优先考虑客户的利益。

（2）退换货、投诉的处理

当客户提出退换货请求时，先了解客户退换货的原因。若是产品或物流等商家方面的原因，要及时同意客户的请求并详细告知客户退换货的流程和注意事项，帮助客户快速处理，保证其利益不受损。如图0-13所示为退换货的工作流程。若客服遇到退换货问题，可按照这个流程来处理。

若客户投诉店铺，首先店家应该进行自我反思，并分析产品投诉的原因。若是自身原因则应承担后果，并向客户道歉；若是客户无理取闹，则要找淘宝人工客服进行询问，采取必要措施，保护自己正当的权益。

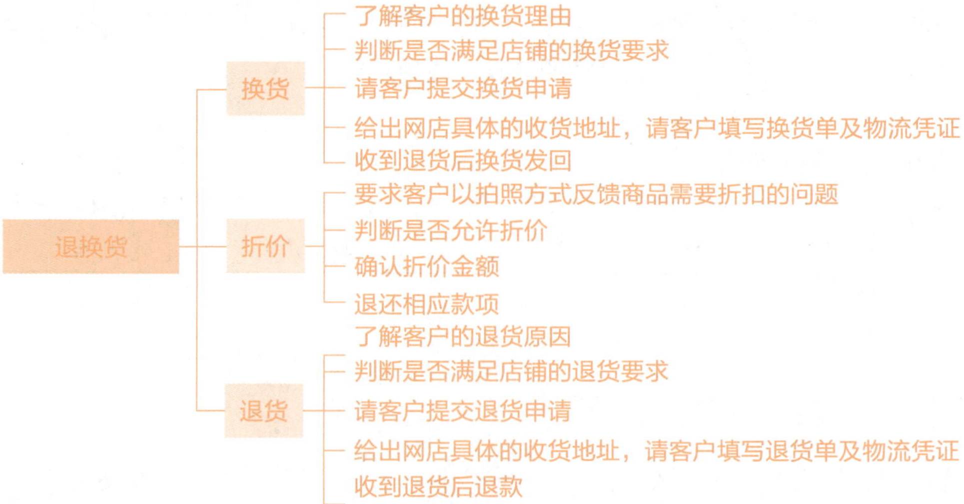

图 0-13 退换货的工作流程

（3）客户回访

售后工作还有一项重要的内容，就是客户回访。客户回访可以增加客户的黏性，加深客户对店铺的印象。客服人员可以通过短信、邮箱、旺旺等方式进行回访。回访的内容不要是毫无技巧的推销，可以简单告知店铺的最新活动，吸引客户主动购物的兴趣，或邀请客户参加店铺的产品质量调查，让客户感受到自身地位的重要性，并提高产品的价值。

课后实训

1. 登录前程无忧和智联招聘的网站，对比了解下长沙地区“网店客服”招聘企业的数量和对该岗位的职责要求。

2. 分析出色或糟糕的客户服务体验。

回想你最近六个月中所接受过的最好的以及最差的网店客户服务，各举一例，回忆一下发生了什么，比如对方说了什么或做了什么，用了什么样的语调，以及采取了哪些积极的或消极的行动，并将相应的内容填入下表。

序号	体验内容	最佳客户服务体验	最差客户服务体验
1	你所光顾的网店名称是？		
2	他们如何招呼你？		
3	他们隔多久才接待你？		
4	你认为接待你的人视你为什么样的人？（如：一个尊敬的客户，可以向其推销任何东西的人；讨厌的人等）		
5	你对所接受的服务有何感受？（如：满意的、受尊重的、恼火的、失败的等）		
6	他们所提供的服务达到了你的期望吗？（如：是，他们远远超出了我的期望；不，我感到很失望等）		
7	这一感受是否会影响到你再次来该网店购买？		

续表

序号	体验内容	最佳客户服务体验	最差客户服务体验
8	分别列出你认为声誉卓越和声誉不佳的三家网店		
分析与结论			

售前篇

项目一

售前客服知识储备

项目导学

张三收到了长沙某电子商务公司的录用通知书，上班第一天就接受了员工培训，培训老师布置的第一个任务是熟悉公司的基本情况、网店的产品和交易平台规则，然后接受测试。于是张三开始认真查看公司的相关文件，并打开计算机，开始收集、查看交易平台规则，希望能在测试中取得好成绩，给培训老师及公司留下好印象。

学习目标

1．了解并理解电商企业文化的内部和外部特征
2．了解电商企业组织构架
3．知道网店客服岗位职责和基本要求
4．了解商品和商品质量的概念和特征
5．掌握各种类型商品的基本知识
6．了解商品品牌的价值
7．了解交易平台和其工作流程、交易规则

学习框架

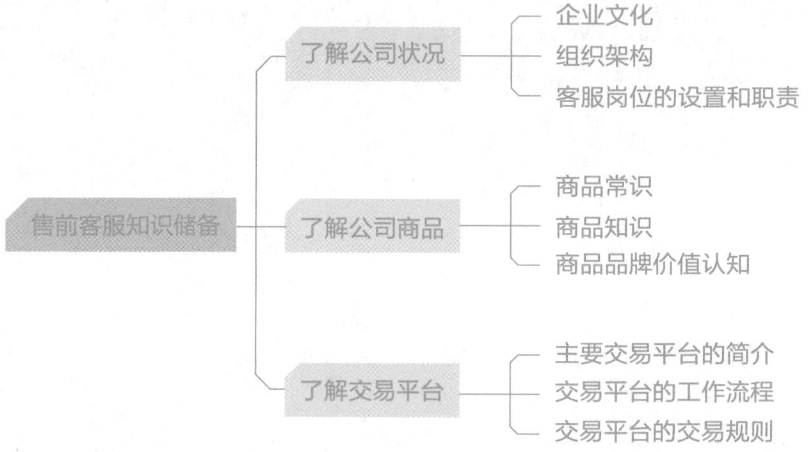

1.1
了解公司状况

1.1.1　企业文化

企业文化是一个动态的概念，随着环境的改变其特征也不断的变化。基于电子商务环境下的企业文化特征是与电子商务本身的特性紧密相连的。企业实施电子商务需要面对内、外两个不同的环境，那么其对应的企业文化特征也可以从内部文化和外部文化两个层面来分析。

（1）内部文化特征

1）沟通文化

互联网的推广大多借助网络，过去彼此交流不多的业务人员现在可以快速便捷地进行沟通。电子商务环境下，企业的各项业务活动都充分利用了信息技术，这一切都大大优化了企业内部成员与成员、部门与部门、成员与部门之间传统的沟通方式，同时也在很大程度上呼吁企业良好沟通文化的出现来支持这一改变。

2）团队文化

电子商务环境下，企业竞争将在全球范围内展开，企业面临的内、外环境将越来越多变，这就要求企业必须对激烈的市场竞争迅速地做出反应。电子商务企业是智能型企业，电子商务运作的员工是知识型员工，企业的工作只能由高效的团队协作来完成，而不是靠行政命令。如图1-1所示为某电商企业的团队文化。

（2）外部文化特征

1）信用文化

电子商务自产生以来，信用问题就成为制约其发展的一个重要瓶颈。电子商务作为一种商业活动，信用是其存在和发展的基础。

为了克服这一瓶颈，单是制定相应的交易规则或政策法规还远远不够，为此必须树立一种信用文化，并用其来营造一种信用环境引导企业采用适合的信用模式。

2）形象文化

企业网页是一个商务平台，它不仅能通过向客户提供公司信息、展示最新的商品或服务来推销企业和商品，而且更重要的是它在无形之中向用户传递着企业的形象。

图 1-1　企业团队文化

3）合作文化

基于电子商务环境下的企业对企业是一种知本性合作，这种合作是企业商务活动的重要资源。它将能够增进双方利益的知识、智力、创新能力转化为可持续发展驾驭资源和长期合作关系的维系力量。

1.1.2　组织架构

网商型企业组织架构，如图1–2所示。其中的售后服务部和客户关怀部都是专门的客服岗位，而网络零售部和网络分销部也需要一部分的售前客服。

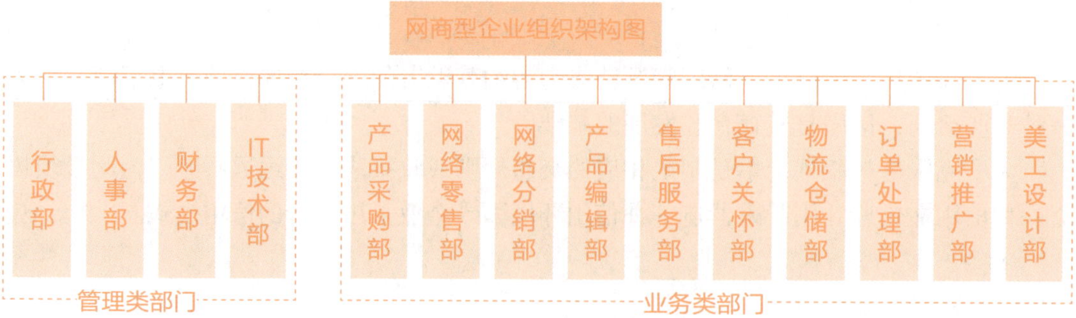

图 1–2　网商型企业组织架构图

1.1.3　客服岗位的设置和职责

（1）网店客服岗位的设置

首先我们来了解下网店客服的整体架构搭建，如图1–3所示是某集团客服部2018年组织结构图。

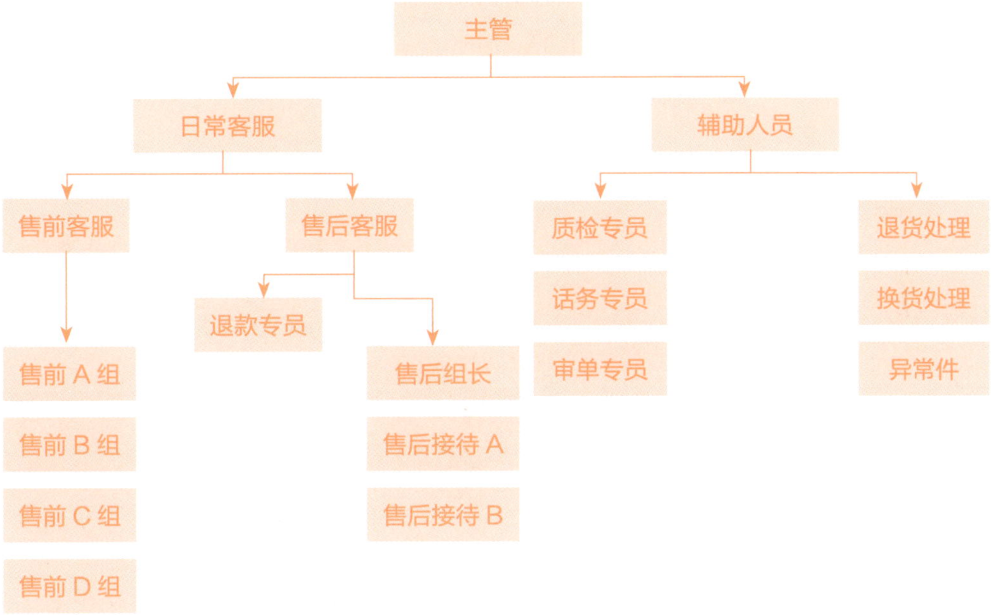

图1–3　某集团客服部2018年组织结构图

某集团2018年1～2月的客服现状：旗舰店后台处理总退款是43830笔，退款高峰（待处理退款）是8000多笔，仓库签收退货包裹高峰是2500多笔，客服日均接待人数大概是4007人。

而客服部人数状态是这样的：

①年底日常客服25人左右，客服部兼职人员5人，大促期间40人左右进行质检；

②集团客服共7部电话，其中归属旗舰店客服电话5部（话务需求）；

③新老人数占比3∶1，新人需要更多的培养与指导（师徒制度）。

（2）网店客服岗位的职责

针对上面某集团客服2018年组织结构图，我们来看看客服岗位的具体职责。

1）主管

负责整个客服部事项和人员管理。

2）日常客服（图1-4）

①售前客服：负责买家咨询的接待，促成买家下单付款。售前ABCD组，每组设置一名师傅；

②退款专员：专职负责订单退款的审核与确认，确保退款的及时性、准确性；

③售后接待：负责买家付款后各类问题的解答，以及与快递公司的沟通。

图 1-4　日常客服的职责

3）辅助人员（组长兼职）

①质检专员：负责团队旺旺沟通的抽查与优化，提升客服服务质量及转化率（重点辅助新人成长）；

②审单专员：专职订单审核，订单修改，与仓储对接问题等；

③话务专员：负责客户来电接听并登记，涉及其他部门来电做好通知转接工作；

④销退小组：负责接收仓库退换货信息，并做好系统处理，无头件登记等。

具体职责如图1-5所示。

注意：师傅负责本组新成员的质检兼职辅助负责审单工作。

客服一般不需要太高深的电脑技能，但是需要对电脑有基本的认识，会使用Word和Excel软件；会发送电子邮件；熟悉上网搜索和找到需要的资料；熟练运用软件销售，打字速度快，能够盲打输入；反应灵敏，能同时和多人聊天，对客户有耐心。

我们在前程无忧（www.51job.com）上用“网店客服”的关键词搜索了长沙地区对于网店客服岗位职责和要求，如图1-6所示。

根据图中我们看到，网店客服岗位职责和要求包括下面几点：

①负责潜在网站相关的电话咨询、来访咨询等接待和解答。

②负责各类在线咨询的接待、回答、回复。

③配合业务部门开展活动，帮助提供各类资料。

④对各类咨询情况进行统计和分析。

⑤配合业务部门进行部分网站内容编辑。

⑥帮助、接受各类合作者办理有关手续或事务。

⑦负责网站相关事务的市场、合作等文件、资料、合同的准备和管理。

⑧对所有潜在的或已经合作的单位或个人进行关系维护和管理。

⑨参与组织和实施各类宣传推广。

这其中涉及的范围比较广，不仅仅是我们在前程无忧网站上看到的，所以客服的工作可以往深处进行延伸，很多专家把优秀的客服人员叫作深度营销的专家，可见客服的工作我们可以承载的内容更多。

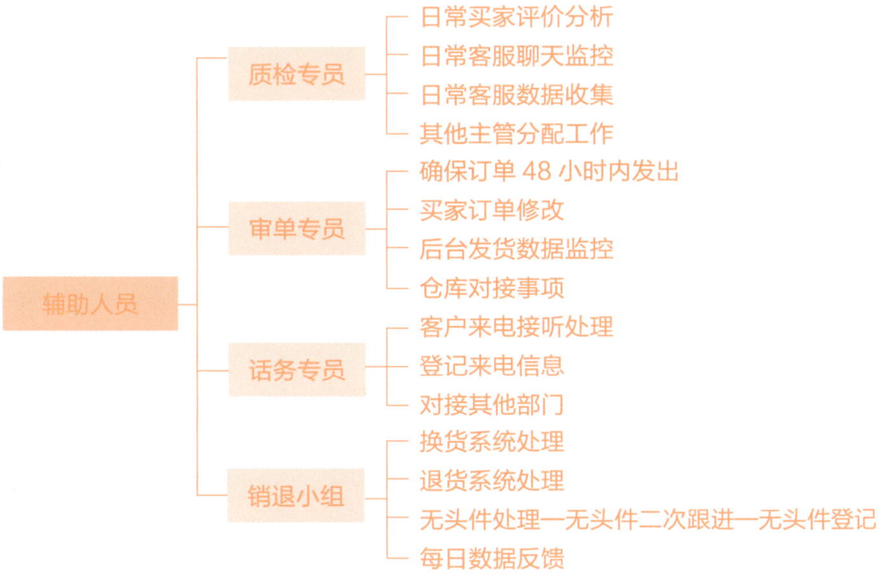

图 1-5　辅助人员的职责

高薪招聘客服专员　3-4.5千/月

长沙百年卡伦电子商务有限公司　查看所有职位

长沙-浏阳市 | 无工作经验 | 招5人 | 11-30发布

包住宿　餐饮补贴

职位信息

1、负责客户咨询服务，及时耐心回复旺旺咨询及留言，并达成销售；
2、熟悉店内商品特性和规格，能准确有效地为客户做推荐；
3、具备一定的销售技巧，懂得客户心理，热情耐心解答客户的问题：
4、负责处理客户的退换货等售后问题；
5、负责协助其他部门完成指定任务；

任职要求：
1、熟悉淘宝、淘宝交易流程及淘宝旺旺的使用；
2、电脑操作熟练，打字速度快、文字功底好；
3、能够接受早、晚班工作制度及调班制度；（早班8:30—17:30，晚班17:30—24:00）
4、具淘宝网店客服经验；
5、抗压能力强，善于沟通，有良好的客户服务意识及团队意识；

电商淘宝客服　3.5-5.5千/月

长沙泰卓电子商务有限公司　查看所有职位

长沙-天心区 | 2年经验 | 招2人 | 11-29发布

餐饮补贴　绩效奖金　弹性工作　包住宿

职位信息

岗位职责：
1、通过千牛、咚咚、电话等聊天工具，为客户解答各类产品使用及售后问题；
2、及时、有效、妥善处理突发事件，在不违反店规的条件下实现客户满意度***化,减少店铺的退款率；
3、对商品的换货、退货、退款、补发等售后问题做出清晰登记并及时安排仓库部处理。
任职资格：
1.抗压能力强、有耐心、服务意识好；
2.普通话标准，口齿伶俐，文字及语言沟通能力强
3.思维敏捷、有较强的说服能力和应变能力；
4.有电话营销经验者优先；
5.有良好的团队合作精神，性格活泼开朗，处事随和，工作积极主动；

图 1-6　网店客服岗位要求

1.2

了解公司商品

1.2.1 商品概念

（1）商品的基本概念

商品是指进入商场里的工农业商品，即具有某种特点物质形状和用途。

（2）商品质量

1）商品质量概念

“质量”是一组固有特性满足要求的程度。“商品质量”是指产品、体系或过程的一组固有的特性满足顾客和其他相关方要求的能力。

对“质量”定义的理解有：

①“固有特性”是指事务中本来就有的可区分性的特征。如螺栓的直径、机器的生产效率等。

②“要求”可以是指明示的、通常隐含的、必须履行的、不同相关方提出的。

对ISO新版“商品质量”定义的理解有：

①质量反映为“满足要求的能力”，而不是特性总和。固有的特性并不一定反映客户的要求程度的好坏。

②固有特性是“产品、体系或过程”的一部分。可以是某项活动或过程的工作质量，包括人的素质、设备的能力、管理水平的质量等。

③“其他相关方”明确指出对质量的要求除满足顾客的需要外，还需要考虑组织自身利益、供方利益和社会利益等多方需要，如安全性、环境保护、节约能源等外部的强制要求。

2）商品质量特性

①适用性。也可称功能性，是与产品使用直接有关的、适合用途和满足消费需求的能力，如冰箱、电视、方便食品等；不同种类的商品，功能性是不同的，即使是同一种类商品，功能特性也有差异，如窗玻璃、化学玻璃、玻璃镜等；随着科学技术进步和人们消费需求的变化，一种商品有向多功能性发展的趋势，如缝纫电机、多功能家具等。

②安全卫生性。安全卫生性指商品在储存、流通和使用的过程中保证人身安全与健

康不受伤害的能力。如家用电器、纺织品、化妆品、食品、汽车等。

③环境友好性。环境友好性是商品在生产、流通、使用甚至废弃的过程中不能产生公害。公害包括污染环境、破坏生态、影响人们身心健康等。如工业三废、施用化肥、无磷洗衣粉、白色污染和电池回收等。

④寿命。商品寿命是商品在流通阶段和消费阶段可以贮存或使用的期限，通常包括使用寿命和储存寿命。使用寿命是指工业商品在规定的使用条件下，保持正常使用性能的工作总时间。如灯泡的使用小时数和电灯开关的掀动次数。储存寿命是指商品在规定的条件下使用性能不失效的储存总时间。如药品的有效期和食品的保质期。

⑤可靠性。可靠性是指产品在规定的时间和条件下，完成规定功能的能力，它代表了商品在一定的时间和一定的条件下使用时，逐渐表现出来的稳定程度或性质。可靠性包括耐用性、易维修性和设计的可靠性。

⑥经济性和美学性。经济性指商品的生产者、经营者、消费者都能用尽可能少的费用来获得较高的商品质量，从而使企业获得最大的经济效益，消费者也会感到物美价廉。美学性讲究商品的设计结构合理、制造工艺先进以及外观造型艺术性三者的统一。商品尽量能体现功能美、艺术美、色彩美、形体美、和谐美、舒适美等要求。

1.2.2　商品知识

（1）虚拟类商品知识

1）虚拟商品的概念

宏观上讲，是指客观上并不存在的但却能够满足人们的某种消费需求的所谓商品，这类商品可能仅仅是一种符号、一个概念或一种称谓。微观上讲，是指网络游戏、数字商品及数字服务等网络内容，是一组计算机程序，可以通过网络来传输、配送。

2）虚拟商品的种类

虚拟商品的种类主要包括：网络游戏点卡、网游装备、QQ号码、Q币等；移动/联通/电信话费充值；IP卡/网络电话/软件序列号；网店装修/图片储存空间等；电子书，网络软件；辅助论坛功能商品等。如图1-7所示为网店售卖的虚拟产品。

3）虚拟商品的特征

①物理特征。虚拟商品具有不易破坏性；虚拟商品是一种最典型的知识含量极高的经验商品，它给消费者提供的是有用的知识和信息，其形式是无形的，无法观察和触摸；内容是可以改变的；具有可复制性，且其复制的边际成本几乎为零；具有速度优势。

②经济特征。虚拟商品一般是一种高沉没成本、低边际成本的商品；具有非排他

图 1-7　网店虚拟产品

性；易被定制化和个性化，这导致虚拟商品市场易于出现范围经济；具有时效性；具有网络外部性（其价值依赖于使用虚拟商品的用户数量）。

4）虚拟商品的制约因素

①人们普遍对虚拟商品的消费观念存有偏见。

②虚拟商品消费中存在的诚信问题。

③虚拟商品生产与销售的法律依据问题。

（2）纺织品类商品知识

1）服饰类商品的分类（淘宝首页也有女装/男装/内衣的主要类目，如图1-8所示）

①按服装经营习惯，分为男式服装、女式服装、儿童服装、针织服装、裘革服装等。

②按服装的名称，分为大衣类、上装类、下装类、内衣类、男衬衫类等。

③按服装穿着季节，分为春秋服装类、夏季服装、冬季服装等。

④按服装档次，分为高档服装、中档服装、低档服装。

⑤按服装用途，分为生活服装、工作服装、运动服装、舞台服装、民族服装。

2）服饰类商品常见面料

常见面料一般有棉、麻、丝、毛、涤纶、锦纶、氨纶和皮等，如图1-9所示的产品面料就是100%棉的。

针对每一种面料，客服可以根据其优缺点来进行回复，下面我们简单了解下各种面料的特点。

①棉。它是各类棉纺织品的总称。它多用来制作时装、休闲装、内衣和衬衫。

优点：轻松保暖，柔和贴身、吸湿性、透气性甚佳。

缺点：易缩水、易皱，外观上不大挺括美观，在穿着时必须时常熨烫。

图 1-8　淘宝首页女装 / 男装 / 内衣类目

品牌名称：Uniqlo/ 优衣库

产品参数：

材质成分：棉 100%	销售渠道类型：商场同款（线上…	货号：UQ412932000
裙长：中长裙	品牌：Uniqlo/ 优衣库	适用年龄：25-29 周岁
年份季节：2018 年秋季	颜色分类：66 蓝色 69 藏青色	尺码：155/80A/S 160/84A/M…

图 1-9　服装产品的面料

②麻。它是以亚麻、苎麻、黄麻、剑麻、蕉麻等各种麻类植物纤维制成的一种布料。

优点：强度极高、吸湿、导热、透气性甚佳，不易褪色。

缺点：手感较硬、粗糙、易皱。

③丝。它是以蚕丝为原料纺织而成的各种丝织物的统称。质地属蛋白质纤维。

优点：轻薄、合身、柔软、滑爽、透气、色彩绚丽、富有光泽、高贵典雅、穿着舒适。

缺点：易生折皱、虫蛀，容易吸身、不够结实、褪色较快。

④毛。羊毛或特种动物毛为主要原料的总称，又称呢绒。它通常适用于制作礼服、西装、大衣等正规、高档的服装。

优点：蓬松柔软、轻薄、吸湿、保暖，富有弹性，抗皱褶。

缺点：易缩绒、洗涤较为困难。

⑤涤纶。涤纶是合成纤维中的一个重要品种，是我国聚酯纤维的商品名称。它是经过化学手段得以制成的成纤高聚物——聚对苯二甲酸乙二醇酯（PET），经纺丝和后处理制成的纤维。

优点：耐磨，耐热，易洗易干，不变形，抗皱保形性好。

缺点：吸湿性差，易产生静电，沾污灰尘。

⑥锦纶。锦纶俗称尼龙，是聚酰胺纤维的一种说法，可制成长纤或短纤。

优点：具有很高的表面硬度，拉伸强度，抗冲击能力，耐磨性好，居所有纤维之首。

缺点：吸湿性差，耐光性和耐热性差，容易产生静电。

⑦氨纶。氨纶是聚氨基甲酸酯纤维的简称，是一种弹性纤维。

优点：弹性非常好，具有高延伸性和高弹性回复率。

缺点：不能单独使用制成面料，长时间处于拉伸状态会失去弹性。

⑧皮革裘皮。主要是由动物的带毛皮经特殊化学处理和工艺处理而制成的高级天然服装面料。

优点：轻盈保暖，雍容华贵。

缺点：价格昂贵，贮藏、护理方面要求较高。

3）服装商品的号型

①概念。号是指人体的身高，以厘米为单位表示，是设计和选购服装长度的依据。型是指人体的上体胸围或下体腰围，以厘米为单位表示，是设计和选购服装肥瘦的依据。

体型是指人体的上体胸围或下体腰围的差数为依据来划分体型，并将体型分为四类。体型分类代号分别为Y、A、B、C。Y是偏瘦的体型，A是正常体型，B是偏胖体型，C是肥胖体型。如图1-10所示是男式衣服和裤子尺码详表。

②分类代号。

a．男子体型分类代号。

Y表示胸围与腰围的差数为17cm～22cm之间；

A表示胸围与腰围的差数为12cm～16cm之间；

B表示胸围与腰围的差数为7cm～11cm之间；

C表示胸围与腰围的差数为2cm～6cm之间。

b．女子体型分类代号。

Y表示胸围与腰围的差数为19cm～24cm之间；

A表示胸围与腰围的差数为14cm～18cm之间；

B表示胸围与腰围的差数为9cm～13cm之间；

C表示胸围与腰围的差数为4cm～8cm之间。

尺码表 | SIZE CHART

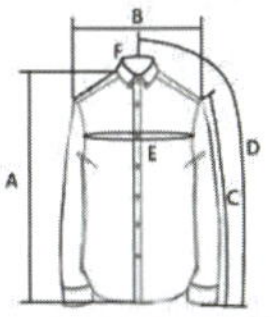

A.衣长
B.肩宽
C.袖长(肩缝)：肩缝起量
D.袖长(背中)：背部中央起量
E.胸围
F.领围

平铺尺码表（单位：厘米）

尺码	肩宽	领围	胸围	腰围	袖长(背中)	衣长
170/84A(XXS)	43	36	100	94	83	69
175/88A(XS)	44	37	105	99	85	70
175/92A(S)	46	38	110	104	88	72
180/96A(M)	47	40	116	109	90	74
185/104A(L)	49	42	123	117	93	77
185/108A(XL)	51	45	133	127	95	79
185/124A(XXL)	54	47	144	138	97	82

*因测量方法不同存在一定误差，若对大小具体着衣尺寸存在疑问，请咨询客服。

尺码表 | SIZE CHART

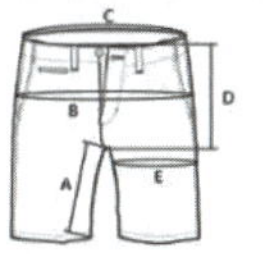

A.内侧裤长
B.臀围
C.腰围
D.前裆长
E.大腿围

平铺尺码表（单位：厘米）

尺码	腰围	臀围	大腿围	裤脚围	前裆长	内侧裤长
175/70A(28)	79	100	65	50	27	28
175/72A(29)	82	103	66	51	27	28
175/76A(30)	84	105	68	52	28	28
175/78A(31)	87	108	69	53	29	28
175/80A(32)	90	110	71	55	29	28
175/84A(33)	92	113	73	56	30	28
175/86A(34)	95	116	74	57	30	28
175/88A(35)	97	118	76	58	31	28
175/90A(36)	100	121	77	60	32	28
175/96A(38)	105	125	81	63	32	28
175/100A(40)	110	130	83	65	33	28

*因测量方法不同存在一定误差，若对大小具体着衣尺寸存在疑问，请咨询客服。

图 1-10　男式衣服、裤子尺码图

4）服饰类商品健康安全指标

服饰类商品安全性能依据的是关于纺织品甲醛限量的国家标准。按照新颁布实施的《国家纺织产品基本安全技术规范》（以下简称《规范》），纺织品将分为 A、B、C 三类，分别指婴幼儿用纺织品、直接接触皮肤纺织品和非直接接触皮肤纺织品，并对服装的色牢度、甲醛含量、偶氮染料、气味、pH值5项健康安全指标做出了详细规定，如图1-11所示的儿童衣服为A类，而图1-12所示的衣服为B类。

此外，新生产的、符合该《规范》的服装，还要有类似于“GB18401—2010”安全技术的标识，如图1-12所示。

（3）食品类商品知识

1）食品的定义

《食品安全法》第九十九条对“食品”的定义如下：食品，指各种供人食用或者饮用的成品和原料以及按照传统既是食品又是药品的物品，但是不包括以治疗为目的的物品。

图 1-11　A 类儿童衣服

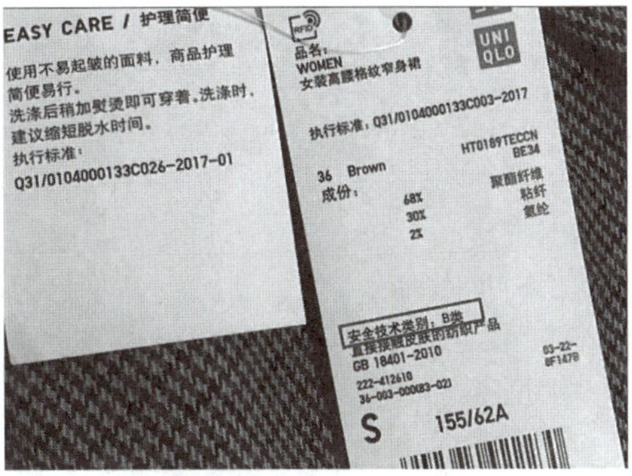

图 1-12　B 类的衣服

2）食品的分类（如图1-13中淘宝首页关于食品的分类）

①按照食品的来源分类。分为动物性食品、植物性食品和矿物性食品。

②根据食品是否经过加工分类。分为原料食品和加工食品。

原料食品指由各生产部门（农、林、牧、渔业等）所提供的未经再加工的商品。主要包括：鲜活食品、生鲜食品、粮谷类食品。

加工食品是以原料食品为基础，再经过进一步加工处理所得到的各种商品。

③根据食品在饮食中的比重分类。根据在饮食中的比重食品分为主食和副食。

主食：我国的食物结构以提供热能为主的植物性食品为主食。如米、面等。

副食：主食以外的食品一般通称为副食。在我国习惯上把肉、鱼、蛋、奶、蔬菜、水果、糖、茶、调味品等作为副食。

④根据食品的食用功能分类。

a．普通食品：这类食品用量大且面广，属一般性食品。

b．强化食品：是指对食品中的一种或几种营养成分，人为地给予提高的改性食品。如强化维生素的饼干，强化铁的蛋制品等。

c．保健食品：是指能促进和改善人体健康的食品。食品中含有特定营养成分，有

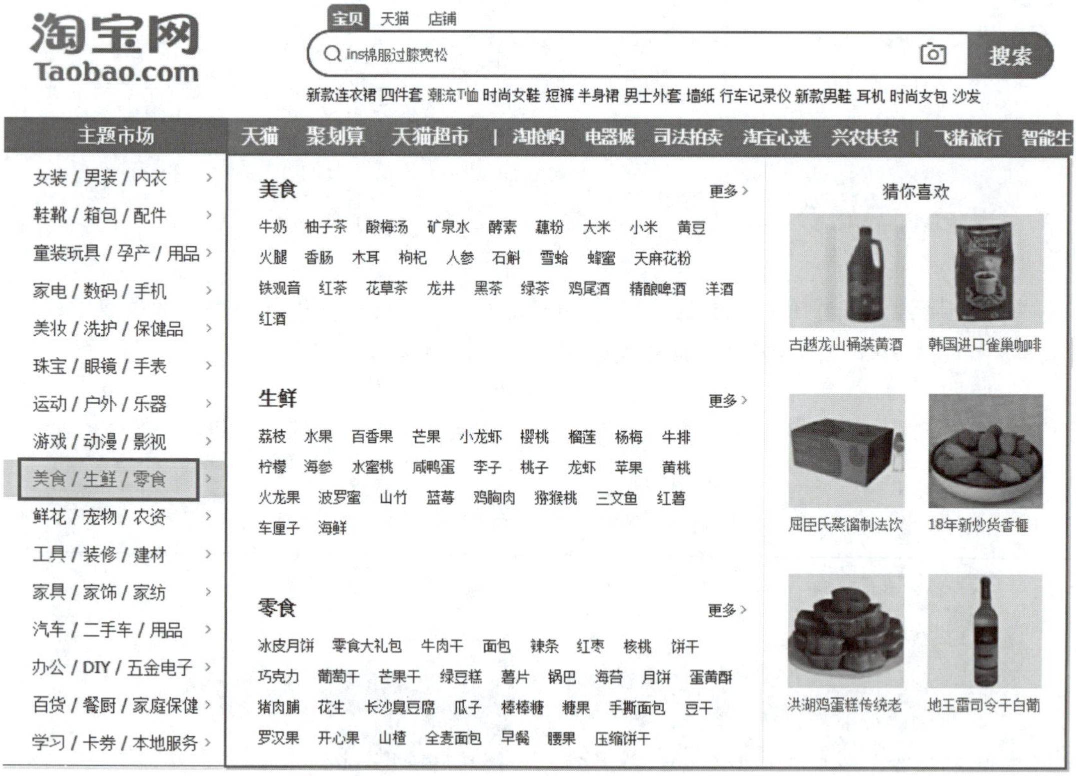

图 1-13 淘宝首页食品的相关类目

突出的营养功能，对人体有保健作用。

d. 绿色食品：是指无污染、安全、营养类食品。具体地说是指其原料产地具有良好的生态环境，与原料生产有关的水质、土质、肥料、饲料等，必须符合一定的无公害控制标准，商品的生产、加工、包装等达到有关食品卫生质量标准的食品。

e. 功能食品：是指具有某种特殊作用的食品，供特殊食用。如高热量食品、低钠食品等。

3）食品安全

根据世界卫生组织的定义，食品安全是“食物中有毒、有害物质对人体健康影响的公共卫生问题”。

食品质量安全市场准入标志的式样和使用办法由国家质检总局统一制定，该标志由“QS”和“质量安全”中文字样组成，如图1-14所示。

QS 认证分为两大类，包括食品生产许可和工业生产许可。企业食品生产许可证标志以“企业食品生产许可”的拼音“Qiyeshipin Shengchanxuke”的缩写“QS”表示，并标注“生产许可”的中文字样，与原有的英文缩写 QS（Quality Safety 质量安全），表达意思有所不同，与 Quality Standard（质量标准）的含义也不同。

4）食品选择

消费者在选择食品时要注意观察食品包装上是否有上述标志（QS、绿色食品、保健食品），留意生产日期，确保选择安全卫生的食品。

①注意看经营者是否有营业执照，其主体资格是否合法。

②注意看食品包装标识是否齐全，注意食品外包装是否标明商品名称、配料表、净含量、厂名、厂址、电话、生产日期、保质期、商品标准号等内容。

③注意看食品的生产日期及保质期限，注意食品是否超过保质期。

④看商品标签，注意区分认证标志，如图1-15所示为绿色食品标志。

⑤看食品的色泽，不要被外观过于鲜艳、好看的食品所迷惑。

⑥看散装食品经营者的卫生状况，注意有无健康证，卫生合格证等相关证照，有无防蝇防尘设施。

⑦看食品价格，注意同类同种食品的市场比价，理性购买“打折”“低价”“促销”食品。

⑧购买肉制品、腌腊制品最好到规范的市场、“放心店”购买，慎购游商（无固定营业场所、推车销售）销售的食品。

妥善保管好购物凭据及相关依据，以便发生消费争议时能够提供维权依据。

图 1-14　生产许可标志

图 1-15　绿色食品标志

（4）日用百货类商品知识

1）日用百货的定义

日用百货又名生活用品，是普通人日常使用的物品、生活必需品，即家庭用品，家居食物、家庭用具及家庭电器等。

2）日用百货的特点

不分季节、常年销售、品种齐全、质量好、数量充足。

3）日用百货的分类

①按照用品的使用频率或范围划分为：生活必需品、日常生活用品、奢侈品。

②按照用途划分为：洗漱用品、家居用品、炊事用品、装饰用品、化妆用品、床上用品。

（5）数码家电类商品知识

1）数码家电类商品的定义

数码商品一般指的是 MP3、U盘、数码照相机、数码摄像机等，可以通数字和编码进行操作的机器，并且可以与电脑连接的都称为数码商品。如图1-16中淘宝首页设置的家电/数码/手机的主类别。

2）数码商品的主要种类

常见的数码家电类商品包括电脑、摄像头、摄像机、数码相机、手机、录音笔、DVD 机、子母电话机、机顶盒（数模转换器）、卫星接收装置、数字电视、数控家电等。

图 1-16　淘宝首页家电 / 数码 / 手机类别

3）数码摄像机

①分类。按使用用途可分为：广播级机型、专业级机型、消费级机型。按存储介质可分为：磁带式、光盘式、硬盘式、存储卡式。

②特点：清晰度高；色彩更加纯正；无损复制；体积小重量轻。

③常见故障：摄像时所得图像不良；图像色彩不自然；图像模糊，聚焦不好；重放图像无伴音；整机不工作；磁带吞吐失灵。

④保养：防强光、防高温、防低温、防水防潮、防震防碰、防腐、防烟防尘、防磁、防惰性、防X射线。

4）数码相机

①分类：单反数码相机、卡片数码相机、长焦数码相机。

②保养：数码相机镜头的清洁、数码相机的保养、相机的电源问题、入盒免刮花、换镜要快、纸保显示屏。

5）MP3/MP4 商品

MP3是MPEG Audio Layer 3的简称，也就是可播放MP3格式的音乐播放工具，MP3除支持MP3音频格式外，还有WMA（微软公司推出的与MP3 格式齐名的一种新的音频格式）、WAV（录音时用的标准的 WINDOWS 文件格式，文件的扩展名为“WAV”，属于无损音乐格式的一种）、MP3Pro（是新一代MP3格式，MP3编码格式的升级版本）、ASF（一种数据格式，是微软公司Windows Media的核心）、AAC（高级音频编码）和VQF（一种音频压缩技术）等。除播放音乐，还具有录音、电子书阅读、FM调频等功能。

MP4可以说是MP3的升级版，除支持音频格式外，还可支持视频。

6）U盘

①定义：全称USB闪存盘，英文名“USB flash disk”。它是一种使用USB接口的无需物理驱动器的微型高容量移动存储商品，通过USB接口与电脑连接，实现即插即用。

②类型。一般的U盘容量有2G、4G、8G、16G、32G、64G等。价格上以8GB为例，一般在20～40元左右就能买到。

③优点。小巧便于携带、存储容量大、价格便宜、性能可靠。

1.2.3 商品品牌价值认知

（1）品牌和品牌价值的含义

品牌是一个名称、名词、符号或设计，或者是它们的组合，其目的是识别某个销售者或某群销售者的产品或劳务，并使之同竞争对手的产品和劳务区别开来。

品牌价值，是指品牌在某一个时点的用类似有形资产评估方法计算出来金额，一般是市场价格。也可以说是品牌在需求者心目中的综合形象。

伦敦品牌咨询公司Brand Finance再次公布了2018年全球最有价值服装品牌排行榜，如图1-17所示。第一名由运动品牌NIKE耐克再度蝉联，以280亿美元的品牌价值稳坐榜首。第二名至第十名分别是：H&M海恩斯&莫里斯、ZARA飒拉、Adidas阿迪达斯、HERMES爱马仕、Louis Vuitton路易威登、Cartier卡地亚、GUCCI古驰、UNIQLO优衣库和ROLEX劳力士。

（2）品牌价值的作用

了解了品牌和品牌价值的含义，那么认识品牌价值有什么作用呢？

①提高购买品牌的兴趣和可能性；

②保持和提高价格的能力；

③提高品牌延伸的能力。

图 1-17　2018 年全球最具价值品牌 TOP10

（3）品牌认知

1）品牌认知的含义

品牌认知心理是指在消费者记忆系统中建立品牌名称及其与相应产品双向联系的心理活动。

品牌认知度的建立至少有两个作用：第一是消费者从众多品牌中能辨识并记得目标品牌。第二是能从新产品类别中产生联想。

2）提高品牌认知的策略

①品牌命名要有鲜明的个性。就是给产品或服务取个好记、好听、有个性的名字。

②品牌的表现形式要简单。品牌名称、品牌标识，标准色也具有很强的沟通能力。

③品牌传播要广泛持久。

④产品陈列要醒目。

⑤增加消费者试用产品的机会。

（4）三只松鼠的品牌价值案例

服务质量从本质上讲是一种感知，是由顾客的服务期望与服务经历比较的结果。服务质量的高低取决于顾客的感知，其最终评价者是顾客而不是企业。三只松鼠正是凭借对服务营销的准确把握，为消费者提供全方位的体验服务，将传统坚果经营成独特体验，并以此为卖点。坚果显然不会说话，但从三只松鼠身上，你却能轻易地听见“时尚”“新鲜”“快速”“安全”这样的字眼，把主人放在首位，这才是一个互联网食品品牌存在的价值。如图1-18所示是三只松鼠的品牌Logo。

“三只松鼠”是由安徽三只松鼠电子商务有限公司于2012年强力推出的第一个互联网森林食品品牌，代表着天然、新鲜以及非过度加工。它率先提出森林食品的概念，定位于“森林系”，引发网售新鲜低价安全食品的革命。

图 1-18　三只松鼠的品牌 Logo

同时，三只松鼠将品牌目标人群锁定在喜爱网购的80、90后身上，他们个性张扬，追求时尚，享受生活，善待自己，对细节挑剔，注重全方位体验。三只松鼠着力塑造传达属于自己的松鼠文化，无论是产品描述页的第一屏，还是服务卡上的文字、包裹箱、果壳袋、附赠的手机挂件、插卡套、员工工作环境等各个细节和场合，无一不流露着松鼠文化：快乐可爱，绿色天然，关爱环境。

1.3 了解交易平台

1.3.1　主要交易平台的简介

（1）千牛工作台

1）概念

旺旺卖家版2014年1月停止更新，新版全面升级为千牛工作台。千牛工作台是阿里巴巴官方出品的卖家一站式工作台，分为电脑和手机两个版本。其核心是为卖家整合网店管理工具、经营资讯消息和商业伙伴关系，借此提升卖家的经营效率，促进彼此间的合作共赢。让卖家可以更加便捷和高效地管理网店，让生意游刃有余。

2）登录界面

可以使用淘宝、1688和阿里巴巴国际站的账号登录，如图1–19所示。

图 1–19　千牛登录界面

3）工作台主界面（图1–20）

图1–20（a）为原阿里旺旺界面；图1–20（b）为客服工作基本内容；图1–20（c）为网店运营工具的快速入口。

（a）　　（b）　　（c）

图 1–20　千牛工作界面

（2）淘宝E客服（子账号）

淘宝E客服是阿里软件提供给淘宝掌柜的在线客户服务系统，旨在让淘宝掌柜更高效的管理网店、及时把握商机消息，从容应对繁忙的生意。

淘宝E客服的优势：当网店生意很忙时，淘宝 E 客服的子账号可以同时三个人一起接待买家；主账号可以负责其他的工作，和买家聊天的工作可以交给子账号去做。

在千牛工作台中，子账号代替了原来的淘宝E客服。新建子账号，只需要到“卖家中心”的“店铺管理”中，点击“子账号管理”，如图1–21所示。然后在“员工管理”选项卡“新建员工”，填入基本信息即可。

图 1–21　子账号管理

（3）TQ云呼叫中心

1）概念

TQ（北京商之讯软件有限公司）是国内领先的企业通讯云应用与服务提供商，国家高新技术企业，中关村科技园区重点示范企业。如图1–22所示为其平台首页。该公司成立于2002年12月，以技术创新促进高端企业通信应用全民普及为经营使命，致力于为企业提供专业的一体化企业通信云解决方案。

TQ云呼叫中心系统是以现代通信技术和计算机技术为基础最新研发的基于领先网格云技术的一体化企业通信管理系统，帮助企业将各种分散孤立的通信方式通过TQ云应用平台进行整合统一管理，并提供全程通信数据记录存储和实时监控，消除企业管理信息孤岛，为企业管理流程（员工业务技能评估、客户满意度、员工绩效考核等）的自我评估和优化及为企业重大市场决策提供客观的通信统计数据支撑，提升内部沟通效率实现内部沟通零成本，优化外部呼入及内部呼出服务细节，提升客户服务体验和企业品牌形象。如图1–23所示为其主要的功能。

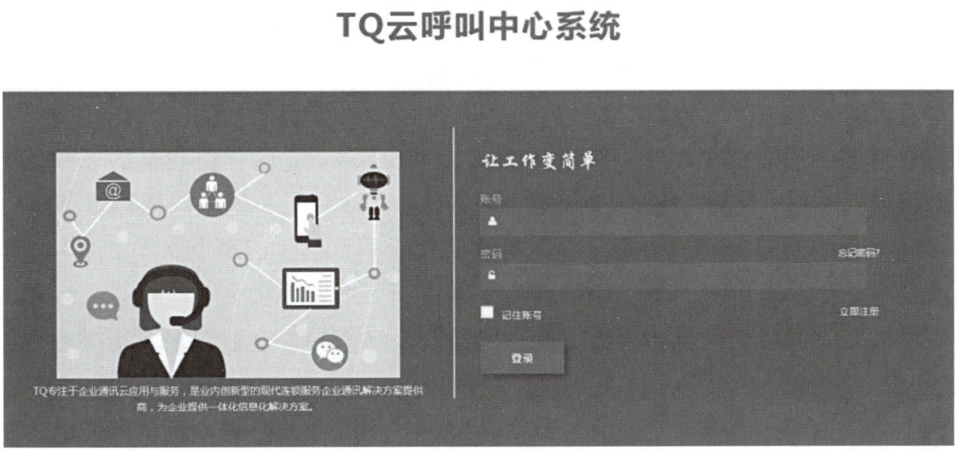

图 1–22　TQ 云呼叫中心系统首页

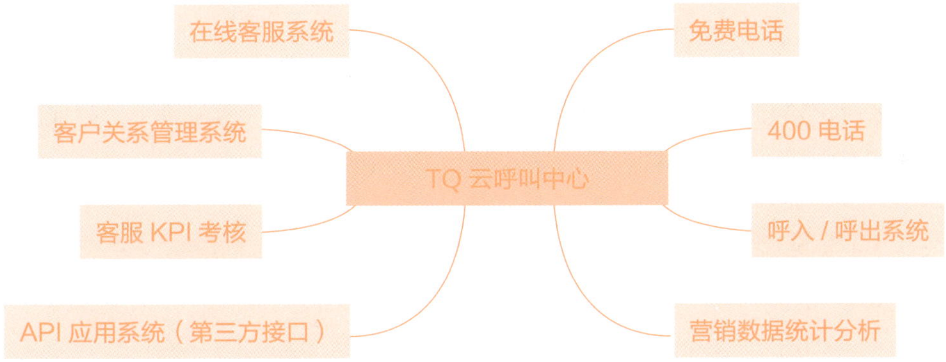

图 1–23　TQ 云呼叫中心主要功能

2）应用价值

①营销价值。

媒体识别：访客来源监控，对大量投放广告的媒体进行来源识别和评测，确保精准营销。

效果评估：以详细的数据和趋势分析对广告效果进行评估，确定广告和推广优化方案提高投入产出。

品牌形象：统一号码、语音导航、自动分配话务，企业快速响应客户需求、创造优质客户体验，为企业塑造良好的品牌形象。

主动营销：点击外呼，一点即通。对在线咨询、留言、400热线、免费电话、呼入呼出记录保存的客户名单持续系统跟进，精细化销售。

②服务价值。

用户体验：通过 IVR（互动式语音应答）自动语音导航，将不同需求的客户分配给最适合的服务人员接待，提高服务效率，增强用户体验。

客户关怀：对用户实现熟客识别、来电弹屏，统一的 CRM（客户关系管理）管理，拉近客户与企业的距离，大大提高用户的满意度。

③管理价值。

绩效考核：通过详尽的在线咨询、呼入、呼出、400电话、免费电话等数据，电话量、时长统计方便，实现对销售、营销和服务人员的 KPI（关键绩效指标）考核。

移动办公：通过绑定 400电话、免费电话、手机和 TQ（即时通信软件）号码，实现移动呼叫办公，下班时间照样接待客户，确保销售线索不丢失。

质量监控：通过全程电话录音，消息漫游、会话监控、会话记录、指挥中心，完成全过程监督控制。

员工培训：通过历史会话记录、电话录音、知识库共享，提高人员的线上、线下沟通和业务技能，为企业团队自我学习和快速复制提供强大支撑。

1.3.2 交易平台的工作流程

经过编者的分析和归纳，总结出下面的工作流程，如图1-24所示（按着逆时针方向的工作流程）。

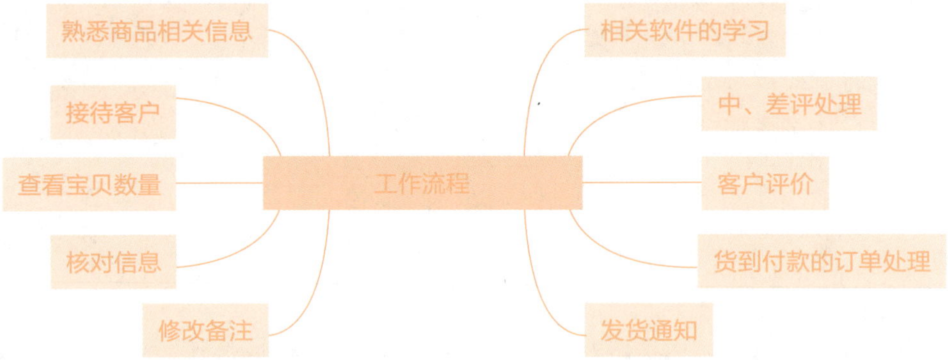

图 1-24 交易平台的工作流程

（1）熟悉商品相关信息

对于客服来说，熟悉网店商品是最基本的工作，公司对于每一个新商品上市之前，都要开展相关的商品培训，客服是联系网店和客户之间的桥梁，一旦这个桥没搭好，也许就永远失去了这个客户。对于商品的特征、功能、注意事项等要做到了如指掌，这样才能流利解答客户提出的各种关于商品的信息。

（2）接待客户

前文在“如何招聘网店客服”已经提过，作为导购客服来说，最好要热情、灵活，能随机应变。一个优秀的客服应该懂得如何接待好客户，同时还能引导消费者进行附带消费。

对于那些讨价还价的客户，首先需要阐明一个网店立场：“东西的价格都是很低的，不能再还价了”。如果客户非的纠缠在价格这个因素上，看情况决定是否接下这单生意，就算最终给客户优惠了，也要顺水推舟让客户觉得这个优惠来之不易，是网店对他个人的特殊优惠。在接待客户这个环节主要有两种途径实现：一是利用阿里旺旺、QQ 等即时通信工具和客户进行沟通；另外一种则是接听客户打进来的电话。对于电话沟通，要求客服更具活变性，毕竟无法像在阿里旺旺上一样，拥有足够的时间进行思考。

（3）查看宝贝数量

网店页面上的库存跟实际库存是有出入的，所以客服需要到网店管家当中查看宝贝的实际库存量，这样才不会出现缺货下不了订单的情况。现在利用一款淘宝卖家专用的浏览器：网店奇兵，可以在页面上同步库存数据，非常的方便。

（4）核对信息

很多卖家比较容易忽视这一点，虽然大部分客户在购买的时候，地址是正确的，但也有一部分客户因收件信息发生变动而忘记修改，所以在客户付款之后，跟客户核对收件信息，不仅可以降低网店的损失，也可以让客户觉得很用心。在核对客户信息的同时，还要提供网店可以发的快递公司，询问客户喜欢发什么快递，毕竟每个快递公司在每个城市、每个区域的服务水平是不一样的，根据客户的需求，一切以客户为中心，如果客户没有明确表示所需要的快递公司，就选择默认发货。

（5）修改备注

有时候客户的订单信息，或者是收件信息有变，那么作为客服来说，就有义务将变动信息反馈出来，这样制单的同事就知道这个订单信息有变动，一般情况下，默认用小红旗来备注，里面写上变动事由，修改人工号和修改时间，这样变动情况就一目了然了，后期用“网店管家”做单的时候也能直接地抓取出来。

（6）发货通知

货物发出去之后，用“短信猫”给客户发条信息，告诉包裹已经发出，也可以增加客户对网店的好感度。对于拍下商品未付款的客户，如果是旺旺在线的客户，可以在下午的时候，给客户发个信息表明“快到截单时间了，如果现在付款的话，今天就可以发货”，这叫作“催单”。对于客户来说，有些客户可能下单后忘记付款了，然后慢慢就忘记这回事了，稍微提醒一下，让客户想起这件事。这样的话，相当于客服又多拉了一个客户。对于那些没打算购买，只是一时冲动拍下的客户，可以手动关闭订单，虽然淘宝系统到时候会自动关闭，方便其他同事工作，重复拍下的订单类似此法，关键要跟客户联系一下，问清楚购买意向。

（7）货到付款的订单处理

淘宝平台开通货到付款功能，对于卖家来说，是一个好事情，但是很多买家并不清楚货到付款的含义，直接选用货到付款，等收到货物的时候，一看价格比网站上贵一些，于是会认为网店是在欺骗他，拒收订单。如果只是拒收订单，网店只是需要多支出一些快递费用，但是如果客户在心里认为是在欺骗的话，失去的可能就是一群客户了，所以对于客服来说，一看到货到付款的订单，需要立即联系买家，告知货到付款的价格稍微要贵一点。如果买家同意发货到付款那就可以通知制单的同事打单发货了，否则就需要重新下单。

（8）客户评价

交易完成之后，记得给客户写个评价，这是免费给网店做广告的机会。

（9）中差评处理

很多店主被网店信誉度搞的欲哭无泪。其实中差评并不可怕，可怕的是不去处理。当发现有中差评的时候，需要赶紧跟客户沟通下，看看是什么情况导致的，因为客户不会无缘无故的给网店中差评的，先了解情况，然后再来解决问题，晓之以理，动之以情，一般客户都会修改评价的，对于一些恶意评价来获得不当利益的买家，客服就要注意收集信息了，以便为后面的投诉翻案收集证据。

（10）相关软件的学习

淘宝平台有一些辅助卖家管理网店的软件，例如前面说到的“网店管家”或者“淘宝网店版”这类的网店管理工具，借助辅助工具，提高工作效率。

1.3.3 交易平台的交易规则

（1）如何找到淘宝交易规则

淘宝网自创建以来不断修改其交易规则，目前已经形成一套非常庞大和完善的规则。

在阿里旺旺（千牛工作台）的聊天窗口中，右边栏目点击“客户”，可以看到当前联系客户的基本情况，包括信誉、好评率、登录时间、注册时间、会员信息、最近交易等客服需要了解的各种信息。用户输入以下网址：http://rule.taobao.com/index.htm，或者在淘宝网站地图中找“淘宝规则”，将进入淘宝网规则的页面，如图1–25所示。

图 1–25　淘宝规则的首页

淘宝网的交易规则还在不断改善，网店客服人员需要时刻关注新规定的颁布，以免在交易中发生纠纷。

（2）淘宝交易规则类别

①商品相关规则；

②交易相关规则；

③准入相关规则；

④营销相关规则；

⑤其他相关规则。

（3）重要的卖家交易规则

1）会员管理

会员在选择其淘宝会员名、淘宝网店名或域名时应遵守国家法律法规，不得包含违法、涉嫌侵犯他人权利或干扰淘宝运营秩序等相关信息。淘宝网会员的会员名、网店名中不得包含旗舰、专卖等词语。

会员名注册后无法自行修改。淘宝有权收回未通过支付宝实名认证且连续一年未登录淘宝或阿里旺旺的会员账户。

2）商品发布

会员应当按照淘宝系统设置的流程和要求发布商品。淘宝网会员账户已绑定通过实名认证的支付宝账户，即可发布闲置商品，但创建网店后方可发布全新及二手商品。

3）商品描述

“商品如实描述”及对其所售商品质量承担保证责任是卖家的基本义务。“商品如实描述”是指卖家在商品描述页面、网店页面、阿里旺旺等所有淘宝提供的渠道中，应当对商品的基本属性、成色、瑕疵等必须说明的信息进行真实、完整的描述。

4）交易评价

在信用评价中，评价人若给予好评，则被评价人信用积分增加 1 分；若给予差评，则信用积分减少 1 分；若给予中评或 15 天内双方均未评价，则信用积分不变。如评价人给予好评而对方未在 15 天内给其评价，则评价人信用积分增加1 分。

评价人可在做出中、差评后的 30 天内，对信用评价进行一次修改或删除。

30 天后评价不得修改。淘宝有权删除评价内容中所包含的污言秽语、广告信息及其他有违公序良俗的信息。

（4）卖家违规处理规则

为保障消费者、经营者或淘宝的正当权益，在会员违规处理期间淘宝按照本规则规定的情形对会员采取以下违规处理措施：

①网店屏蔽；

②限制发布商品；

③限制发送站内信息；

④限制社区功能；

⑤限制买家行为；

⑥限制发货；

⑦限制使用阿里旺旺；

⑧限制网站登录；
⑨关闭网店；
⑩公示警告；
⑪查封账户。

课后实训

背景资料：湖南省怡清源茶业有限公司（http://www.yiqingyuan.com.cn/）是集茶叶科研、茶园基地建设、茶叶生产、加工、销售、茶文化传播于一体，是中国茶叶行业百强企业、中国茶叶知名企业。怡清源商标被评为中国驰名商标。“怡清源茶艺”被誉为“茶道潇湘第一家”。怡清源的知名度、美誉度高，在整个湖南茶产业行业中占据着重要的位置。公司已建立了批发、代理、经销、联营、出口、连锁专卖等立体营销网络。经营的产品主要有：益阳安化黑茶、绿茶、湖南特产茶、礼品茶、高档绿茶、办公用茶等。

1. 客服前的准备（熟悉企业产品特色及优势）。通过访问公司网站以及结合搜索引擎掌握茶业的相关知识，包括茶叶的发展历史、存储方式、食用方法等知识。对该公司的茶叶产品进行特色及优势分析（可以从价位、目标客户、营销模式等方面进行分析），将内容填入表1–1（字数不超过100字）。

表1–1 客服前的准备

特色及优势分析

2. 以怡清源茶业有限公司为对象，填写表1–2，对企业服务水平的现状进行评估，并说明相应的理由，给出必要的分析结论。

表1–2 怡清源企业服务水平现状分析

评价指标 服务水平	服务现状	评价依据	备注
服务意识			
客服人员的敬业精神			

续表

评价指标 服务水平	服务现状	评价依据	备注
部门之间的沟通状况			
内部客户的服务水准			
差异化服务情况			
服务质量的考核与评价			
应对网络化挑战的具体措施			
分析结论			

项目二

售前客服技能准备

项目导学

随着互联网的飞速发展，网络上的即时通信工具越来越多，作为一名网络营销人员，除了了解公司状况、公司商品和主要交易平台的工作流程、交易规则外，还应该掌握一些售前客服的技能，包括打字的技能、了解客户心理的技能和沟通技能。要想成为一名金牌客服，接待客户的沟通技巧是必须要掌握的，并需要在实践中不断积累提升。

例如张三有良好的态度，如果再提升下知识与技能，将会早日成为一名优秀的客服。

学习目标

1. 掌握键盘中各键的使用技巧、英文的录入和汉字的输入方法
2. 了解提高录入速度的技巧
3. 掌握客户心理变化的过程、客户类型及应对措施
4. 能够分析客户购物心理
5. 掌握基本的沟通礼仪
6. 了解和掌握有效沟通的技巧和话术

学习框架

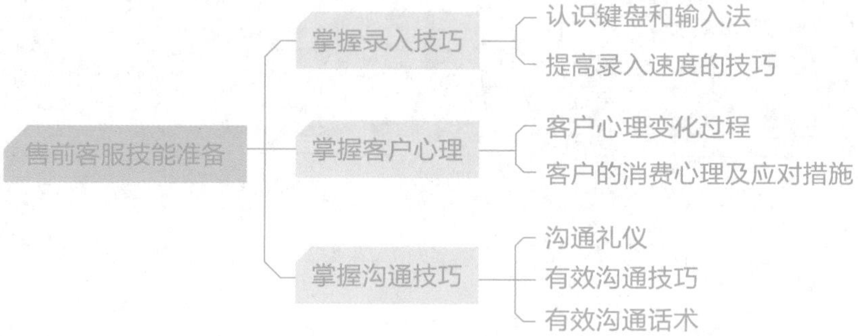

2.1

掌握录入技巧

2.1.1 认识键盘和输入法

（1）认识键盘

1）键盘的构成

按功能划分，键盘总体上可分为四个大区，分别为：功能键区，打字键区，编辑控制键区，副键盘区。如图2-1所示。

图2-1　键盘功能划分

2）基本键

打字键区是我们平时最为常用的键区，通过它，可实现各种文字和控制信息的录入。打字键区的正中央有8个基本键，即左边的“A、S、D、F”键，右边的“J、K、L、；”键，其中的F、J两个键上都有一个凸起的小棱杠，以便于盲打时手指能通过触觉定位。

3）基本键指法

开始打字前，左手的小指、无名指、中指和食指应分别虚放在“A、S、D、F”键上，右手的食指、中指、无名指和小指应分别虚放在“J、K、L、；”键上，两个大拇指则虚放在空格键上。基本键是打字时手指所处的基准位置，击打其他任何键，手指都是从这里出发，而且打完后又须立即退回到基本键位。

4）其他键的手指分工（图2-2）

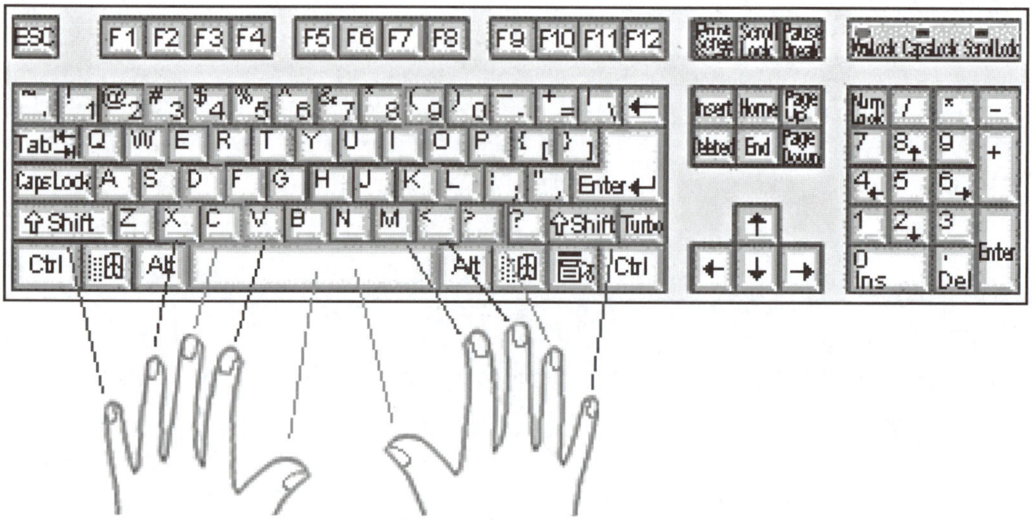

图 2-2　键盘手指分工

5）打字键区（图2-3）

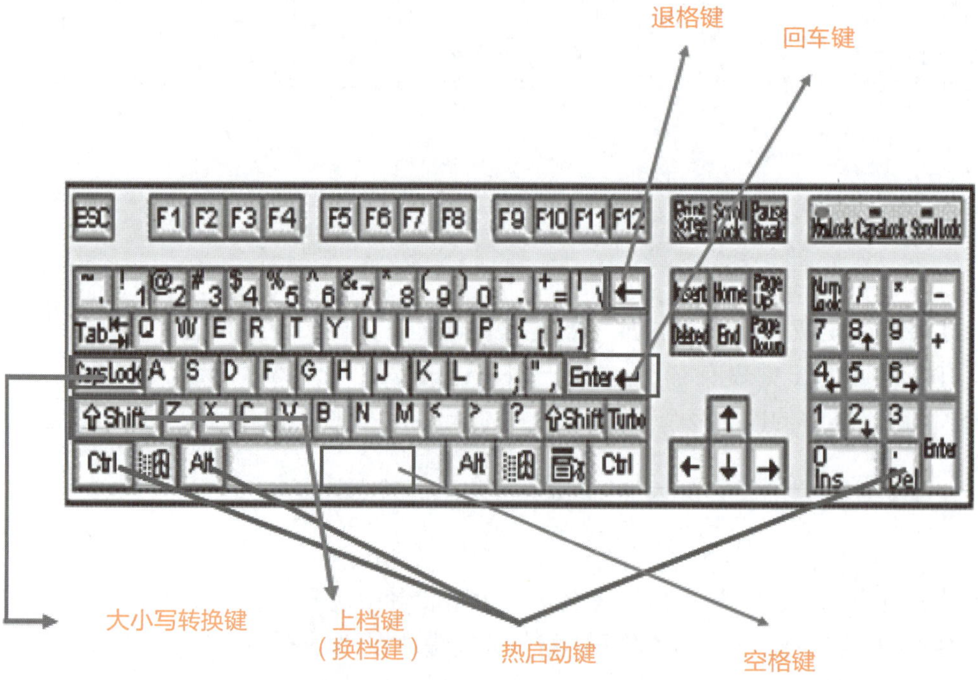

图 2-3　打字键区

6）控制键区（图2-4）

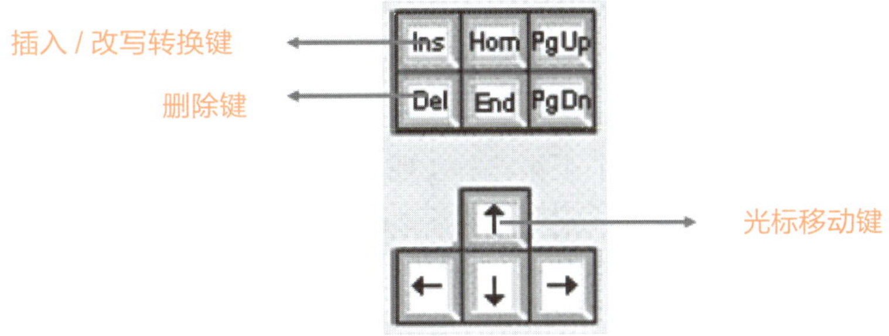

图 2-4　控制键区

7）功能键区（图2-5）

图 2-5　功能键区

8）副键盘区（图2-6）

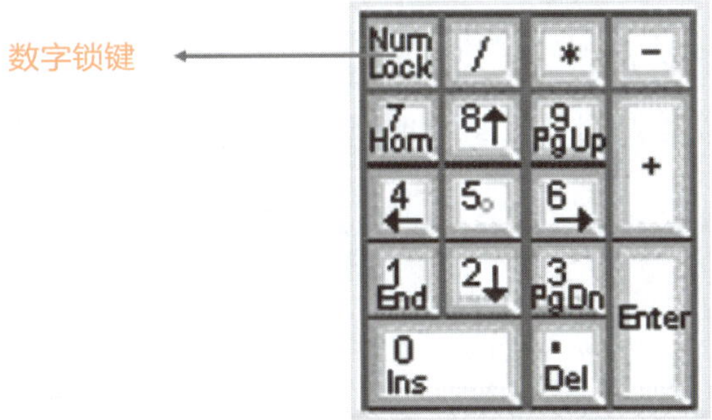

图 2-6　副键盘区

9）打字注意事项

①了解了键位分工情况，还要注意打字的姿势，打字时，全身要自然放松，腰背挺直，上身稍离键盘，上臂自然下垂，手指略向内弯曲，自然虚放在对应键位上，只有姿

势正确，才不致引起疲劳和错误。

②另外，打字时禁止看键盘，即一定要学会使用盲打，这一点非常重要。初学者因记不住键位，往往忍不住要看着键盘打字，一定要避免这种情况，实在记不起来，可先看一下，然后移开眼睛，再按指法要求键入。只有这样，才能逐渐做到凭手感而不是凭记忆去体会每一个键的准确位置。

③严格按规范运指，既然各个手指已分工明确，就得各司其职，不要越权代劳，一旦敲错了键，或是用错了手指，一定要用右手小指击打退格键，重新输入正确的字符。

（2）认识输入法

输入法是指为将各种符号输入计算机或其他设备（如手机）而采用的编码方法，同时是书写工具克服墨水限制的最终结果，是一种拥有无限墨水的书写工具，是文字生产力发展到一定阶段的产物。

下面介绍几种常用的输入法，包括搜狗拼音输入法、QQ拼音输入法、谷歌拼音输入法、智能ABC输入法、百度输入法、万能五笔输入法、微软拼音输入法、讯飞输入法、必应输入法。

1）搜狗拼音输入法（图2-7）

搜狗输入法是搜狗（Sogou）公司于2006年6月推出的一款汉字输入法工具。

与传统输入法不同，搜狗输入法是第一款为互联网而生的输入法——它通过搜索引擎技术，将互联网变成了一个巨大的“活”词库。网民们不仅仅只是词库的使用者，同时也是词库的生产者。

2009年9月开始，搜狗输入法陆续推出Android、iOS版本，成为智能手机时代强大的第三方输入法之一。

搜狗输入法的最大特点是实现了输入法和互联网的结合。该输入法会自动更新自带热门词库，这些词库源自搜狗搜索引擎的热门关键词，因此，用户自造词的工作量减少，提高了效率。

图 2-7　搜狗拼音输入法

2）QQ拼音输入法（图2-8）

QQ拼音输入法，可简称QQ拼音，是2007年11月20日由腾讯公司开发的一款汉语拼音输入法软件，运行于Windows、Mac等系统下，是类似于我们常用的智能ABC的一种中文简体文字输入法，腾讯公司表示此软件“速度快，占用系统资源小，是最好的输入法，减少损耗，达到最优的性能”。

QQ拼音输入法与搜狗拼音、谷歌拼音、智能ABC等同为主流的输入法。

2013年09月16日，腾讯以4.48亿美元注资搜狗，宣布将搜搜和QQ输入法业务与搜狗现有业务进行合并。

图 2-8　QQ 拼音输入法下载界面

3）谷歌拼音输入法（图2-9）

谷歌拼音输入法是谷歌公司推出的一款中文输入法，支持简体中文、繁体中文、标点符号、表情符号、拉丁字符和数字输入。

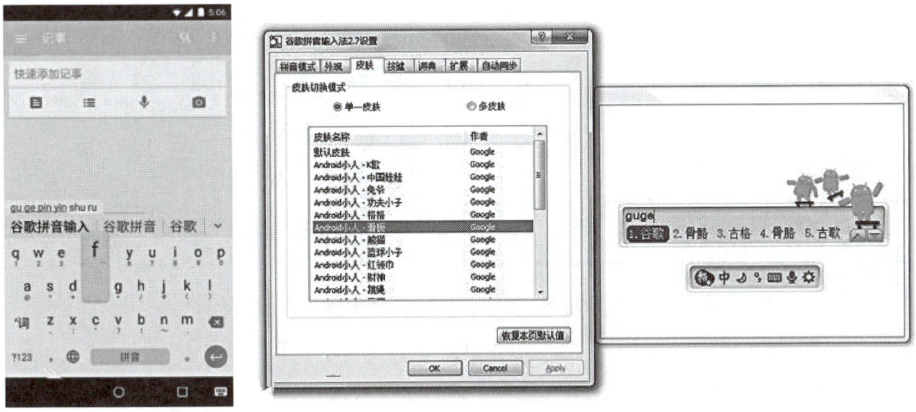

图 2-9　谷歌拼音输入法

谷歌拼音输入法五大特色：

①智能输入：选词和组句准确率高，能聪明地理解输入者的意图，短句长句，随想随打。

②时尚语汇：词库整合了互联网上的流行语汇和热门搜索词，提供快速更新机制，新词新句一网打尽。

③个性定制：将使用习惯和个人字典同步在 Google 账号，并可主动下载最符合用户习惯的语言模型。一个个性化的输入法，如图2-10所示。

图 2-10　谷歌拼音输入法个性化

④丰富扩展：提供扩展接口允许广大开发者开发和定义更丰富的扩展输入功能，为谷歌拼音输入法带来无限可能。

⑤多彩体验：在重要节假日、纪念日显示 Google 风格的徽标。利用输入仪表盘实时显示准确率，速度等参数，让打字更有趣。

4）智能ABC输入法（图2-11）

智能ABC输入法是Windows系统中自带的一种汉字输入方法，由北京大学的朱守涛先生发明。它简单易学、快速灵活，受到用户的青睐。但是在日常使用中，许多用户并没有真正掌握这种输入法，而仅仅是将其作为拼音输入法的翻版来使用，使其强大的功能与便利远未能得到充分的发挥。因捆绑于Microsoft Windows简体中文版操作软件而一举成名，曾经是中国大陆使用人数最多的输入法软件。

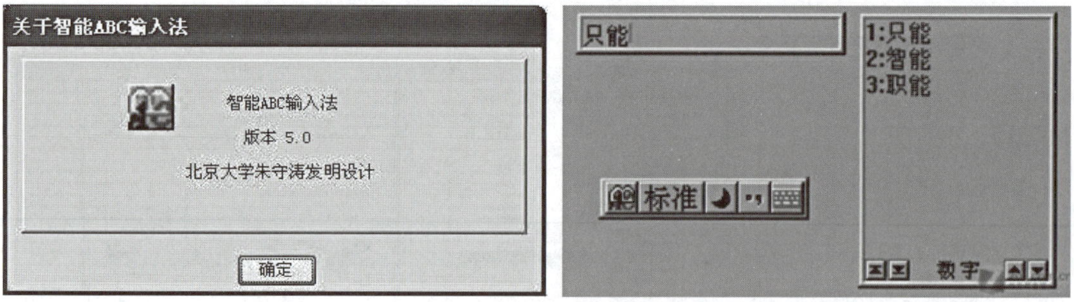

图 2-11　智能 ABC 输入法

5）百度输入法（图2-12）

百度输入法是百度公司免费提供的输入软件。2010年10月推出，拥有百度搜索和云端技术的支持，百度输入法很快成为了新一代的输入产品。“世界很复杂，百度更懂你”，其输入法词库多元、输入精准，输入方式多样而著称，并是第一个倡导绿色输入的输入法。百度输入法的分类词库开放共享、可在线安装。分类词库包括但不限于专业词库，内容更丰富，用户可根据个人使用需求在线下载安装，目前，百度输入法官方分享的词库可以覆盖几乎所有的中文词汇。

图 2-12　百度输入法

6）万能五笔输入法（图2-13）

万能输入法的万能系列产品，有“万能快笔”“万能五笔”“万能英译中”“万能拼音”“万能笔画”等，软件发明人是邓世强。万能输入法起步于“音形码”又叫“快笔”，其名来源于其输入速度较“快”。发展到现在称之“万能快笔”。在原理与实践上均优于五笔字型，“五笔字型”的优点在于重码少、速度快，但缺点是不但对汉字的拆分非常复杂，而且难学易忘。“快笔”其精华在于易学好用，而且录入速度比五笔字型还快。

图 2-13　万能五笔输入法安装界面

7）微软拼音输入法（图2-14）

微软拼音输入法是一种基于语句的智能型的拼音输入法，采用拼音作为汉字的录入方式，用户不需要经过专门的学习和培训，就可以使用并熟练掌握这种汉字输入技术。微软拼音输入法更为一些地区的用户着想，提供了模糊音设置，对于那些说话带口音的用户，不必担心微软拼音输入“听不懂”你的非标准普通话。微软拼音输入法，是微软公司开发的汉字拼音输入法，与Windows中文版捆绑发行。内置手写输入模块，需安装插件。

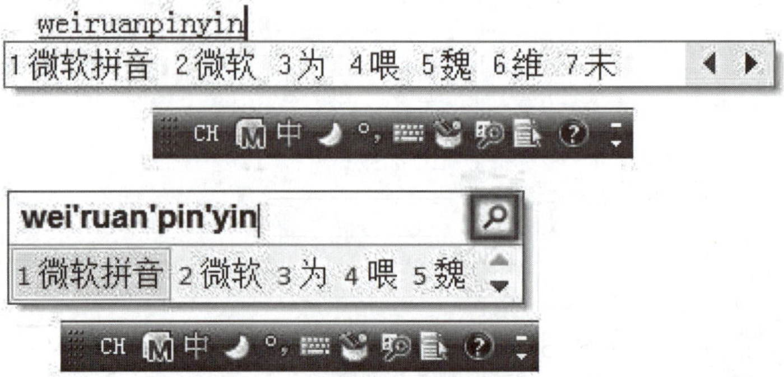

图 2-14　微软拼音输入法

8）讯飞输入法（图2-15）

2012年罗永浩在锤子M1发布会上演示了内置的讯飞输入法，语音识别率精准度超过97%，讯飞输入法集结语音、手写、拼音等输入方式为一体，且支持多种方言识别，是很受用户好评的手机输入法，2018年统计月活跃用户量平均值高达1.1亿。

图 2-15　讯飞输入法

9）必应输入法（图2-16）

必应输入法是由微软公司于2013年4月宣布推出的首款适用于WinXP、Vista、WinNT等平台的整合搜索体验的中文云输入法软件。必应输入法是微软公司首款整合搜索体验的云输入法产品，保留了此前由微软亚洲研究院推出的“英库拼音输入法”的自然语言处理、中文计算、搜索引擎、机器翻译、网络数据挖掘、机器学习等方面的技术优势，同时整合了必应的搜索体验，引入输入法应用开放平台，进一步提升了输入法的智能化水平。

图 2-16　必应输入法

2.1.2　提高录入速度的技巧

（1）苦练盲打是关键

指法一定要正确，一定要实现盲打（不用看键盘，只看文稿或屏幕打字）。任何一种键盘输入法都与指法息息相关，必须掌握正确的指法，也就是要正确掌握键位方法，使用“一指禅”“二指禅”的指法打字，无法达到基本的标准。练习指法一般是练习英文指法，英文指法要超过80字/分钟后才可开始练习打字。指法练习要特别注意准确率，指法不准确，会给打字带来很大的麻烦。在打字考核中经常能看到一些人拼音打了一大串，但中间有一个字母打错了，结果都需要重新输入。

（2）提高击键的频率

打字技术要点称打字的动作叫作击键，强调要弹击不要按键，手指去得快回来也快，提倡瞬间发力的道理。手指对键的冲击力度要合适，速度也要快，而按键只是手指在机械地使劲，既没足够的后劲又没有弹性，自然要慢。提高击键频率要训练眼、脑、手之间信号传递的速度，它们之间的时间差越小越好，眼睛看到了一个字母马上传给大脑然后到手，这时眼睛仍要不停顿地向后面的字母飞快扫描。达到一定程度后，会感觉到眼睛看到的字母就已经传递到手上了，似乎没有经过大脑。

（3）循序渐进的训练

打字的技术要领有很多，基本上分为指法练习、字母或字根练习、单字练习、词组练习、文章练习等。很多同学没有按步练好，直接进行文章练习（也就是我们常使用的打字测试软件），对提高打字速度不利。推荐大家使用金山打字通软件（图2-17）练习打字，根据软件所设定的练习内容及进度安排来学习打字及提高打字速度。

该软件有以下几个特征：

一是提供了英文打字、拼音打字、五笔打字三种主流输入法的针对性练习，无论你使用哪种输入法，总有一种适合你。

二是从易到难针对初学者。每种输入法均从最简单的字母或者字根开始，慢慢过渡到词组和文章练习。

三是速度测试检验练习效果。提供速度测试以便练习者随时检查自己的练习成果。

图 2-17　金山打字通

（4）训练加强紧迫感

打字需要通过艰苦训练来克服惰性，在打字过程中要专心，也要有紧迫感，既要稳重，也要有竞争意识。训练紧迫感的一个好方法是多参加打字比赛，或者在练习时就要给自己一个打字比赛时的环境和心境，自己给自己施加压力，提高自己的心理承受能力，避免考核时因紧张造成的影响。

另外，每天按摩按摩手指，多做一些手指上的活动，空闲时用力握握拳，经常这样做有利于手上的血液流通，会增加手指的灵活性。打字时要减少停顿，这是提高打字速度的关键，任何能减少停顿的措施，对提高打字的速度来说，都是有益的。

2.2 掌握客户心理

销售不是客户服务人员站在自身的立场上，去向顾客表现自己的所知、所学，而是以顾客为中心，时刻把握顾客的所思、所想，引导顾客认识自己的需求、了解所销售的产品，从而做出购买决定。

在购买的不同阶段，顾客的心理活动呈现出不同的变化特点；而不同个性特征的顾客，其思维方式和沟通风格也各异其趣。那么，需要思考下面的几个问题：

①顾客在购买过程中到底有什么样的心理变化？

②不同的顾客有什么样的个性心理特征？

③如何认识和适应这些不同的心理变化？

2.2.1　客户心理变化过程

客户心理变化有下面的几个过程，如图2-18所示。

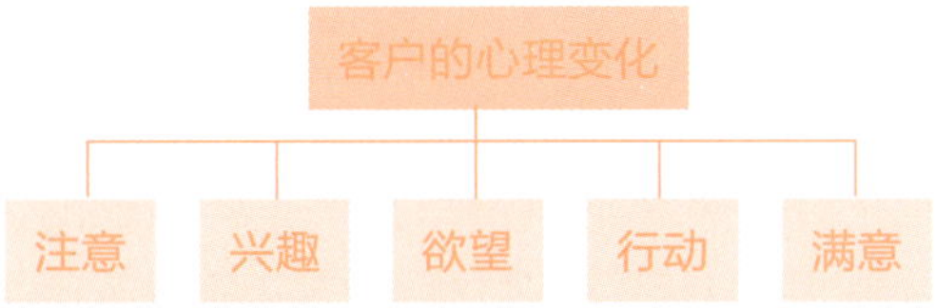

图 2-18　客户的心理变化

（1）注意

注意是指顾客的心理活动对外界一定事物的指向和集中。它不是一种独立的心理过程，而是感觉、知觉、记忆、思维等心理过程的一种共有的状态或特性。

顾客的注意分为有意注意和无意注意。销售活动中，要设法把顾客的无意注意转化为有意注意。

（2）兴趣

兴趣是顾客对产品的选择性态度和心理倾向。顾客购买兴趣的发生和发展是以一定的需要为基础的，容易受其切身利益的影响。

人们需要的多样性决定顾客的兴趣可分为自发性和诱导性。重要的是以怎样的技巧与方法诱导顾客的购买兴趣。

（3）欲望

欲望是顾客对产品积极肯定的心理定势和强烈拥有的愿望。

此过程中顾客对产品在多大程度上满足自己多方面的需求充满疑虑，购买处于犹豫不决。设法了解并消除顾客的种种疑虑，强化其对销售的积极心态，使之保持对购买的肯定态度。顾客的购买欲望多来自情感，而不是来自理智。

（4）行动

行动指顾客在对产品的利益和自己的需求进行充分评估之后，将拥有产品的欲望转化为购买行为的过程。

此过程中，顾客在货币的支出、信用保证、失去选择其他产品的机会等方面可能还存在某种顾虑，所以其购买意志可能还不够强烈和坚定。针对不同顾客的情况，适时地促使其对产品进行实质性的思考，以强化购买意识和成交信心，培养顾客的购买意志，从而促成购买行动。如果交易没达成，也要端正心态，巧妙应付，暂时圆满结束洽谈，为下次销售打下基础。

（5）满意

满意是顾客对所购买产品和服务符合其预期需求的一种正向价值判断，是一个完整购买活动的圆满结束，也是新一轮购买活动的基础。

要注意的是，在复杂多变的实际销售过程中，顾客的心理变化也是复杂多变的。首先，各步骤的完成时间和先后次序并不恒定，其次，各步骤的进程深受顾客不同个性心理特征的影响。所以在销售实践中要根据具体的情况灵活运用。

2.2.2 客户的消费心理及应对措施

客服工作面对的是各种各样的消费者，他们的性别不同、年龄不同、经济条件不同、文化程度不同。性格各异，需求也就不同，客服需要从心理学层面去了解自己的顾客真正需要的是什么，真正想要购买的是什么，瞄准目标，一击即中。

从心理学角度出发，客户购买商品时希望通过购买商品和服务来获得解决问题的方法和愉快的感受。他们在购买商品时，除了本身的物理需求之外，还有购买商品的心理出发点。在电子商务竞争日益白热化的时候，抓住了客户就是抓住了商机。既然客户是营销的核心，那么懂一点客户心理学是很有必要的。我们将客户购买商品的心理层面的需求概括为以下八个方面的客户购买心理，如图2-19所示。

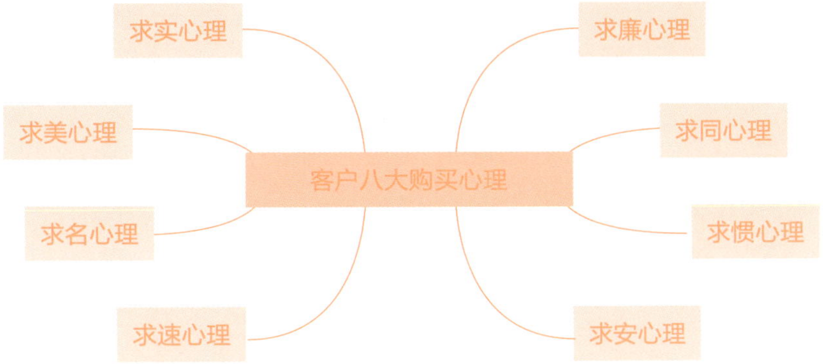

图 2-19 客户八大购买心理

企业要善于根据客户的心理分析，适当调整自己的营销方案，使企业的销售符合市场的需求。

（1）求实心理

案 例

龚女士是一位36岁的家庭妇女，掌握着家里的财政大权。对于家里需要添置什么用品，她有着非常清晰的认识，所购买商品的用途、价格她都有自己的计划。某一天，龚女士准备在淘宝上为儿子买一件夏天穿的纯棉短袖T恤。在购买之前，龚女士对于要的商品购买要求早就了然于心，衣服的材质要纯棉的，颜色以黑色为主，主要是耐脏，价格在80~100元即可。根据这些要求，她很快在网上为儿子选择了一件满意的短袖T恤。

我们可以看出，龚女士在购买商品时有着非常清晰的购买要求，比较看重所购买商品的实用性。类似龚女士这样的购买心理，我们称之为求实心理。

求实心理以追求产品的实用性为主要购买目的，对内衣面料、质地和工艺比较挑剔。类似龚女士这类的顾客大部分属于精明型，表现沉着、冷静，对产品质量、价格、售后服务以及对导购本人的要求比较高，且自我保护心理比较强，对自己的利益非常关心。这类消费行为讲究实惠，根据自己的需要选择商品，是一种理智的消费行为。

那么作为客服人员，我们怎样才能洞悉顾客是否有求实心理的购买动机呢？顾客的购买心理总能通过所说、所做表现出来，如图2-20所示。

客服首先要明确，这类顾客的消费心理是非常理性的，他们购买商品时需要保证商品有80%~100%的可买性之后才会入手购买。应对这类顾客时要体现自己的专业性，以真诚、专业、求实、耐心的态度获取顾客的好感，增加商品在顾客心中的可买性。

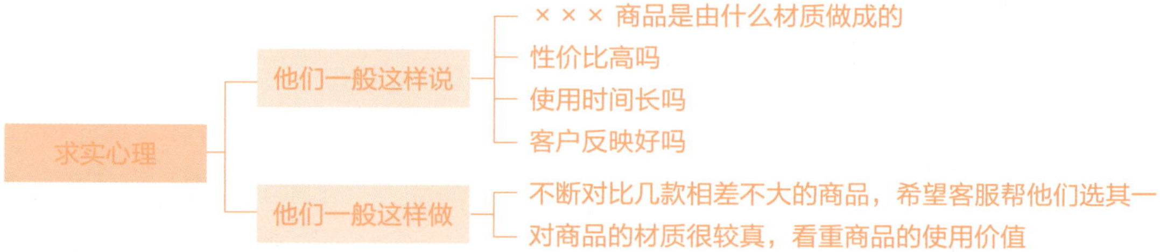

图 2-20　顾客求实心理的表现

1）专业性

最让具有求实心理的顾客纠结的无非是商品本身的质量，如商品的面料和组成是否符合自己的要求，商品能否方便、快捷地使用，以及商品的各个细节是否精致等问题。这类顾客的问题都集中于商品本身，所以应对这类顾客的“杀手锏”便是客服的专业性，客服应对商品的各种属性了如指掌，当顾客问及商品信息的时候便能详细地进行讲解。当然，当客服对商品了解到一定的程度，对商品的喜好优劣也有了自身的见解，这时再为顾客进行推荐时也能更准确地把握顾客需求的重点。

2）诚实

客服要学会站在顾客的立场思考问题，建议主推高性价比、爆款类产品，引导顾客在收到商品后试用，让其体验产品的使用效果，用优质的服务和性价比高的产品征服顾客，赢得顾客的信任与认可。

面对拥有求实心理的顾客，客服一定要避免夸大事实、弄虚作假，应诚实地说出商品的优势和缺陷，在一定程度上降低顾客的期望值。如果以欺瞒的方式赢得顾客的购买，当重视商品性价比的顾客收到不满意的产品时，就可能产生纠纷、退货等不良后果。

（2）求美心理

有这样一类顾客，他们是典型的“外貌协会”，以追求产品的美感为主要购买目的，重点关注商品的款式、色彩、时尚性以及商品的包装等艺术欣赏价值。除了产品本身的美，这类顾客还注重广告创意的新颖等，以满足他们对求美心理的需要。这类顾客的心理年龄普遍偏年轻，对时尚、潮流的理解比较前沿，且以女性居多。

在实际的客服工作中，应该如何区别他们呢？如图2–21所示。

客服在应对该类顾客时，要注意倾听顾客对自己所需要商品的描述，是不是常常说到“好看”“漂亮”“时尚”等字眼。如果顾客常常提到这些字眼，那么就可以将他归纳到求美心理的顾客之中。在应对这类顾客时，客服要推荐适合他们的产品，并尽可能展现商品的外在优势，多一点对顾客的夸奖和肯定。

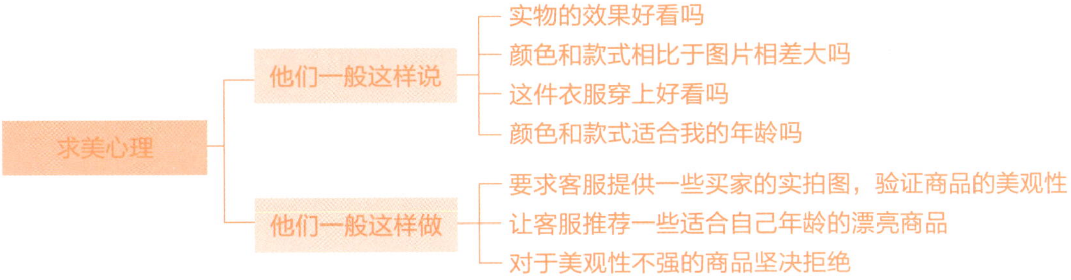

图 2-21 顾客求美心理的表现

1）推荐时尚、漂亮的商品

客服可以与顾客探讨时尚、潮流方面的话题，逐步切入要推荐的产品。尽量推荐店内款式比较时尚前卫、颜色独特的产品，并结合当今流行趋势，专业地强调该产品设计师的思路、设计风格定位，主推当季最新形象款、时尚款。向顾客销售的过程中，尽量借助产品画册、美拍等工具，展示产品的美感效果。

2）夸奖、肯定顾客

当顾客选购好了自己心仪的产品，但却疑惑产品是否好看、是否适合自己时，客服要记住，顾客需要的绝不是你的否定，他们无非是希望自己的选择得到肯定和注意。这类顾客本来就对商品的外在要求严格，如果客服随意否定，会让顾客觉得自己的审美受到了质疑，所以适当地夸奖顾客是很有必要的。

（3）求名心理

以表现身份、地位、价值观为主要购买目的，注重品牌、价位、公众知名度的购买心理，我们称为顾客的求名心理，即只关注名牌产品。这类顾客经济购买能力和品牌意识非常强，且虚荣心、自尊心也非常强，注重面子，在交谈时会频繁谈及自己购买名牌的经历等话题。在这类顾客中，他们有的确实经济条件好，经常购买名牌产品，但也有不少经济条件并不富裕，但在选购产品时却趋向于名牌产品，他们希望把自己表现得很富有、很有品位。

在实际的客服工作中，应该如何区分他们呢？如图2–22所示。

本着求名心理购买商品的行为在一些年轻人群体中很普遍。在他们的心里，吃、穿、住、用、行使用名牌，不仅提高了生活质量，更是一种社会地位的体现。正是在这样的心理驱动下，他们对名牌的信任和追求在购物过程中表现得十分明显。然而这类人群是很敏感的，客服在与他们交流时若是回复慢了，话语不得当都会让他们十分恼怒。面对这类顾客，客服要学会顺势而为，即顺着顾客的意愿去完成自己的工作，促成他们的购买。

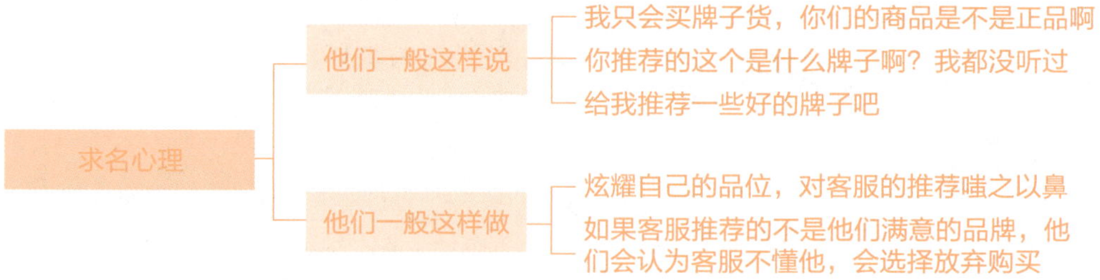

图 2-22　顾客求名心理的表现

1）介绍自己推荐的品牌

客服要了解自己的品牌文化，重点向顾客介绍品牌的历史、品牌内涵，以及品牌在行业内的地位与知名度，引起顾客对该品牌的兴趣，让顾客从心里认可你的品牌，认为有购买这个品牌的必要。

2）不断地认同顾客

以求名心理为主导的这类顾客，他们在购买商品时属于比较理智的类型，不会无端消费，自我意识很强，说话口气强硬。客服在为这类顾客推荐商品时要善于恭维和赞美，推荐产品时要顺从他，先赞同他的建议，有异议时也要先顺从他，不能正面冲突，给足面子，让其虚荣心彻底得到满足，风风光光地将产品买走。

（4）求速心理

案　例

小张是典型的白领阶层，平日里工作很忙，没有太多的空闲时间。压力大、节奏快的工作现状使他逐渐养成了务实、高效的职业习惯，并逐渐融入了他的日常生活。小张平时并不热衷购物，觉得逛商场太浪费时间。当网上购物逐渐兴起时，他便爱上了这种省钱省时的购物形式。他在网上购物时只要明确了自己想要买什么，就通过商品搜索选取前三个商品之一进行购买，整个购买时间不会超过5分钟。

像小张这样的购物心理，我们称之为求速心理，即以追求快速、方便为主要购买目的，注重购买的时间和效率。这类顾客通常比较繁忙，时间意识比较强，性格爽快、为人随和，但性子有点急，几乎都想利用最短的时间、最简单的方式购买到优质的产品。这类人通常集中于20~30岁的白领阶层，以男性居多。他们对商品的价格不会太在意，只要能保证商品的质量和购买的速度即可。

在实际的客服工作中，应该如何区分他们呢？如图2-23所示。

客服首先要意识到这类顾客他们的购买意识是很强的，他们视时间如珍宝，如果没

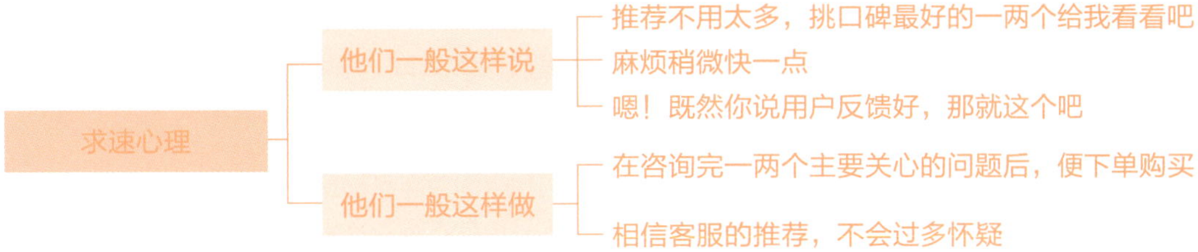

图 2-23　顾客求速心理的表现

有90%的购买欲望，他们是不会浪费时间网购的，所以这类顾客的成交量是很高的。因此，客服在工作中一定要善于抓住这类顾客的心，他们不仅能保证成交量，还能节约客服的工作时间，何乐而不为呢？

1）化被动为主动

既然顾客在购买商品时希望尽可能多地节约时间，迅速达成交易，那么客服就不能再被动等待顾客的询问了，一问一答的商品介绍方式并不适合这类顾客去了解商品，应化被动为主动。

2）直截了当的销售方式

与这类顾客交流时，客户切记话太多，所说的每一句话都应是有用的。这类顾客愿意在与客服交流的过程中浪费时间，却不愿意客服浪费他的时间，所以客服在销售自己商品时，可以将适合顾客需求的产品罗列出来，让顾客挑选或体验。当顾客犹豫不决时，应主动为顾客做主，并做出售后服务的承诺，让顾客放心、安心，直截了当，迅速成交。

（5）求廉心理

案　例

小李是典型的学生族，对新事物的接受能力特别强，一早就爱上了网购。不管什么东西小李都喜欢在网上购买，不为其他原因，就因为它便宜，还能得到很多实体店购买得不到的优惠和赠品。我们把类似小李这样的网购心理总结为求廉的心理。

人们在消费过程中，都希望用最少的付出换回最大的效用，获得商品更多的使用价值。追求物美价廉是常见的消费心理，“少花钱多办事”的顾客心理动机的核心是廉价和实惠。这类顾客在选购商品的过程中总会选择价格较为低廉的商品，即以获得超值、低价产品为主要购买目的，注重产品的实惠与廉价。客服可以通过以下特征来区分他们，如图2-24所示。

- 求廉心理
  - 他们一般这样说
    - 再给我一些优惠吧，不然送我一些小礼品也行啊
    - 多给我推荐一些特价商品吧，现在买挺划算的
    - 太贵了，便宜一点，不然我就不买了
  - 他们一般这样做
    - 挑选和咨询的商品都是店铺价格最低廉的类型
    - 拿不降价就不购买来威胁客服
    - 热衷讲价，希望抹零，习惯性索要赠品

图 2-24　顾客求廉心理的表现

该类顾客经济比较拮据，购买能力普遍偏低，但又有购买品牌产品的欲望，因此对价格比较敏感，精打细算、贪图便宜。当然，自卑心理也会一直伴随着她们，平常一般很难接受高价位的产品，而对促销活动的特价产品情有独钟，往往留意的都是商品降价等信息。

在与这类顾客的实际交流中，客服应适当在心理上对其进行鼓励，热情接纳，利用更多的优惠办法或礼品留住顾客。在推荐特价产品或折扣优惠较大的产品时，再附加赠送一份小礼品，让其超值到底，满意而归。同时还要强调，产品即使优惠，品质与服务也不打折扣。

（6）求同心理

在超市购物常常看到这样的现象，一个促销摊位出现一两个人在选购，可能没人在意，但当这个促销摊位满了十个人，便会有二三十个人，甚至更多的人去购买。你明明知道商品的价格并没有大幅下降，可你仍然愿意跟随大众的步伐去购买，这就是购买商品的另一个心理因素——求同心理。

网络平台的开放性让信息的传递十分便利，信息的互动和分享让互不相识、相隔万里的顾客可以随时随地分享自己的购物体验，而普通顾客一般以什么为参考来衡量自己购买的商品是否优质呢？当然是大多数人对这个商品的评价，尤其是一些名人的使用评价对顾客的购买有着更重要的影响，如×××推荐、×××同款，如图2-25所示。

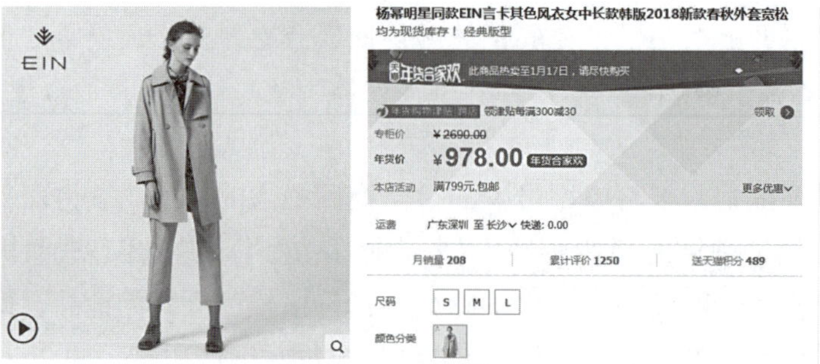

图 2-25　××× 同款商品

求同心理，即以追求与名人或大众消费相同为主要目的的购买心理，也就是我们常说的从众心理。这类顾客倾向于跟风和凑热闹，更多的人说好时他也觉得好，更多的人购买时他也购买，没有特定的自我购买要求，对产品的判断力和主张性不强。他们具有以下的特点，如图2–26所示。

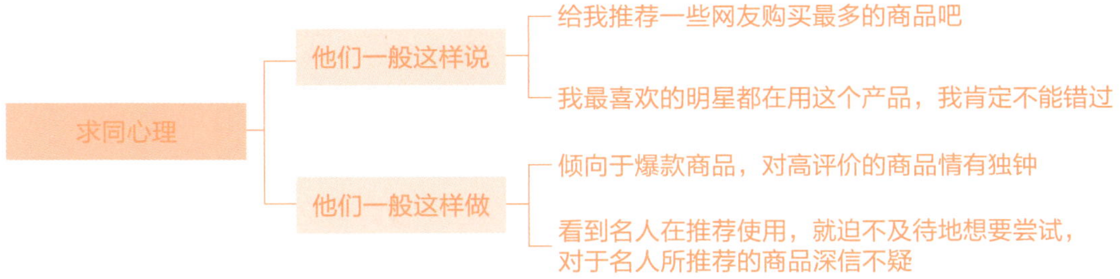

图 2–26　顾客求同心理的表现

在实际销售中，客服要主推畅销款，强调很多人都已购买，而且购买后非常满意。既有采用数据效应，让顾客认识到某款产品的品质已得到大众的认同，也有采用稀缺效应，让顾客感受觉到产品畅销程度以及经常断货缺货的紧张气氛。其实面对这类顾客，客服不需要过多地介绍产品，其销量和评价就可以让顾客信服，客服的言辞巧妙地利用从众心理，让顾客在心理上得到依靠和安全感。

（7）求惯心理

案　例

有一家成功的计算机销售公司，他们销售计算机的方式不同于其他公司，不是把计算机放在店铺内供顾客体验使用，而是将计算机放在一些用户的家里，不需要自己花钱，便可以免费使用计算机，相信谁都不会拒绝。一开始顾客觉得计算机的使用的确丰富了他们的生活，乐在其中。渐渐地，三个月过去了，计算机使用的时间也到期了，这家公司需要收回放在顾客家使用的计算机。这时，顾客不乐意了，因为短短的三个月已经让他们对计算机上瘾了，于是纷纷掏钱购买了计算机。

为什么顾客愿意掏钱购买之前有所抵触的产品呢，因为习惯性因素促使了他们的购买。网上购物同样也有一种习惯性心理，我们将这种购买心理称之为求惯心理。

所谓求惯心理，是以满足特殊的爱好而形成的购买心理。顾客往往注重自己偏爱的品牌和款式，对即将购买的产品充满了信任感，在选择产品时，他们会根据自我的兴趣偏好进行选择。换句话说，这类顾客具有特定的购物习惯。客服可以根据以下信息对抱有这种购买心理的顾客进行区分，如图2–27所示。

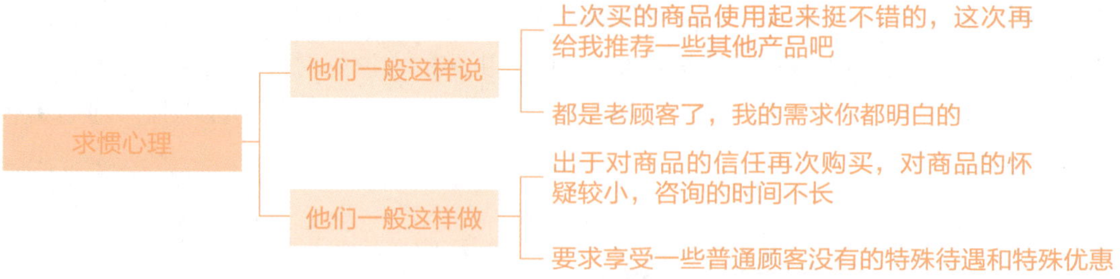

图 2-27　顾客求惯心理的表现

客服应及时调出顾客以往购买的记录，了解顾客以往购买商品的款式、颜色喜好，为顾客推荐他们所偏爱的商品。当然，顾客的喜好会随着时间发生变化，但客服的“错误”推荐不仅不会让客户感到不适，顾客还会因为客服对自己的关注而感到温暖窝心，加深对客服的好感。同时，客服还可以利用顾客的消费积分以及会员权益等手段，来促进顾客的重复购买。

这类顾客大部分是门店的VIP客户，他们性格保守、执着，不容易接受新的事物，对品牌或网店的忠诚度极高，而且对网店的长期贡献较大，因此必须高度重视，尽全力做到一对一的服务。

（8）求安心理

案　例

王女士是一名全职家庭主妇，她并不热衷于网上购物，对看不见、摸不着的东西缺乏信任，但由于网络购物的廉价性和便捷性，一些在生活中不易购买的产品，她也会选择在网上购买。不过她每次购物都非常小心，除了担心网络诈骗，还担心所买产品的安全性，总是要和客服确认几次之后才会购买。我们把王女士的这种购物心态称之为求安心理。

求安心理是一种追求安全、健康、舒适，注重产品的安全性、舒适性与无副作用的消费心理。有这类购物心理的顾客自我呵护和健康意识极强，客服可以根据以下信息对这类顾客进行区分，如图2-28所示。

这类顾客普遍性格谨慎，对产品的面料、里料、配件的质量比较敏感，对商品品质要求很高，对此客服应善于利用专业知识向顾客强调产品面料、里料、配件的安全性与环保性，借助官方权威的证明，如为顾客播放产品的制作过程和实验流程，让顾客从视觉、听觉上亲身体验产品的安全保障。此外，客服还可以主动介绍商品的使用注意事项，专业地普及商品知识。

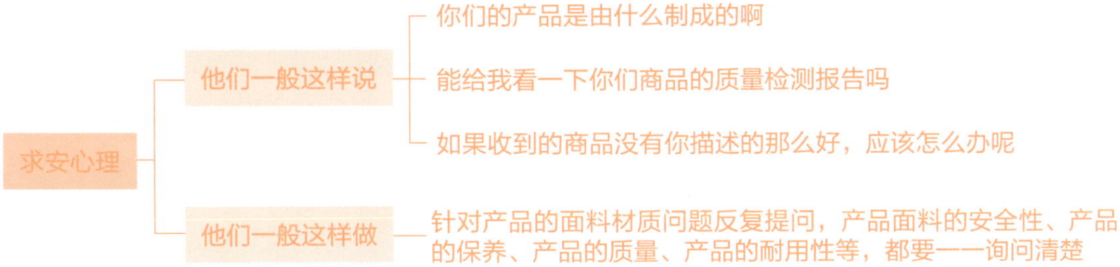

图 2-28　顾客求安心理的表现

2.3 掌握沟通技巧

2.3.1　沟通礼仪

（1）什么是礼仪

礼仪就是律己、敬人的一种行为规范，是表现对他人尊重和理解的过程和手段。礼仪有仪态礼仪、行为礼仪、沟通礼仪等。电子商务客服中，最主要的工作就是与顾客进行沟通，因此，沟通礼仪是电子商务客服必须掌握的技能和知识。

（2）沟通礼仪在网店客服的作用

1）沟通礼仪是留下良好第一印象的关键

在面对面的交流中，仪容、仪表、仪态是给人第一印象的基础，而电子商务客服与顾客沟通时，往往使用网络即时通信或电话等工具进行交流。因此，客服沟通的礼仪将给顾客留下重要的第一印象。第一印象的好坏将会影响接下来的沟通是否顺利。

2）沟通礼仪是取得顾客信任的前提

良好的沟通礼仪容易取得顾客的信任，达到促成销售的目标。电子商务客服不能与顾客面对面交流，那只有做好沟通中的礼仪才能给顾客愉悦的网购体验，放松对网络不可知的戒备心理，从而促成销售。

3）沟通礼仪有助于解决纠纷交易

良好的沟通礼仪为解决纠纷铺平道路。网络销售买卖双方都非常满意是理想主义，实物与图片总会有些许差距，物流运输等也免不了会出差错。在出现纠纷交易后，在为客户解决实际问题的同时，沟通语气和蔼亲切，耐心解释，即使问题没有立即得到解决，客户也能心悦诚服地接受，满意而归，给客户留下很好的印象，让客户得到心理上的满足。

用良好的礼仪巧妙地处理与客户的关系，减少冲突，缓和气氛，软化矛盾，有利于解决问题。可见良好的沟通礼仪是提高电子商务客服必不可少的条件。

（3）沟通礼仪的内容

1）回复

及时回复：在顾客提问时，要及时回复顾客。如繁忙或暂时离开，应当设置好自动回复，让顾客知道客服的状态，以及大概能回复的时间，并致以抱歉或给予顾客购物提示，如图2-29（a）所示。

回复频率：要主动营销，了解顾客真实需求，并给予引导。不可顾客问一句，隔半天才答一句，也不能回复得太过频繁，短时间内给顾客发大量信息只会适得其反，不仅不礼貌，还会引起顾客的反感。

2）自我介绍

在第一次回复时，应当向顾客自我介绍。如：“在哒在哒，秀小蜜出现啦！有什么可以帮您的呢?”，如图2-29（b）所示。

3）语调体现沟通礼貌

回复文字的语气、语调要温和，切忌生硬，即使与顾客之间有分歧，也要致以抱歉，希望得到顾客的体谅和谅解。不管在什么情况下，多用敬语“您”，多用礼貌用语“请”。

例如：自然、灵活地运用礼貌用语。使用征询、商量的语气：“您看这样解决行吗?”“您还有什么要求?”以此得到客户的理解，求得共识。使用委婉的语气，在为顾客寻找商品或其他服务时，无论时间长短，都要对顾客说声抱歉：“不好意思，让您久等了。根据您的要求，我为您挑选了这件衣服，请打开下面链接……”

4）表情体现沟通仪态

恰当的表情体现沟通时的仪态，让在电脑面前的顾客产生客服是面带微笑、举止得体、彬彬有礼的形象。

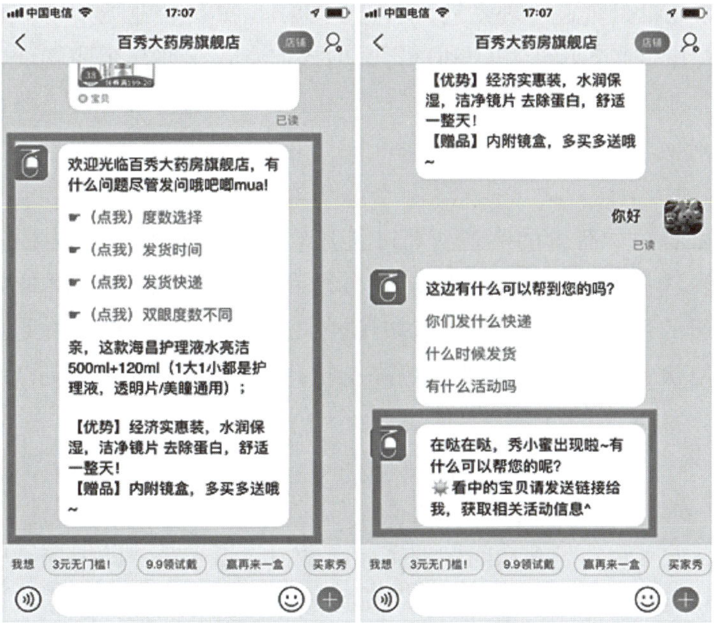

（a）　　　　（b）

图 2-29　沟通礼仪回复

微笑服务：在第一次回复顾客和交流顺畅时，可加上微笑的表情，如图2-30第一排的第一个或第一排的第三个表情；在与顾客取得共识，或赞同对方时，可加上第二排的第四个或者第五个表情；在与顾客达成交易，结束交谈时，可加上再见的表情，在第三排的最后一个。

图 2-30　部分旺旺表情

2.3.2　有效沟通技巧

（1）有效沟通定义

所谓有效的沟通，是通过听、说、读、写等思维的载体，通过演讲、会见、对话、讨论、信件等方式准确、恰当地表达出来，以促使对方接受。

（2）有效沟通的重要性

管理沟通，从其概念上来讲，是为了一个设定的目标，把信息、思想和情感在特定个人或群体间传递，并且达成共同协议的过程。沟通是自然科学和社会科学的混合物，是企业管理的有效工具。沟通还是一种技能，是一个人对本身知识能力、表达能力、行为能力的发挥。无论是企业管理者还是普通的职工，都是企业竞争力的核心要素，做好沟通工作，无疑是企业各项工作顺利进行的前提。有效沟通在企业管理中的重要性主要表现在以下几个方面。

1）准确理解公司决策，提高工作效率，化解管理矛盾

公司决策需要一个有效的沟通过程才能施行，沟通的过程就是对决策的理解传达的过程。决策表达得准确、清晰、简洁是进行有效沟通的前提，而对决策的正确理解是实施有效沟通的目的。在决策下达时，决策者要和执行者进行必要的沟通，以对决策达成共识，使执行者准确无误地按照决策执行，避免因为对决策的曲解而造成的执行失误。

2）从表象问题过渡到实质问题的手段

企业管理讲求实效，只有从问题的实际出发，实事求是才能解决问题。而在沟通中获得的信息是最及时、最前沿、最实际、最能够反映当前工作情况的。在企业的经营管理中出现的各种各样的问题，如果单纯地从事物的表面现象来解决问题，不深入了解情况，接触问题本质，会给企业带来灾难性的损失。

3）激励职工，形成健康、积极的企业文化

人具有自然属性和社会属性，在实际的社会生活中，在满足其生理需求的基础上还要满足其精神需求。每个人都希望得到别人的尊重，社会的认可和自我价值的实现。一个优秀的管理者，就要通过有效的沟通影响甚至改变职员对工作的态度、对生活的态度。把那些视工作为负担，对工作三心二意的员工转变为对工作非常投入，工作中积极主动的员工，使其表现出超群的自发性、创造性。

（3）有效沟通的流程

我们来看下有效沟通的流程，如图2-31所示。从流程上我们来分析有效沟通的技巧有哪些。

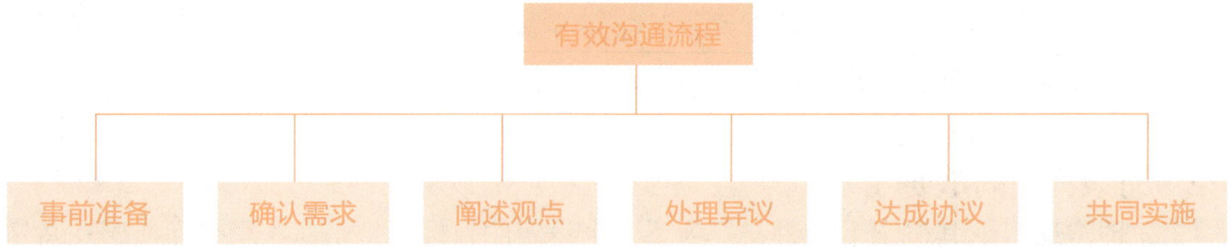

图 2-31　有效沟通流程图

1）事前准备

做一个优秀的网店客服，与客户沟通前要先学习客户购物心理，了解不同购物心理客户的沟通方式，掌握应对方法。同时要熟悉商品、公司运营规则，可随时准备回答客户。

2）确认需求

在与客户沟通时，要以礼貌、简洁的提问确认客户的需求，在初期阶段可采用开放式的提问，初步了解客户需求方向时，转为封闭式提问，进一步明确客户的需求。

3）阐述观点

明确客户需求后，按 FAB 顺序向客户阐述观点。FAB 的原则：F是Feature（属性）、A是Advantage（作用）、B是Benefit（利益）。

在阐述观点时，按FAB顺序来说，对方能够听懂、容易接受。

例如：我家这件连衣裙的面料是织锦缎——轻柔顺滑、高贵典雅——您穿上去会具有古典美的气质。（属性——作用——利益）

没有用 FAB 顺序的说法：

例如：您穿上去肯定很有气质——面料是织锦缎——轻柔顺滑、高贵典雅。（一开始直接给客户下定义，让客户觉得你有主观意识，容易产生抵抗情绪，后面的解释就比较难听进去了。）

4）处理异议

在沟通中遇到异议时，首先了解对方的某些观点，然后当对方说出一个对网店有利的观点时，再用这个观点去说服对方。即在沟通中遇到了异议要用“柔道法”，让对方自己来说服自己。

5）达成协议

沟通的结果就是最后达成了一个协议。请一定要注意：是否完成了沟通，取决于最后是否达成了协议。

在达成协议的时候，要做到三个方面：感谢、赞美、庆祝。

6）共同实施

在达成协议后，要共同实施。客户下了订单，要进行支付；支付成功后售后跟进发货。直到完成交易。

2.3.3 有效沟通话术

（1）售前沟通步骤

售前沟通我们要注意的要诀是：一呼二问三推荐，议价核实很关键，道别以后勤跟进。售前沟通的步骤，如图2–32所示。

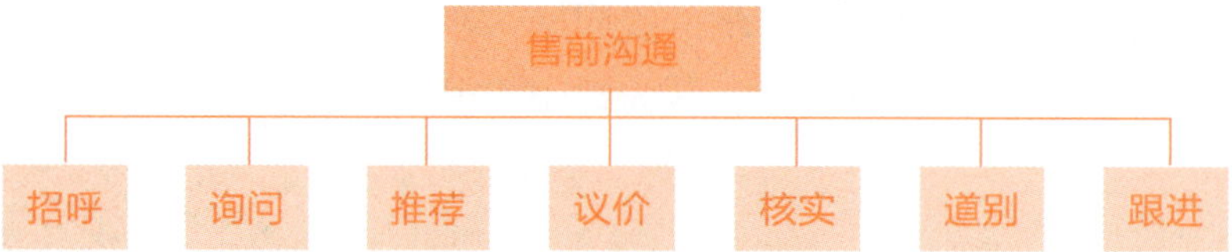

图 2–32　售前沟通步骤

1）招呼

及时答复，礼貌热情，如图2–33所示。

图 2–33　售前打招呼

开门迎客要注意礼貌待客、热情感染，如图2–34所示。

要注意：

①使用积极有活力的语言，譬如“在的”“请问有什么能帮到您”“是的，没有问题”等；

②利用旺旺表情帮你说话，譬如 等；

③避免不良的语言习惯，例如使用“晕”“！！！！”等。

2）询问

热心引导，收集信息，如图2-35所示。

3）推荐

体现专业，精确推荐，如图2-36所示。

4）议价

以退为进，促成交易，如图2-37所示。

5）核实

及时核实，避免出错，如图2-38所示。

6）道别

热情道谢，欢迎再来，如图2-39所示。

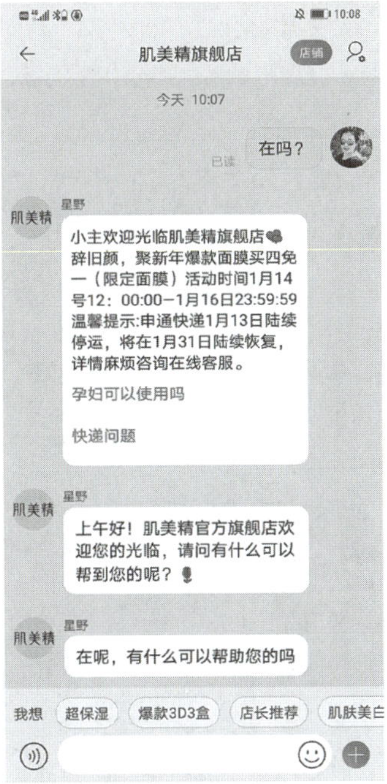

图 2-34　售前要礼貌、热情

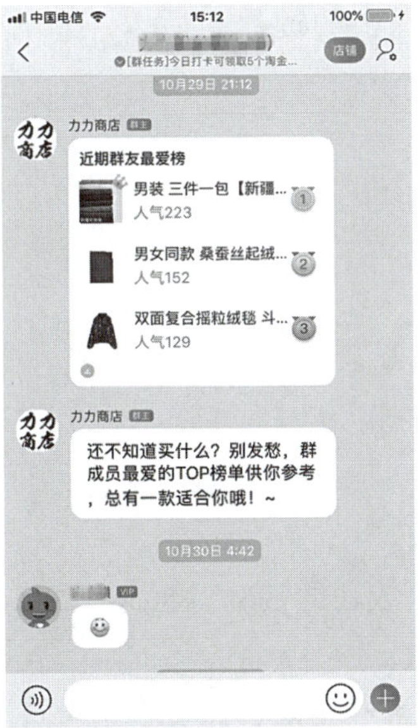

图 2-35　售前询问

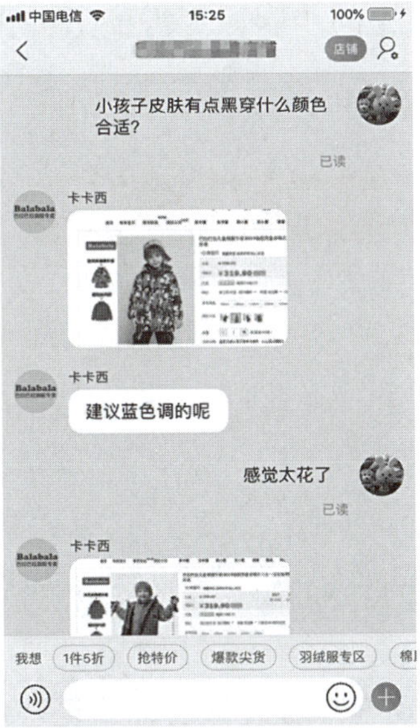

图 2-36　售前推荐

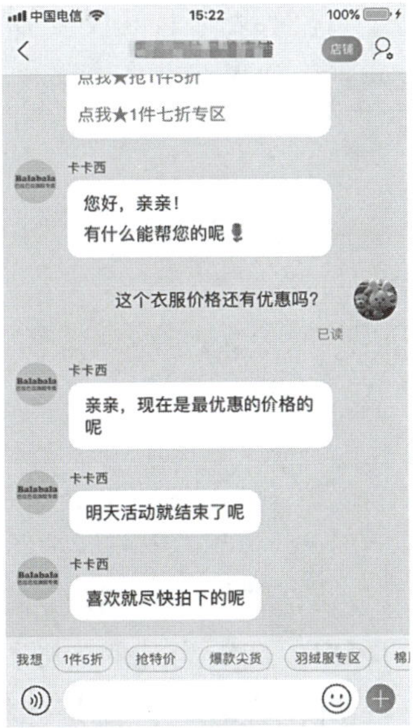

图 2-37　售前议价

7）跟进

视为成交，适时沟通，如图2-40所示。

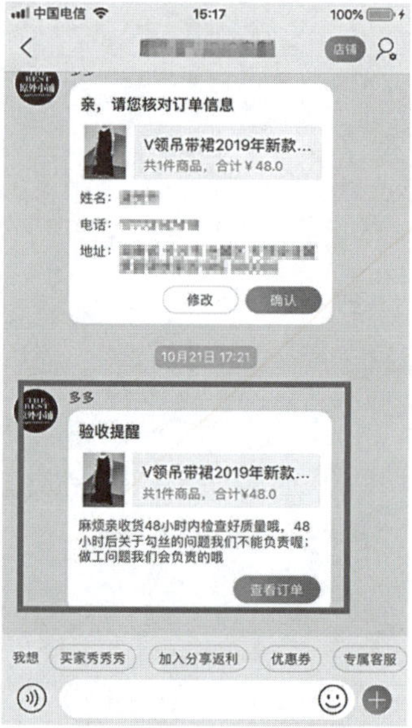

图 2-38　售前核实

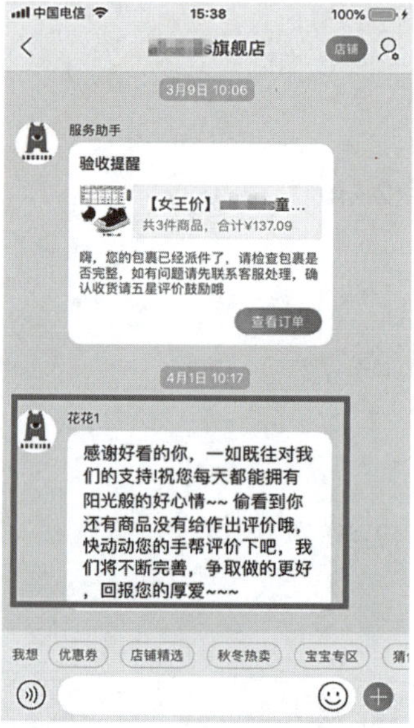

图 2-39　售前道别

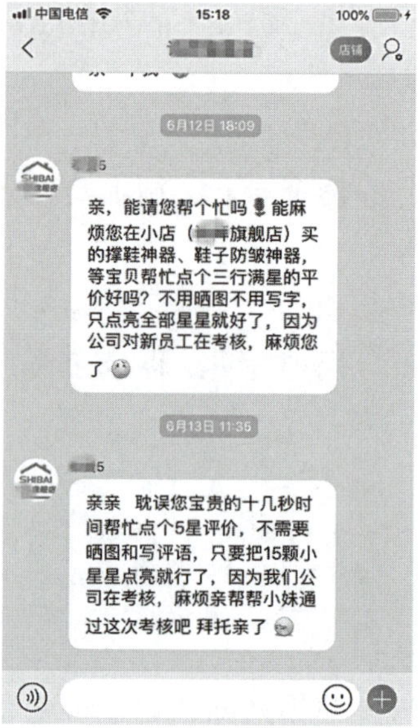

图 2-40　售前跟进

（2）售前服务“六步走”

售前我们不仅仅要知道沟通的步骤，更需要了解在步骤中的过程和话术，如图2-41所示。

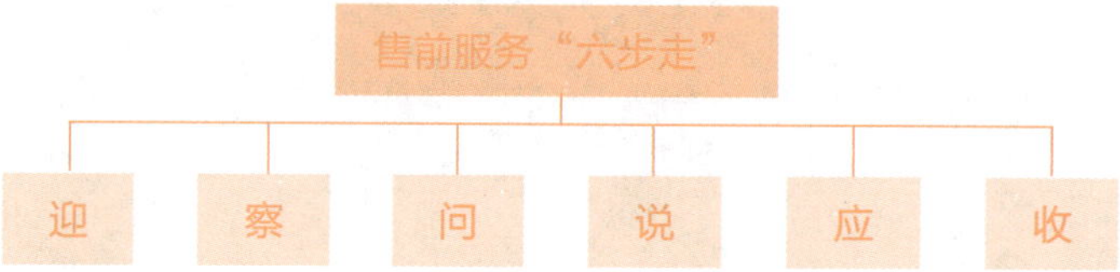

图 2-41　售前服务“六步走”

1）迎

迎，就是迎接客户。给客户良好的第一印象，就已奠定了成功的基础。至少有20%的客户，会因为迎的失败而流失。

开门迎客语：就是你在收到客户聊天框后，回复客户的第一句话。回复合适，成交率增长10%以上。回复不合适，成交率降低20%以上。在网络销售中的应用：旺旺头像、旺旺状态和开门迎客语。

迎客问好时要注意：及时的回复将得到客户良好的印象；过于简单生硬的用语将影响服务体验；标准化的客服礼貌用语是必要的，建议配合恰当的旺旺表情效果更好。

2）察

察，就是观察客户。第一时间内完成对客户性格、特征、购买倾向、购买力等信息的观察总结。整个沟通过程中需要不断察言观色。不懂得观察客户的客服，不是优秀的客服。

察，有助于我们：

①判断顾客性格，说顾客爱听的话；

②判断顾客的购买倾向，推荐商品有的放矢；

③判断顾客的潜在需求并随时进行激发；

④判断顾客的购买力，推荐合适的商品。

在网络销售中的应用：焦点框、聊天过程中随时集中注意力和查看买家历史购买记录。比如，给卖家的评价写了很多内容的好评，说明该买家非常友善。再如，该客户对服务品质比较关注，同时喜欢用旺旺表情，属于比较有礼貌的客户，并且性格活泼，容易沟通。

分析客户时要注意：体察客户是为了知己知彼，判断局势，同时通过各方面的信息搜集，了解客户；我们对客户的了解不一定要让他清楚，但是一定要根据分析的结果去引导客户。

3）问

问，就是向客户提问。为什么要向客户提问？第一，在一定程度上，问是为“察”服务的。第二，通过提问，进一步了解客户需求，并做出合理推荐。第三，通过提问，有时候可以激发客户的潜在需求。

提问要注意善于通过提问来引导客户，并注意开放式问题和封闭式问题提问的时机，那两者之间有什么区别呢？如表2-1所示。

表2-1　封闭式问题和开放式问题区分表

封闭式问题	开放式问题
给您发快递好吗 您喜欢这件商品吗 您还有什么问题吗	您对物流有什么要求 您对商品有什么意见 您有什么问题呢

提问引导时要注意：

①要体察客户的意图，所以要“七分听，三分问”；

②提问应是一种引导，并且语气忌简单生硬；

③要做到用提问激发客户的潜在需求；

④提问中如能穿插推荐，更容易促进销售；

⑤好的提问应该为下一步分析客户做准备。

4）说

说，就是向客户介绍产品，从而继续引发客户对产品的兴趣。

在销售过程中，特别应当注意：“说”并不是照着产品单页、产品资料打字。而是应当通过之前的“察”“问”，在大体地了解客户喜好、客户需求后，针对客户的喜好和需求进行推荐。此外，凡事是有两面性的，要将对产品的介绍朝着客户可能感兴趣的方向进行推荐。

推荐需要通过分析和提问做出推荐，通过对客户的提问和分析最适合的、店内最具货源优势和质量优势的、参考店内销售走势和库存情况等进行推荐。推荐原则使买卖双方能够取得双赢。

5）应

应，就是在沟通过程中，对客户提出的各种问题进行回应和解释。如果“说”是进攻的话，那么“应”就是防守。以打消客户疑虑，促进最终购买为第一目的。

成功的谈判将直接促成交易，我们在“应”中需要了解到：议价往往是在线谈判的中心内容；提前设定优惠标准和条款有利解决问题；成功的谈判应该做到能以退为进；谈判的目的是促成交易，切忌生硬、强势。

6）收

收，就是在沟通过程中，应当适时地对谈话进行收尾，暗示、试探或引导客户产生购买决定。

告别时要有技巧的收尾，在“收”的部分，我们需要了解到：有意向的客户可以在旺旺里面标注，适时回访；给客户留出考虑空间，紧迫盯人促销适得其反；用语礼貌、亲切大度，会给客户留下良好印象；在告别前适度再作努力，为下次交易打下伏笔。

根据之前的步骤，我们利用一家天猫女装店对常见在线销售话术进行简单的总结，如表2-2所示。

表2-2 天猫某女装店有效沟通话术

友好迎客	首语	亲，您好，×××品牌旗舰店【张三】为您服务，有什么可以帮您的呢，现在全场两件包邮，请务必用购物车一起拍下哦
		亲，您好！×××【张三】很高兴为您服务
	抱歉分流	亲，真的很抱歉，因为咨询的顾客比较多，回复稍微慢了点，我会尽快回复您哦，谢谢您的谅解
		亲，十分抱歉，由于我这边咨询人数过多，影响了回复速度，现帮您转接其他客服，稍后会有客服主动与您联系，请您留意下别的旺旺消息哦，感谢您的配合
礼貌告别	礼貌告别	亲，感谢您对×××的支持，【张三】很高兴能为您服务，如果您对我们的产品满意，请收到货后给5分好评鼓励哦
	未付款尾语	好的，亲，我们每周二都会上架新款的哦，您可以多多关注一下哈，感谢您的支持，祝您生活愉快
	温馨提示	亲，温馨提示哦，请尽快拍下付款哦，特别是库存不多的时候，淘宝是根据付款减库存的，如果其他顾客先付款了，您就会因为宝贝无货而付不了哦
		亲，温馨小提示：拍下订单时在卖家留言处写明发申通、圆通还是宅急送哦，拍好后第一时间通知我备注下，发货会更快哦
接待咨询	款式	亲是看中哪款呢？麻烦亲给我宝贝的网址或者是×××款号，谢谢亲
	尺码	亲，麻烦您告诉我您需要的颜色和尺码，我好帮您查询库存哦
	身高	亲，您好，麻烦提供一下您的身高、体重和平时穿衣尺寸哦，我好参考给出合适的建议呢
	选码	亲，我建议您选择×码会比较合适，您再参考一下我们的尺寸表和客户评价，自己把握一下做个决定哦
	查询库存	亲，非常抱歉，这款停产了哦，麻烦告诉我您喜欢什么样的宝贝，我可以为您推荐哦
		亲，麻烦您稍等下，我查询后回复您哦
	查询数量	亲，您要的有现货哦，但是数量不多了，喜欢就要尽快拍下哦

续表

接待咨询	产品特性	亲，因为×××采用天然面料，一般深色的衣服都会有轻微掉色的，只是一些轻微的浮色，不影响穿着及美观哦
		亲，因为是天然面料，所以会有轻微起皱的，但不影响正常穿着呢
		亲，因为是天然面料，所以会有轻微缩水的，但不影响正常穿着呢
		亲，冒昧地问一下，您的肤色是怎样的呢
		亲，您的肤色很好哦，所以随便搭配您喜欢的颜色都可以将皮肤衬得明艳动人哦
		亲，您这种肤色显得人比较健康有活力，建议您相应的搭配浅色系的衣服，感觉会更好哦
		亲，您还可以请您身边的亲朋好友或是同事一起来看看，结合您的气质给出建议哦
议价话术	亲，非常抱歉，我们是×××品牌专柜正品，质量保证，所有价格都已是折后价，所以不议价、不包邮、不抹零，谢谢谅解	
	亲，不好意思，我也是个普通职员，这个是公司规定，对所有买家都公平，希望您不要再议价了哦，谢谢亲的理解	
	亲，十分抱歉，建议不要由于价格而耽误您的宝贵时间哦，您若坚持议价，那我实在没有办法继续回答您的议价问题哈！谢谢亲的理解与支持	
	亲，冒昧地问一下，您是否是因为支付宝余额不足暂时不方便支付呢	
	亲，您可以问问身边的朋友或同事有没有网银或者支付宝哦，可以让他们帮您转点钱或者也可以让他人帮您代付哦	
	亲，我也了解您的难处，这次我就先用公司的公用支付宝将差额零头给您打过去，下次若是方便的话您再将零头补上，但是请您不要跟其他顾客说或者在评价中提到此事哦，否则我会有点为难了呢	
物流异议处理	亲，我们默认的快递是申通/圆通/宅急送哦，（EMS补5元和顺丰补10元），亲要发哪个请在买家留言备注下哈，谢谢	
	现付款后48小时内发货（预售按预售期发），默认发申通、圆通、宅急送（EMS补5元和顺丰补10元），广东省内1～2天到，省外3～7天左右到，谢谢亲耐心等待	
	亲，各地快递收费标准都是不一样的，请谅解哦！并且您购买多件我们也只是收您这一个首重邮费的	
	亲，您有支付宝吗？如果有的话，个人建议您使用支付宝比较划算呢，货到付款还要根据您的衣服金额收取3%的服务费，最低10元起呢	

续表

退货		亲，请不要担心，只要衣物无污损、吊牌齐全，7天内可无条件退换货一次！非质量问题运费是您自己承担，质量问题运费是我们承担的呢
售后		亲，麻烦您稍等一下，我帮您转售后客服，稍后客服会主动联系您并为您解决问题哦
交班		亲，真是非常抱歉，由于我们要交接班可能要耽误您的时间了哦，稍后交由晚班客服为您服务，谢谢您的谅解
交班后		亲，很抱歉由于我们交接班耽误了您的时间，我会尽快回复您的哈，若还有其他问题需要咨询您也可以一次性提供给我哦
下班		亲,我们今天的工作时间要结束了哦,如果亲有什么需要特别说明的,可以留言哈,我们的客服会在第二天看到留言后回复您的，愿亲有愉快的一天，晚安
订单确认		亲，温馨小提示：亲有什么需要特别注意的，需要我备注的吗？我怕之前您跟我说的忘了，有的话还请亲提示哦，谢谢
		亲，您拍的是货到付款，我跟您核对一下信息：发顺丰快递，您到时候总共应付××元现金给快递员，请问您留的电话是本人号码吗
		让我来确认一下您的收货地址（双方确认订货量、收货地址、姓名、手机等信息）
		亲，请问您的地址可以收到快递吗？我们默认申通、圆通和宅急送，如若快递不到发EMS需补5元差价哦
交易付款		亲，可以的，我们有服装专用发票，您发票抬头写什么呢？发票金额为付款的衣服金额，不含运费，发票上的金额都是含税的哦
		亲，非常抱歉，天猫商城店不可以使用银行汇款的哦，不如您用货到付款吧
		亲，一个订单里面只要有一件商品我们是包邮的，我们就整个订单都包邮哦，您用购物车拍好后通知我帮您改运费哦
		亲，您用购物车一起拍下，填好地址信息，点击“确认无误，购买”以后先别付款，然后通知我帮您改邮费哦
礼貌告别	礼貌告别	亲，感谢您对×××的支持，【张三】很高兴能为您服务，如果您对我们满意，请收到货后给5分好评鼓励哦
	未付款尾语	好的，亲，我们每周二都会上架新款的哦，您可以多多关注一下哈，感谢您的支持，祝您生活愉快
	温馨提示	亲，温馨提示哦，请尽快拍下付款哦，特别是库存不多的时候，淘宝是根据付款减库存的，如果其他顾客先付款了，您就会因为宝贝无货而付不了哦
		亲，温馨小提示：拍下订单时在卖家留言处写明发申通、圆通还是宅急送哦，拍好后第一时间通知我备注下，发货会更快哦

课后实训

1. 假如你是怡清源茶业有限公司（之前已经做过背景资料分析）的一名客服，对于如下情况，你将如何处理？将回复的内容填入表2-3。

表2-3 客服信息回复模拟

A. 促成交易	
顾客：亲，我想买大益的7257茶，你家有么	
注：假如你销售的产品中没有这种茶，为促成这笔订单，你会怎么回复	
客服回复：	
B. 介绍商品	
顾客：亲，普洱茶和黑茶有什么区别呢？我听说普洱茶能减肥，是吗	
注：假如你家没有普洱茶，只有黑茶，你将怎么对客户介绍你家的茶叶，并尽量促成交易呢	
客服回复：	
C. 商品推荐	
顾客：亲，能给我推荐几款性价比较高的，适合女性喝的茶叶么	
客服回复：	
D. 质量质疑	
顾客：亲，你推荐的这几款茶叶都没有人买过，也没有评价，是不是不好啊	
注：需要打消客户疑虑，并促成交易	
客服回复：	

2. 背景资料：湖南商康医药电子商务有限公司，是由世界500强企业——中国工商银行和全洲集团核心团队共同打造的大型医药电子商务平台。商康医药网将面向全国提供网上采购、信息共享，减少中间环节、降低流通成本，为客户利益最大化提供一站式服务。并与工商银行合作隆重推出商康牡丹卡，为客户提供最长56天的免息药品采购流动周转资金，商康医药网目前是国内较大的垂直医药电子商务网，致力打造医药阿里巴巴。

测试任务：

（1）客服前的准备（提炼企业产品服务特色及优势）

登录商康医药网：http://www.3kw.com.cn

如客户想要你用三句话（不超过100个字）来描述公司的特色与优势，你计划从哪些方面来进行概括与总结？将内容填入表2-4。

表2-4　客服前的准备

服务特色与优势概述

（2）沟通客户需求（客户沟通技巧）

确定商康医药网网站的目标客户有哪些？选取某一类客户进行模拟售前营销？试着用文字表述出来。将内容填入下表2-5。

表2-5　目标客户及售前沟通模拟

目标客户有哪些？
售前沟通模拟测试：（参照售前客服沟通7步法）

售中篇

项目三

售中客服促销活动

项目导学

网店售中客服的主要工作是对有效订单的处理，包括确认订单、核对信息、下单发货等。在进行售中接待过程中，对客户进行有效的促销活动也是非常重要的环节，不仅可以确认好已经存在的订单，还可以在一定程度上提升销售额，增加网店的利润。

通过本项目的学习，您会对售中客服工作有一定的了解，在今后接待客户时知道如何有效进行促销活动来提升销售额。

学习目标

1. 了解促销活动的含义、类型和注意事项
2. 知道怎样推荐与搭配网店产品
3. 知道怎样设置网店价格优惠
4. 了解网店的产品支付形式和操作方法

学习框架

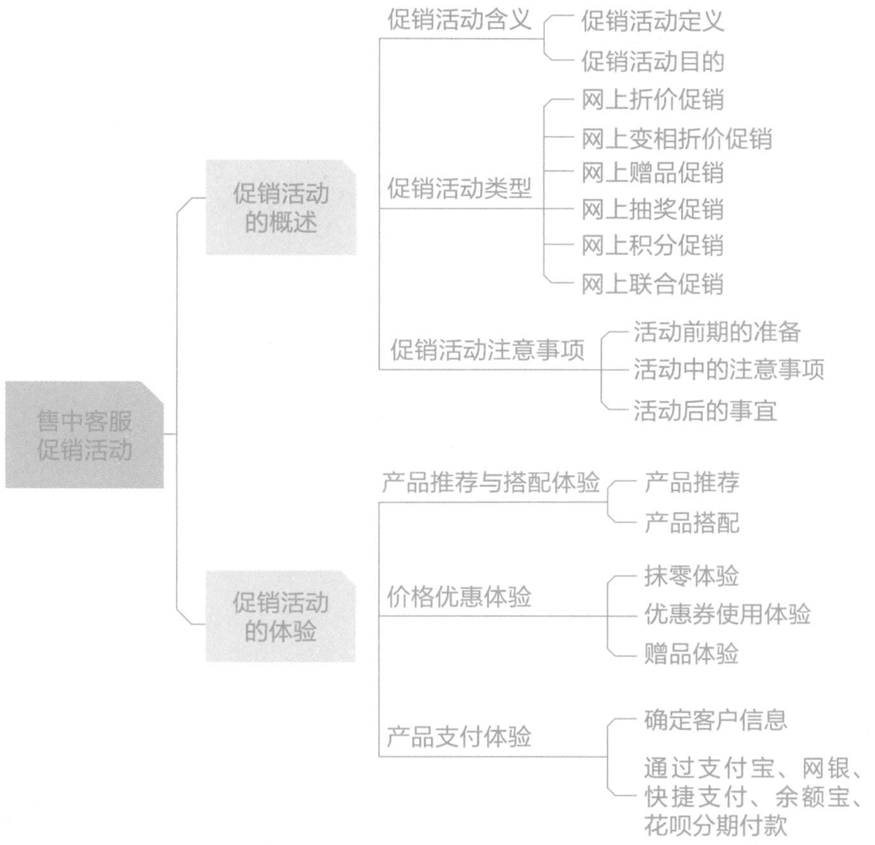

3.1 促销活动的概述

3.1.1 促销活动含义

（1）促销活动定义

促销活动，顾名思义，就是为了促进某种商品或服务的销售而进行降价或是赠送礼品等的行为活动，能在短期内促进销售，提升业绩，增加收益。如图3-1所示为淘宝店的网上促销活动。

图 3-1 网上促销

（2）促销活动目的

①处理库存。通过促销可以帮网店把之前的库存清理掉一些，加快资金的流动。

②提升销量。促销活动可以刺激客户购买需求，从而提升销量。

③打击竞争对手。

④帮助新品上市。通过促销，让用户更快地了解到新产品，有助于新品上市。

⑤提升品牌认知度及美誉度。

3.1.2 促销活动类型

网店可以通过促销提高店铺的生意量，网店促销是利用互联网展开的商品营销活动，目的在于加快商品的流通，增加店铺的收入。网上促销主要有以下6种，如图3-2所示为淘宝店的网上促销活动。

（1）网上折价促销

折价亦称打折、折扣，是目前网上最常用的一种促销方式。因为目前网民在网上购物的热情低于商场超市等传统购物场所，因此网上商品的价格一般都要比传统方式销售

图 3-2　促销活动类型

时要低，以吸引人们购买。由于网上销售商品不能给人全面、直观的印象，也不可试用、触摸等原因，再加上配送成本和付款方式的复杂性，造成网上购物和订货的积极性下降。而幅度比较大的折扣可以促使消费者进行网上购物的尝试并做出购买决定。

目前大部分网上销售商品都有不同程度的价格折扣，如8848、当当网等。如图3-3所示的就是当当网《网店客服》书籍的折价促销活动。

折价券是直接价格打折的一种变化形式，有些商品因在网上直接销售有一定的困难性，便结合传统营销方式，可从网上下载、打印折价券或直接填写优惠表单，到指定地点购买商品时可享受一定优惠。

（2）网上变相折价促销

变相折价促销是指在不提高或稍微增加价格的前提下，提高产品或服务的品质数量，较大幅度地增加产品或服务的附加值，让消费者感到物有所值。由于网上直接进行价格折扣容易造成降低了品质的怀疑，利用增加商品附加值的促销方法会更轻易获得消费者的信任，如图3-4所示的面膜买70送75ml，实际就是一种增加商品附加值的促销方法。

（3）网上赠品促销

赠品促销目前在网上的应用不算太多，一般在新产品推出试用、产品更新、对抗竞

图 3-3　折价促销

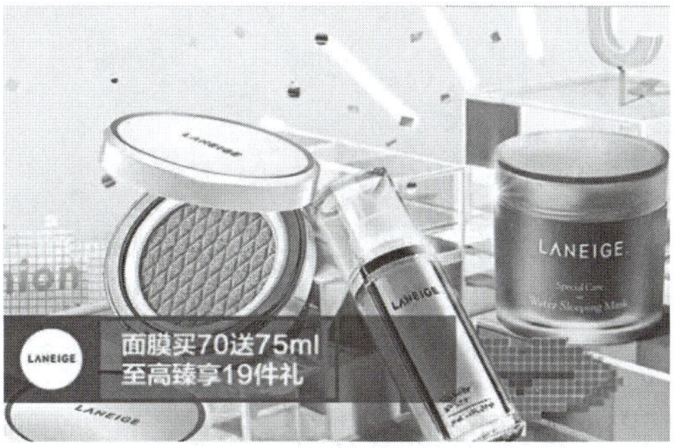

图 3-4　网上变相折价促销

争品牌、开辟新市场等情况下利用赠品促销可以达到比较好的促销效果。如图3-5所示为淘宝中的赠品促销活动。

图 3-5　网上赠品促销

赠品促销的优点：

①可以提升品牌和网站的知名度；

②鼓励人们经常访问网站以获得更多的优惠信息；

③能根据消费者索取赠品的热情程度而总结分析营销效果和产品本身的反应情况等。

赠品促销应注重赠品的选择：

①不要选择次品、劣质品作为赠品，这样做只会起到适得其反的作用；

②明确促销目的，选择适当的、能够吸引消费者的产品或服务；

③注重时间和时机，注重赠品的时效性，如冬季不能赠予只在夏季才能使用的物品，另外在危急公关等情况下，也可考虑不计成本的赠品活动以挽回公关危急。

④注重预算和市场需求，赠品要在能接受的预算内，不可过度赠予赠品而造成营销困境。

（4）网上抽奖促销

抽奖促销是网上应用较广泛的促销形式之一，是大部分网站乐意采用的促销方式。抽奖促销是以一个人或数人获得超出参加活动成本的奖品为手段进行商品或服务的促销，网上抽奖活动主要附加于调查、产品销售、扩大用户群、庆典、推广某项活动等。消费者或访问者通过填写问卷、注册、购买产品或参加网上活动等方式获得抽奖机会。如图3-6所示的是某天猫店的网上抽奖促销活动。

网上抽奖促销活动应注重的几点：

①奖品要有诱惑力，可考虑大额超值或者网店最畅销的产品吸引人们参加。

②活动参加方式要简单化，因为购物时间有限，网络速度不够快，以及浏览者爱好不同等原因，网上抽奖活动要策划的有趣味性和轻易参加。太过复杂和难度太大的活动较难吸引匆匆的访客。

③抽奖结果的公正公平性，由于网络的虚拟性和参加者的广泛地域性，对抽奖结果的真实性要有一定的保证，应该及时请公证人员进行全程公证，并及时能以E-mail、公告等形式向参加者通告活动进度和结果。

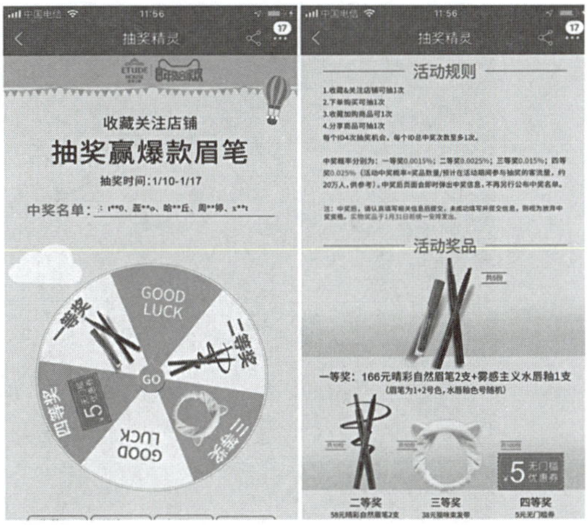

图 3-6　网上抽奖促销

（5）网上积分促销

积分促销在网络上的应用比起传统营销方式要简单和容易操作。网上积分活动很轻易通过编程和数据库等来实现，并且结果可信度高，操作起来相对较为简便。积分促销一般设置价值较高的奖品，消费者通过多次购买或多次参加某项活动来增加积分以获得奖品。

图 3-7　网上积分促销活动

积分促销可以增加上网者访问网站和参加某项活动的次数；可以增加上网者对网站的忠诚度；可以高提商活动的知名度等。如图3-7所示的是网上店铺的积分促销活动。

现在不少电子商务网站“发行”的“虚拟货币”应该是积分促销的另一种体现，如8848的“e元”、酷必得的“酷币”等。网站通过举办活动来使会员“挣钱”，同时可以用仅能在网站使用的“虚拟货币”来购买本站的商品，实际上是给会员购买者相应的优惠。

（6）网上联合促销

由不同商家联合进行的促销活动称为联合促销，联合促销的产品或服务可以起到一定的优势互补、互相提升自身价值等效应。假如应用得当，联合促销可起到相当好的效果，如网络公司可以和传统商家联合，以提供在网络上无法实现的服务；网上售汽车和润滑油公司联合等，如图3-8所示。

图 3-8 网上联合促销

以上6种是网上促销活动中比较常见又较重要的方式，其他如节假日的促销、事件促销等都可从以上几种促销方式进行综合应用。但要想使促销活动达到良好的效果，必须事先进行市场分析、竞争对手分析以及网络上活动实施的可行性分析，与整体营销计划结合，创意地组织实施促销活动，使促销活动新奇、富有销售力和影响力。

3.1.3 促销活动注意事项

1. 活动前期的准备

首先，店铺装修（首页—活动页面—宝贝描述—焦点）；

其次，联系好物流，提前把活动的产品包装好（准备好一些小礼品，因为有些客户想得到些小礼物，这样也会提高客户的满意度，一个小惊喜可能会有大收获的）；

再次，人员配置好（售前的快速接待，旺旺的快速回复）；

最后，售后的物品跟踪需要提前做好。

上面这些是活动时应该想好，做好，准备好的基础事项。

2. 活动中的注意事项

①活动时要注意记录流量和销量；

②店铺页面的调整，注意库存量；

③客服注意总结客户的一些问题进行汇总。

3. 活动后的事宜

①售后要及时跟踪宝贝，第一时间处理异常件，尽早地把宝贝送到客户手中；

②注意回访客户，解决客户对宝贝的一些问题；

③总结这次活动的得失，总结流量、客单价、转化率，优化活动方案；

④把客户会员再次汇总，形成再次回购的老客户。

3.2 促销活动的体验

3.2.1 产品推荐与搭配体验

客户到网店购买商品时，客服需要给客户足够多的选择权，让客户随意挑选和对比商品。客服可以从产品的推荐和产品的搭配两个方面来让客户感受到选择商品的优质体验。

（1）产品推荐

只有当客服对产品的相关知识非常了解后，才能够游刃有余地对产品进行推荐。在为客户推荐商品的时候，客服人员要注意从客户角度和商品角度两个方面进行推荐，从客户角度出发需要因人而异地推荐商品，从商品角度出发进行关联商品的推荐，如图3–9所示。

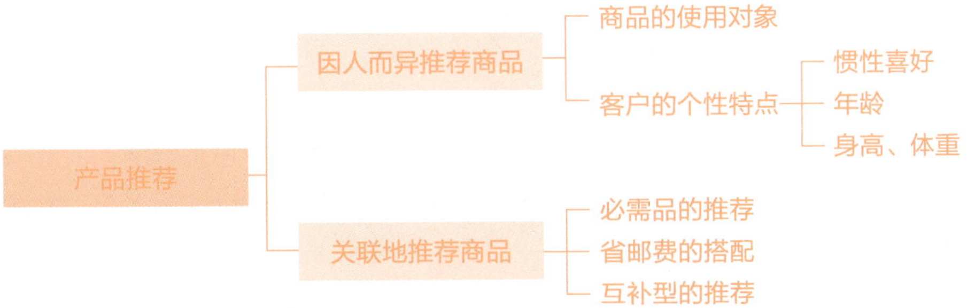

图 3–9　产品推荐种类

1）因人而异推荐商品

由于每一位客户在产品的需求和使用情况上各不相同，客服需要把握客户之间的差异性，分析客户的具体需求，有针对性地推荐商品。下面从商品的使用对象和客户的个性特点两个方面进行解读。

①商品的使用对象。由于商品使用对象的不同，消费者对商品的要求也不一样。例如，客户在网上购买一条围巾，如果使用的对象是购买者自己，那么客户对围巾的要求首选是美观和保暖这两个功能；如果客户购买商品的目的在于赠送他人，那么商品的包装和品牌就变得非常重要了。

②客户的个性特点。淘宝网上出售的商品种类繁多，但即使是购买相同的商品，客户在购买商品时对产品的需求也是各不相同的，客服也要根据不同类别的需求差异来为客户推荐商品。例如，护肤彩妆类对于客户的肤质、年龄、价位等是有需求区别的，客服应该有针对性的推荐；家居家纺类目的客服要根据客户家具的风格进行产品推荐。这些正是客户差异性的表现。

下面以淘宝网销量最高的女装产品进行分析，让大家知道客服应该注意客户哪些个性特点。

首先，客户的惯性喜好是客户购买商品最重要的因素，也是客户的个性特点中最值得客服关注的方面。客服要根据客户的喜好特点缩小自己的推荐范围，以保证推荐产品的准确性。例如，客户明确地表达了自己喜欢粉红色的外套，那么客服在向客户推荐时就要推荐粉红色的外套，即使店铺里面黑色外套是最畅销的产品，也不要再向客户推荐店铺的畅销品或者主打产品等，而是要以客户的实际喜好作为推荐的首选。

其次，年龄是制约客户选择的又一大因素，客服需要掌握客户的实际年龄范围，在对其进行商品的推荐，使得推荐的商品与客户的实际年龄是相符的。例如，一个20岁的小姑娘喜欢一件适合40岁女士穿着的外套，客服不能因为客户的喜爱，就强烈地向客户诉说产品的优势，竭尽全力地说服客户购买。要知道，如果客户收到货物，发现商品的样式不适合自己，会不断要退货，你的店铺也可能会得到投诉。因此，客服需要明确说明产品的适龄人群，并向客户推荐真正适合她们年龄的产品。

最后，身高、体重也是客服在客户挑选产品时，应该考虑的因素，这主要反映在服装领域上。例如，一个体重70公斤的女士，喜欢一款适合50公斤穿着的裙子，客服首先要意识到客户对产品的把握是不恰当的，其次要用礼貌而婉转的方式告诉客户，她并不适合这一款衣服。

除了以上所谈到的客户的个性差异特点之外，客服在为客户推荐商品时还应该因人而异，满足不同客户的需求。例如，客户对产品的心理、接受价位、客户的购买惯性等都会影响他们对商品的选择，所以客服在向客户推荐商品时一定要了解客户的需求，有针对性地为客户提供产品与服务。

2）关联地推荐商品

关联商品是指与主力产品搭配的商品，它能够突出主力产品的特点，促进主力产品的销售；同时也迎合了客户在购买商品过程中图快、图省事的消费倾向，为客户的重复消费提供了便利。关联销售是一种店铺的常规营销手段，客服在销售过程中要注意向客户进行关联商品的推荐。

①必需品的推荐。在客户购买了主力产品后，客服要对这件产品进行长远性的分析，为主力产品搭配一些“以后肯定用得着”的商品，加深客户对主力产品必需品的搭配购买意识。一般来说，这类买家不会一次性购买多件关联商品，但如果有引起他们兴趣的东西，他们会放入购物车或者收藏夹中。观察一段时间之后，下次消费时说不定就成为主要购买的产品了。发生关联购买的主要动机在于客户正好看中商品，又觉得有必要购买。例如，客户购买了一台打印机，那么墨水盒和打印纸就成为打印机的必需关联商品。

②省邮费的搭配。电子商务的发展给了快递公司新的生命力，通过快递运输的方式传递商品，是电子商务的一大特色所在，那么这期间必然会涉及一个购物额外费用——运输费用。很多店铺都会以“满××包邮”为销售方案，鼓励客户尽可能多地购买商品。例如，客户在购买咖啡时，咖啡标价50元，邮费12元，客户肯定会觉得不划算。可是如果有客服的关联销售，让客户看到使用的过滤壶、漂亮的咖啡杯、增加咖啡口感的糖等商品，购买这些商品刚好可以满足店铺的包邮条件，很多客户都会因此而动心。

③互补型的推荐。关联营销对买家来说可以实现功能互补，如鞋子和配饰可以弥补衣服的单调，增添亮点。类似这样的互补产品，客服就可以联系起来进行关联营销，从而更好地促进主力产品的销售。

总之，客服进行关联产品推荐时，不要想着简单地将自己想要销售的商品原封不动地灌输给客户，而是要根据不同的商品对客户进行有目的性、有针对性的推荐。

（2）产品搭配

产品的单一出售早已不能满足店铺对客服工作能力的要求了，需要对产品进行搭配。客服人员对产品的了解从停留在单一产品的认识转变为对某一系列商品的认识，而这种能力直接运用在客服工作中，就表现在对客户合理地进行搭配，我们成为产品的搭配。产品的搭配有很多技巧，下面以色彩搭配、风格搭配和功效搭配为例进行讲解，如图3-10所示。但要记住的是，对产品的深入了解是搭配产品的前提和基础。

1）色彩搭配

在五颜六色的显示世界中，我们所出售的产品都离不开这些绚丽多彩的颜色，所以客服要善于根据产品的颜色为客户进行搭配，让产品看起来更加和谐、自然。从专

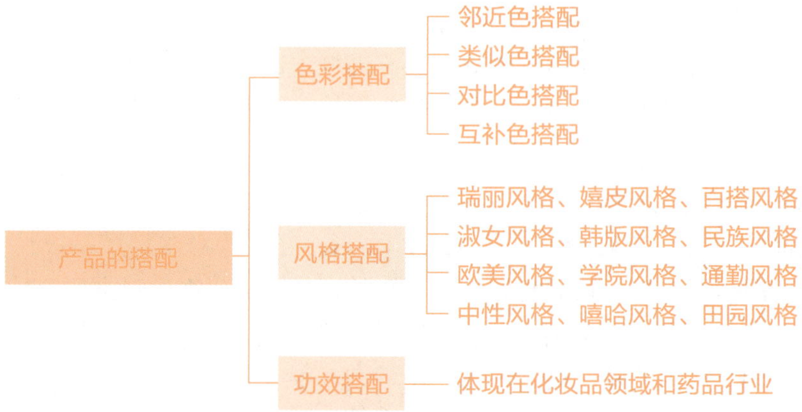

图 3-10　产品的搭配种类

业角度来讲，每一种色彩都具有三个基本属性，即色相、明度和纯度。色相是每种色彩的相貌特征，是区分颜色的主要依据；明度是指颜色的深浅和明暗程度；纯度是指色彩的鲜艳程度。对客服而言，不需要从专业的角度了解色彩的概念，一般以肉眼所见的色彩深浅进行划分即可。下面以女装为例，将色彩的搭配分为四大类（黑白灰搭配属于无色彩搭配），分别是邻近色搭配 、类似色搭配、对比色搭配和互补色搭配。

①邻近色搭配（图3-11）。最简便、最基本的同种色配色方法。同种色是指一系列的色相相同或相近，由明度变化而产生的浓淡深浅不同的色调。同种色搭配可以取得端庄、沉静、稳重的效果。但必须注意同种色搭配时，色与色之间的明度差异要适当，相差太小，太接近的色调容易相互混淆，缺乏层次感；相差太大，对比太强烈的色调易于割裂整体。同种色搭配时最好有深、中、浅三个层次变化，少于三个层次的搭配显得比较单调，而层次过多易产生复杂、散漫的效果。例如红色调的同种色搭配，可由玫瑰红呢料裙，驼红色羊毛衫，深紫红色皮鞋，石榴红耳环及淡妆组成。

②类似色搭配（图3-12）。类似色因为色彩相近，在视觉上的冲击不大，这种搭配看起来有层次、细腻。如：红与橘黄、橘黄与黄色、黄绿与绿等。类似色服装搭配变化较多，且仍能获得协调统一的整体效果。因此类似色搭配也是一种性价比较高的搭配方式。

③对比色搭配（图3-13）。我们在色环上，可以找到相差120° 的两种色彩，对比色之间相差较大，视觉有跳跃感。如：黄色与蓝色，红色与青绿色，红色和黄色等。对比色在搭配中是比较有难度的，如果不是很有把握，可以融入黑白灰（黑、白、灰属于无色系，所以，无论它们与哪种颜色搭配，都不会出现大的问题）与其他颜色的搭配。一般来说，如果同一个色与白色搭配时，会显得明亮；与黑色搭配时就显得昏暗（黑色与三原色搭配除外）。因此在进行服饰色彩搭配时应先衡量一下，对某个部分是想突出

图 3-11 邻近色搭配

图 3-12 类似色搭配

还是隐藏。例如深褐色、深紫色与黑色搭配，这样会和黑色呈现“抢色”的后果，令整套服装没有重点，而且服装的整体表现也会显得很沉重、昏暗无色。黑色与黄色是最亮眼的搭配。正红色和黑色的搭配，也是经典搭配。

④互补色搭配（图3-14）。色相在色环基本是两种对立的色彩，给视觉带来极大的刺激，在搭配中是难度最大的，互补色搭配最吸引眼球，但是风险大，互补色之间的色彩比例分配不当就很失败。如：红与绿，蓝与黄，橙与紫等，补色相配能形成鲜明的对比，有时会收到较好的效果。

2）风格搭配

客服不仅要意识到色彩在搭配中的重要性，还要注意对产品的风格进行定位。将产品进行定位后，再用与其风格相似的搭配物对该产品进行搭配，这就是我们所说的风格搭配。就女装风格而言有很多，如瑞丽风格、嬉皮风格、百搭风格、淑女风格、韩版风格、民族风格、欧美风格等。

①瑞丽风格。瑞丽是著名的时尚杂志，主要分有两个大类：“伊人风尚”主要受众群是年轻白领；而“服饰美容”的受众是大家都可以看。但总体说来，瑞丽的主要风格还是以甜美优雅深入人心。

②嬉皮风格。嬉皮士（英语Hippie的音意译）本来被用来描写西方国家19世纪60年

图 3-13　对比色搭配

图 3-14　互补色搭配

代和70年代反抗习俗和当时政治的年轻人。嬉皮士用公社式的和流浪的生活方式来反映出他们对民族主义和越南战争的反对，他们提倡非传统的宗教文化，批评西方国家中层阶级的价值观。

从细节上看，繁复的印花、圆形的口袋、细致的腰部缝合线、粗糙的毛边、珠宝的配饰等，都将成为个性化穿着的表达方式；从颜色上看，暖色调里的红色、黄色和橘色，冷色调里的绿色和蓝色都将大热；从款式上看，为了展示身体曲线的美感，女式紧身服采用轻薄又易于穿着的面料；而男式衬衫甚至外套广受异域风情的影响，把夏威夷海滩风情穿进办公室也不奇怪。

③百搭风格。百搭，一般为单品，可以搭配各类衣服，很实用的单件服饰，与其他款式、颜色的服饰均能产生一定的效果。一般都是比较基本的、经典的样式或颜色。如纯色系服装，牛仔裤等。

④淑女风格。自然清新、优雅宜人是淑女风格的概括。蕾丝与褶边是柔美新淑女风格的两大时尚标志。

⑤韩版风格。韩装舍弃了简单的色调堆砌，而是通过特别的明暗对比来彰显品位。服装的设计者通过面料的质感与对比，加上款式的丰富变化来强调冲击力，那种浓艳的、繁复的、表面的东西被精致的、甚至有点羞涩的展现取而代之，简洁得连口袋都省了的长裤、不规则的衣裙下摆、极具风情的花边都在表白它的美丽与流行。

⑥民族风格。淘宝分类里面的民族风格更趋向于中国的民族风格的服饰，包括纯民族盛装华服、演出服饰、符合日常穿着的改良民族服装和含民族元素的服装。服装以绣花、蓝印花、蜡染、扎染为主要工艺，面料一般为棉和麻，款式上具有民族特征，或者在细节上带有民族风格。目前流行的经典唐装、旗袍、改良民族服装等是主要款式，当然还包括尼泊尔、印度等民族服装。

⑦欧美风格。主张大气、简洁，面料自然，比较随意，比较简约搭配感和设计感强。

⑧学院风格。也许身处校园生活的你，总是想方设法找机会把自己打扮得性感成熟，但只要踏出校门，你很快就会重新迷恋简单却又充满理性的学院派风格。针织帽、藏青裙、条纹衫、白衬衫等。

⑨通勤风格。通勤与OL最大的区别是通勤更具有休闲风格，是时尚白领的半休闲主义服装。休闲已成为这个时代不可忽视的主题。它不仅是度假时的装束，而且会出现在职场和派对上。人们宽容地接纳了平底鞋、宽松长裤、针织套衫，因为这些服饰品让穿着者看上去温和，更加贴近自然，做工精致，重点在于打造干练、简洁、清爽的形象。

⑩中性风格。20世纪之初，风起云涌的女权运动为中性服饰的流行扫清了一道路障。盛行于60～70年代的“搪皮风貌”将中性装扮导入了流行高潮，以致你仅以背影根本无法分辨出性别。80年代初，留着长长的波浪型发式，穿花衬衫、紧身喇叭牛仔裤，提着进口录音机的国内青年曾被视为社会的不良分子，成为各种漫画嘲讽的题材。90年代末，中性成了流行中的宠儿。社会也越来越无法以职业对两性做出明确的角色定位。T恤衫、牛仔装、低腰裤被认为是中性服装；黑白灰是中性色彩；染发、短发是中性发式……中性在未来世纪的变化将更为活跃。

⑪嘻哈风格。虽然说嘻哈很自由，但还是有些明确的服装标准，好比宽松的上衣和裤子、帽子、头巾或“胖胖”的鞋子。如要细分，嘻哈的穿法还可以分成好几派。

⑫田园风格。田园风格的设计，是追求一种不要任何虚饰的、原始的、纯朴自然的美。

客服在向客户推荐或搭配商品时，一定要明白客户的风格喜好是什么。根据客户的喜好进行推荐，这样才能一击即中。

3）功效搭配

功效搭配主要是指客服在了解自己产品的同时，要对“如何让产品的作用发挥得更好”这一问题进行探究，搭配辅助性的产品，让主要产品的功效发挥得更快和更好。这就要求客服熟悉每一个商品的功效以及组合起来的功效发挥程度，结合产品的功效与特点搭配产品，吸引客户购买。为了达到最好的使用效果，客户自然愿意购买一点辅助产品促进使用效果的实现。功能搭配主要体现在化妆品领域和药品行业，如

图3-15所示为一款药妆产品的功效搭配。

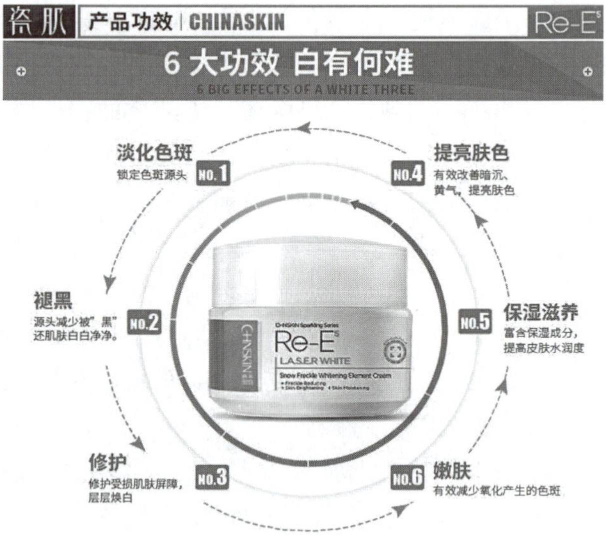

图 3-15　产品功效搭配

3.2.2　价格优惠体验

客户在购买商品时，和客服讨论最多的就是商品的价格问题。例如：能不能再便宜一点啊？能不能抹零啊？能不能叠加使用优惠券啊？等诸如此类的问题，一口拒绝客户的要求可能会让买卖双方的关系变得有些尴尬。那么客服应该怎样做才能既保证自己的利益又不至于让客户尴尬呢？有下面三种对策来应对客户的讨价还价，让客户体验到价格的优惠。

（1）抹零体验

价格抹零是针对客户的消费金额可能精确到了“角”“分”的单位时，为了方便客户付款，抹去小额的零头费用的行为。客服在决定是否对客户的购买价格抹零时一定要视情况而定。首先，客服要保证店铺有一定的利润空间，如果商品已经在做促销活动或亏本处理，原则上不建议进行价格抹零；如果商品的利润空间较大，而客户需要抹零的金额在0.5到1元的话，则可以答应客户的要求，让客户感受到客服处理问题的灵活性。

（2）优惠券使用体验

店铺优惠券是由卖家设置的一种全店通用的优惠券，买家领取优惠券后可用于购买全店商品，并抵扣现金。优惠券可抵用的金额由卖家设置，最低3元，最高100元。有多种面额，如3元、5元、10元、15元、20元、30元、40元、50元、60元、80元和100元等。如图3-16所示是某些店铺的优惠券，优惠券的使用需要符合一定的消费条件。

客服经常会遇到希望给予优惠的客户，此时可用店铺优惠券的形式吸引客户。店铺优惠券的好处是，不会因为拒绝客户要求而让客户感到不舒服。还能让客户按照优惠券的使用条件，尽可能多地在店铺里面进行购买。但买家在使用的过程中可能会产生以下疑惑，客服人员可参考下面的回复方式进行回答。

客户：我的优惠券为什么使用不了呢？

客服：亲，店铺优惠券只能在发放该券的卖家店铺使用，使用前需要看有效期和使用条件，否则是无法使用的哦！

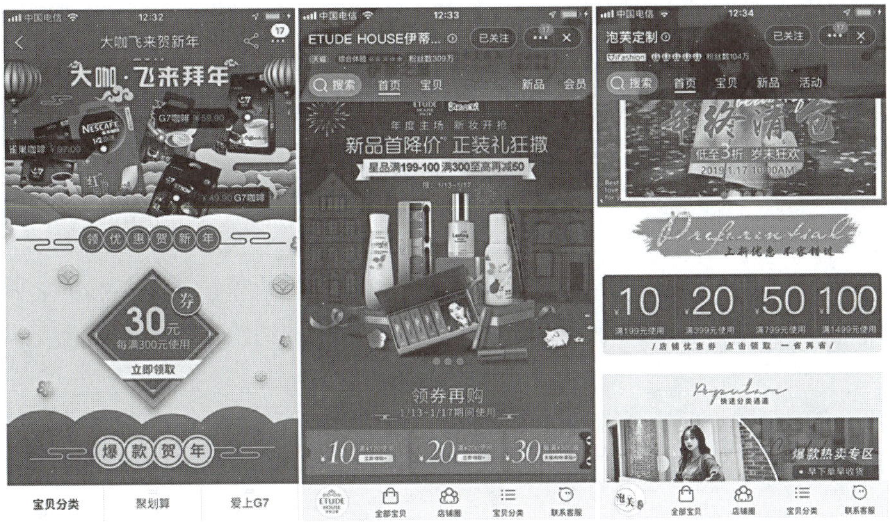

图 3-16　某些店铺优惠券

客户：为什么我购买了多个宝贝，满了399元还是没有优惠30元呢？

客服：亲，您需要先领取优惠券，并且购买多个宝贝时，需要同时加入购物车进行一笔订单的购买，因为系统默认判断的是一笔订单的金额是否符合优惠券的使用规则哦。

客户：商品优惠券满减和店铺优惠券是否可以同时使用？

客服：搭配套餐或者单品宝，它们是单品优惠。如果您买的是搭配套餐，则先算搭配再算优惠券，最后算满减。至于优惠券，单品优惠券和店铺优惠券不可以同时使用，一个订单只能使用一个单品优惠券。

（3）赠品体验

用赠品缓解客户议价的尴尬是让客户享受价格优惠体验的好办法。网店经营过程中，礼品的准备是必不可少的。礼品的数量少、价格优惠，是在议价环节最好用的挡箭牌。客服在承诺赠送礼品时，要尽量保持神秘感，增加客户的好奇心和对礼品的期待值。如果客户知道了你准备的礼物是什么，那对客户来说这些礼品则失去了新鲜感，就很有可能发生客户拒绝你的礼品，要你直接降价的情况，这也让人比较为难。例如：

客户：亲，这件外套就再便宜点吧，我常来你们家购买呢，如果不能便宜，我以后可不来了啦！

客服：亲，您也知道我们店的商品都是薄利多销的，价格上再优惠可真的会非常为难呢。您看我们也为您准备了几个小礼品，礼品可是很超值的哦。

客户：那你们送的是什么呢？

客服：嘻嘻，这是秘密哦，您收到一定会喜欢的。

3.2.3 产品支付体验

客户选购完商品就进入了下单付款环节。对很多新手而言，网上付款可是一件令人头疼的事。为此就需要客服认真学习，掌握拍单付款的知识，为客户排忧解难。

（1）确定客户信息

客户在拍下产品后，客服要及时与客户在阿里旺旺上取得联系，亲自向客户核实订单信息和收货信息，尽可能避免售后产生不必要的麻烦和纠纷，如图3-17是某些网店的确认信息。

在客户拍下订单之后，客服可以通过淘宝后台查看客户的订单信息，并第一时间向客户确认订单的相关信息，包括商品的颜色、数量，以及订单的发货时间和发货途径等。

客户的收货地址、姓名、电话是客服核实信息的重中之重，要第一时间与客户进行核实。如果有客户写错地址，需要修改收货地址的情况，客服需要做好备忘，避免在售后环节出错。除此之外，客服还需要关注客户的个性化留言，有效避免错发、漏发等情况。例如：

客服：亲，××××××××××××（客户填写的收货地址，收货人以及收货人联系方式），这是您准确的订单信息，对吗？

客户：哎呀，我把收货地址填错了。

客服：那您给我一个正确的收货地址吧，我在订单里帮您备注就可以了。

图3-17 确认客户信息

（2）通过支付宝付款

支付宝是由阿里巴巴集团创办的第三方网上支付平台，对于网上购物付款十分的便捷，并且兼具存储、转账等银行卡功能，是网上购物的首选支付方式。

客户在确认订单信息后，单击“提交订单”按钮，系统会自动弹出支付宝付款页面。在密码文本框中输入支付宝密码，单击“确定付款”按钮后，此次付款就完成了。但如果客户的支付宝里面没有钱，就需要通过银行转账的方式先把钱打到支付宝中，方可完成付款，如图3–18所示。

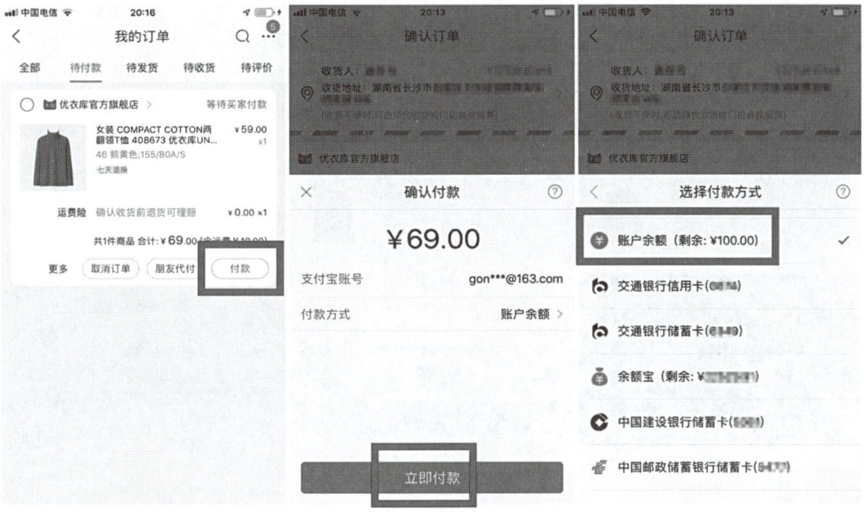

图 3–18 支付宝付款

支付宝付款也叫余额支付，使用余额支付订单时，一定要保证支付宝中的余额足够本次交易的金额，下面我们对开通支付宝账户进行充值，充值成功后再进行支付。我们不仅可以充值到余额，还可以充值到余额宝，如图3–19所示。

（3）通过网银付款

在淘宝网上，通过网银支付订单的操作要相对复杂一些，尤其是第一次使用网银支付时候，需要绑定支付的网银账号，如图3–20所示。

注意：通过网银支付订单时，一定要注意支付环境的安全性。首先，用来申请网上银行的计算机所安装的浏览器必须达到128位加密，如果没有达到要求，请及时升级浏览器。其次，首次进行网银支付时，会自动跳转至相关银行的网银支付页面，在该页面中系统会提示用户安装证书，此时用户一定要按着提示正切安装证书，否则很可能会出现支付失败的现象。

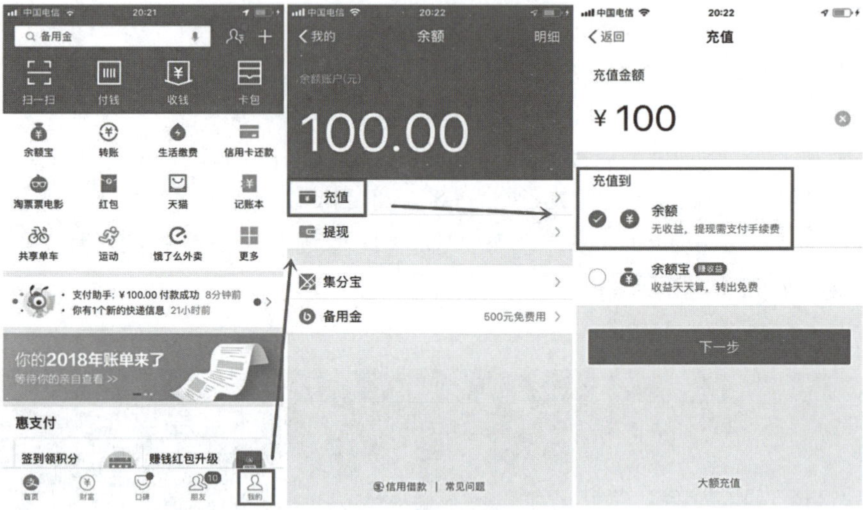

图 3-19 支付宝充值

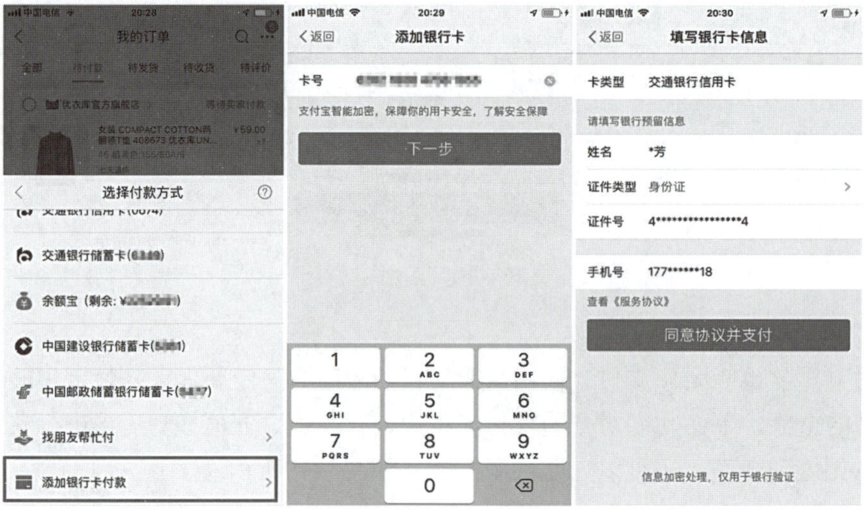

图 3-20 网银付款

（4）通过快捷支付付款

快捷支付是一种安全、轻松的付款方式，只需关联相应的银行卡，无须网银，付款时输入支付宝支付密码即可轻松完成付款。快捷支付是使用频率最高的一种支付方式，但要买家开通该功能才能使用。

（5）通过余额宝支付

余额宝支付订单的方式与余额支付十分相似，首先都要对账户进行充值，如上图

3-19所示，然后才能支付。

余额宝是支付宝提供的一种余额理财服务。买家把钱转入余额宝，即购买了由天弘基金提供的天弘余额宝货币市场基金，可以获得一定的收益。余额宝内的资金还能随时用于网购支付，灵活提取。余额宝付款的方法与余额付款类似，在这里就不介绍了。

（6）通过花呗分期支付

花呗是蚂蚁金服推出的一款信贷产品，为用户提供了一种全新的网购模式——先消费，后付款。蚂蚁花呗根据买家的网购综合情况，提供500~50000元不等的消费额度。用户在消费时可以预支信用额度，本月买，确定收货后的次月9日或10日再还款。花呗分期则是由蚂蚁花呗联合天猫、淘宝卖家共同推出的一种赊购服务，买家可以选购支持花呗分期的商品，选择分期期数，在确认收货后的账单日形成当期账单，在还款日前进行还款即可。图3-21为可以使用花呗分期付款的产品。

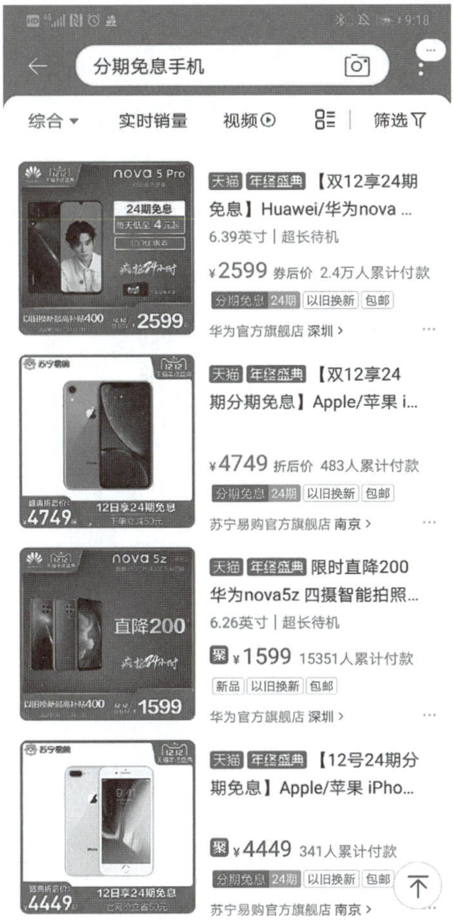

图 3-21 可使用花呗分期付款的商品

蚂蚁花呗分期付款，一般需要以下几个条件：

①买家支持分期。

②买家拥有分期资质。首先，需要有一个支付宝，且必须是实名认证的。其次，需要芝麻信用分高于600才可以申请。

③商品支持分期且单价最终售价不小于600元。

花呗分期的操作方法也很简单，只需要选择分期的时间，然后点击“分期购买”按钮，在打开的页面中核对订单信息无误后，单击“提交分期订单”按钮即可。

课后实训

参考项目二课后实训中“湖南商康医药电子商务有限公司”的背景资料，登录商康医药网http://www.3kw.com.cn，回答下面的问题。

1. 根据公司的特色与优势，以邮件营销的方式进行网站推广，写出邮件的标题及内容（要求200字左右），填入下表。

邮件标题：	
邮件内容：	

2. 通过公司数据分析，订单大多数来自于电话订购，请分析一下网上订单率不高的原因及提出相应的解决方案，填入下表。

原因分析：	
解决方案：	

项目四

售中客服接待活动

项目导学

网店售中客服的主要工作是对有效订单的处理，包括确认订单、核对信息、下单发货等。在项目三中我们进行了有效的促销活动后，接下来我们需要了解客户的价值和售中接待活动流程。

通过本项目的学习，您会对售中客服的工作有一定的了解，在今后接待客户的时候知道如何应对。

学习目标

1．能够对客户类型进行分析，根据不同的客户提供不同的服务

2．能够对客户价值进行评估，特别是客户终身价值的计算

3．掌握售中客户的接待流程

4．掌握正常订单的处理

5．掌握异议订单的处理

学习框架

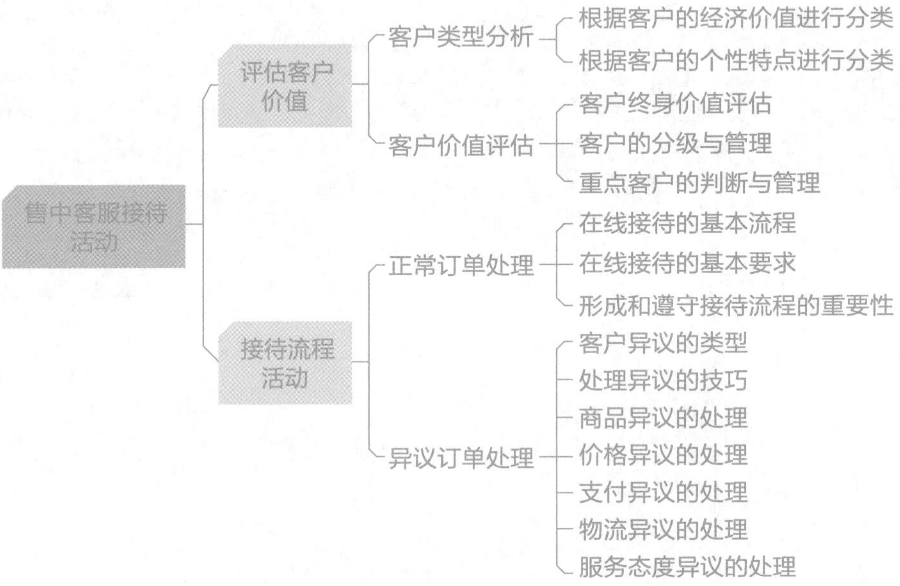

4.1

评估客户价值

4.1.1 客户类型分析

“客户就是上帝”“客户永远是对的”，这些20世纪80年代以来广为流传的关于客户服务质量的名言，影响了很多营销和客户服务人员。但是随着社会的不断发展，这些标准正在被不断地修正和完善。无论是从对企业价值贡献的大小，还是从客户本身的个性及特点来看，客户这一大的群体都有被细分和差别化对待的必要。

那客户有哪些类型呢？我们从下面两个方面进行分类，如图4-1所示。

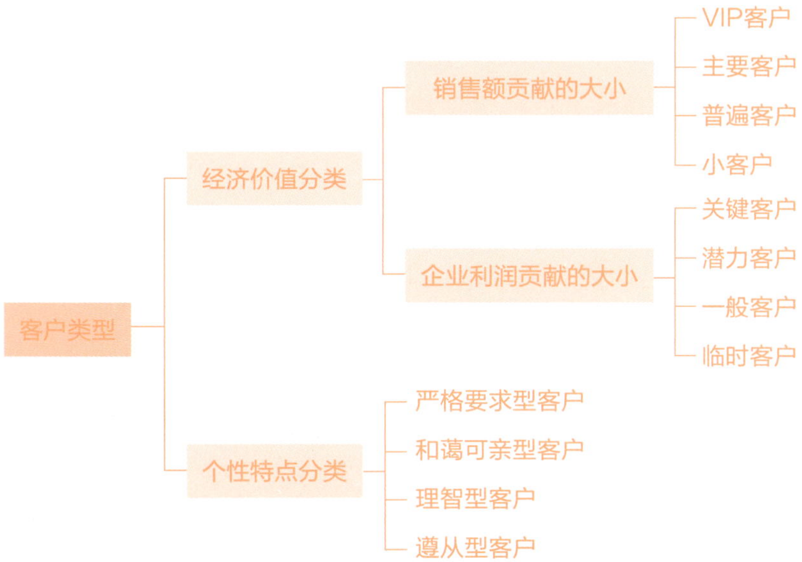

图4-1 客户类型分析

（1）根据客户的经济价值进行分类

人们通常根据客户提供的销售额或利润这两个经济指标，将客户划分为若干层次，以确定哪些客户是企业服务的重点目标（一般根据其销售额大小来界定），从而采取不同的服务方式来吸引客户，以提高客户满意度。对于逐渐失去价值的客户，要弄清楚原因，做好最低的客户维护。

按照客户对销售额贡献的大小，一般可以将客户分为4类，如表4–1所示。

表4-1　客户价值分类表

客户类别	比例(%)	特点	目标性
VIP客户	1	购买力大，贡献价值大	采取特殊的服务政策，使其享有企业最优服务
主要客户	4	消费金额比例大，贡献率高	将其视为工作重点，倾听其意见，研究其需求
普通客户	15 ~ 30	消费金额比例一般，贡献率一般	对其进行精心研究和培养，重点开发
小客户	65 ~ 80	客户数目大，消费金额小	情感交流，合理维护

从管理的角度来看，根据客户对企业利润贡献的大小，可以将客户分为关键客户、潜力客户、一般客户和临时客户4种类型，如表4–2所示。

表4-2　客户层次分类表

客户类型	比例（%）	档次	利润贡献率(%)	目标性
关键客户	5	高	80	财务利益
潜力客户	15	中	15	客户价值
一般客户	80	低	5	客户满意度
临时客户	0	低	0	客户满意度

企业究竟采取哪一种方式对客户的价值进行判断，要根据企业的发展战略和经营目标来确定。例如，企业目前的战略重点是扩大市场占有率，则根据客户对销售额的贡献对客户进行分类管理，可能更有助于企业战略目标的实现。如果企业的经营目标是改善企业的赢利能力，则应当根据利润指标对客户进行分类管理。

1）关键客户

关键的少数客户为企业提供了绝大部分的利润。根据帕累托法则（80/20原理）总是在默默地发挥着作用。

对企业而言，关键客户虽然数量不多，但对企业的贡献率却高达80%左右。这些关键客户除了希望直接从企业获得客户价值，还希望从企业获得社会利益，如成为客户俱乐部成员等，从而获得一定的精神满足。

如何稳住企业的关键客户，提高他们的满意度和忠诚度，是客服工作的首要目标。

2）潜力客户

潜力客户又称为合适客户，他们往往希望从与企业的合作中获得附加的财务利益和社会利益，也希望与企业建立一种伙伴关系或者战略联盟，他们是企业与客户关系管理的核心。

如何维系与潜在客户的关系，并尽可能将他们转化为关键客户是客服工作的重点。

3）一般客户

一般客户是一批经济型的客户，消费具有随机性，讲究实惠，看中价格优惠，在可能的条件下，客服人员应当为一般客户提供必要的、直接的价值和利益，以提高客户满意度。

4）临时客户

临时客户又称为一次性客户，他们是从常规客户中分化出来的。这些客户可能一年中会向企业进行一两次购买，但他们并不能为企业带来大量的收入。在考虑成本因素时，他们甚至可能是企业负利润的提供者。尽管如此，企业没有任何理由得罪任何一位客户，将临时客户维持在必要的满意水平，这是客服人员的基本职责。

显然，以上是对现实客户进行的一种静态的划分。从发展的观点来看，今天的临时客户，也许就是企业明天的潜力客户或关键客户。

（2）根据客户的个性特点进行分类

根据客户个性特点的不同进行分类，可以帮助客服人员迅速调整自己的行为，以客户乐于接受的方式建立进一步的良好关系，从而有效提供更加适应客户需求的服务。

1）严格要求型客户

严格要求型客户非常关注结果，而不关注过程。如果他感觉事情是在朝他所期望的方向发展，他会马上说出来，反之也会立即提出意见。

严格要求型客户喜欢表达自己的需求和期望，并希望你认真聆听。当与这类客户交往时，最好采取迅速而自信的行事方式，使客户感觉到你将迅速地完成工作。

2）和蔼可亲型客户

和蔼可亲型客户希望被别人接受，并希望与客服人员保持友好的关系，而非仅仅例行公事式的商业关系。他们希望自己的问题能在客服人员的友好帮助下得到解决。

在与这类客户的交往中，给予特别的关注很重要。热情的态度，特别的关注，适度谈谈与当前事实无关的一些话题等，都有助于与他们的交往。

3）理智型客户

理智型客户条理性强，有耐心。他们对于事情的运作方式、问题的处理方式很有兴趣，希望有确定的服务程序。这类客户的需求如果得到满足，他们会保持较高的忠诚度。

顺利为理智型客户提供服务的关键在于保持冷静、理性的态度，以及富有条理的处理方式。

4）遵从型客户

遵从型客户重视对规则的遵守，对客服人员提供的信息很敏感，他们希望得到的服务是准确而高质量的。因此，客服人员提供的服务应清晰、准确，传达的信息应谨慎和诚实。

4.1.2 客户价值评估

不同的客户对公司意味着不同的价值，甚至有些客户可能只会给企业带来亏损，所以，客户的价值是需要评估和测算的。根据客户价值的大小进行分类，并采取不同的客户服务策略，是提升客户忠诚度和增进企业长期利润的重要途径。

客户价值是一个动态的综合的概念和现象。客户给企业带来的价值，既有近期价值，也有远期价值；既有显性价值，还可能存在隐形价值；既有目前的价值，还存在终身价值。正因为如此，如何合理评估客户给企业带来的价值，如何根据客户价值进行分类，变得非常关键。这将决定企业应该赢取哪些客户，应该巩固哪些客户，应该发展哪些客户。

（1）客户终身价值评估

客户价值由三个部分组成：历史价值（到目前为止已经实现了客户价值）、当前价值（如果客户当前行为模式不发生改变，将来会给公司带来的客户价值）和潜在价值（如果公司通过有效的交叉销售，可以调动客户购买的积极性，会促使客户向别人推荐产品和服务等，从而可能增加的客户价值）。

客户的终身价值指的是，每个购买者在未来可能为企业带来的收益总和。研究表明，如同某个产品一样，客户对于企业利润的贡献也可以分为导入期、快速增长期，成熟期和衰退期。

对于一家希望持续经营和稳定发展的公司来说，客户终身价值的大小是企业关注的焦点。客户终身价值也是企业客户关系管理的精髓所在，它决定了企业应当为谁提供服务，应当怎样服务。而企业的客户服务策略则决定了客户将给企业带来怎样的投资回报。

1）分析客户终身价值的主要步骤

①收集客户资料和数据。企业要建立客户档案，记录客户的有关资料和对其服务的情况，以利于后期客户关系的维护。

企业收集的客户资料，包括基本资料、客户特征、业务状况和交易现状四个方面的内容，如图4-2所示。这些资料及数据随着时间的推移所发生的变化，将直接影响对客户终身价值的测算。

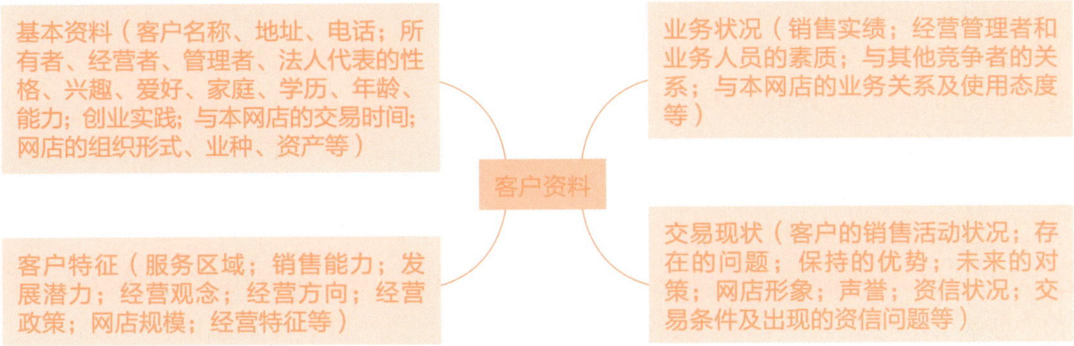

图 4-2 客户资料内容示意图

②计算客户的终身价值。影响客户终身价值的主要因素有：所有来自客户初始购买的收益流；所有与客户购买相关的直接可变成本；客户购买的频率；客户购买的时间长度；客户购买其他产品的喜好及收益流；客户推荐给朋友、同事及他人的可能、适当的贴现率。

a．客户价值的计算。客户是企业最重要、最核心、最有价值的无形资产。客户资源虽然是无形资产，但是它是可以用货币来计算的。

假定一个客户在某网店每星期消费一次，平均每次消费50元，以平均客户生命周期10年为基准来计算客户价值的大小（以销售额来计算）。如果该客户对该网店提供的服务满意，那他可能将自己的满意告诉另外5人；如果不满意，则可能将其抱怨告诉另外10人。假定所有听到其赞美或抱怨的人均有20%的转化率，或增加了该网店的忠实客户，或失去相应数量的忠实客户，那结果就如表4-3所示。

表4-3 某网店客户价值动态分析

价值大小 价值类型	客户基本价值/元	满意客户的新增价值/元	抱怨客户的价值损失/元
计算公式	50×（365÷7）×10	50×（365÷7）×10×5×20%	0×（365÷7）×10×10×20%

续表

价值大小（销售额）	约26000	约26000	52000
分析结论	对一家希望持续经营和健康发展的公司来说，让客户满意非常重要，客户不满意带来的损失大大超过了带来的收益，客户满意了才能让客户忠诚		

b. 客户终身价值的计算。知道了客户价值的计算，那客户终身价值又是怎么计算呢？我们看下面的例子。

假定一个客户在某网店的保留时间为10年，吸引、营销、维系一个客户10年所用的成本是2000元。该客户每个星期去该网店交易一次，平均每次交易发生额5000元，平均每次交易麦德龙的人员、服务、铺面等成本是4300元，请计算该客户的终身价值。

该客户的终身价值=（5000−4300）×（365÷7）×10−2000 = 362000（元）

（注意：直接用52周来乘的。）

所以说，客户终身价值是企业长期持续稳定发展的基础。客户终身价值的意义在于表达忠诚用户对企业生存和发展的重要和长远影响，以刺激企业对忠诚客户的高度重视，努力维系自己的忠诚客户。

③客户投资与利润的分析。可以直接基于交易成本和资金投入进行计算，或者根据过去类似客户的行为模式，用成熟的统计技术预测客户将来的利润。国外的汽车业这样计算客户的终身价值，他们把每位上门客户一生所能购买的汽车数，乘以汽车的平均售价，再加上客户可能需要的零件和维修服务得出这个数字。他们甚至可以精确的算出购车贷款带给公司的利息收入。

④客户分组。通过第三个步骤，企业可以看到如何从客户终身价值中获得最大的利润，随后，企业可以根据这些数据将客户分成具有不同特征、不同行为模式和不同需求的组。例如，企业可以用“聚类分析法”将客户分成苛刻的客户、犹豫不决的客户、节俭的客户和久经世故的客户，并为每一个组制定相应的措施。

⑤开发相应的营销战略。衡量客户终身价值的目的不仅是为了确定目标市场和认知消费者，也是为了设计能吸引他们的交叉销售方法、向上销售方法、向下销售法、附带销售方法、多渠道营销方法等，能够用这些方法帮助企业运用RFM模型来提高客户的价值，尽可能地将客户的潜力开发出来。

RFM模型是衡量客户价值和客户创利能力的重要工具和手段。在众多的客户关系管理（CRM）的分析模式中，RFM模型是被广泛提到的。该机械模型通过一个客户的近期购买行为、购买的总体频率以及花了多少钱三项指标来描述该客户的价值状况。

2）测量客户终身价值的方法

客户终身价值的复杂性和变化性，使得采用何种方法对其进行准确的测量和计算，都是企业面临的最大挑战之一。前面我们简单介绍了客户终身价值的算法，下面我们来介绍目前比较流行和具有代表性的客户终身价值预测方法：DWYER方法和客户事件预测法。

①DWYER方法。DWYER方法是由美国人DWYER（杜瓦尔）先生在1989年率先提出的一种CLV的计算模型。它首先依据客户的属性（如收入、年龄、性别、职业、地理区域等），采用一定的分组策略进行分组，然后针对一组客户分别统计这组客户在各年的销售额、成本费用，得到企业从这组客户获得的利润。由于利润是各年的累计，基于资金的时间价值，再考虑贴现率，计算出这组客户每年净现值及累计净现值，即可得到这组客户的生命周期价值。

该方法将客户分成两大类：永久流失型客户和暂时流失型客户。

a. 永久流失型客户。永久流失型客户要么把业务全部给予现在的供应商，要么完全留给另一个供应商。原因或者是业务无法分割，只能给一个供应商；或者其业务转移成本非常非常高，一旦将业务给予某一个供应商则很难转向其他供应商，这种客户一旦流失，便很难再争取回来。

b. 暂时流失型客户。暂时流失型客户指的是这样一类客户，他们将其业务同时给多个供应商，每个供应商得到的只是其业务总量的一部分。这类客户的业务转移成本较低，他们可以很容易地在多个供应商之间转移业务份额。有时可能将某一个供应商的份额削减到零，但对其供应商来说不一定意味着已经失去了这个客户。客户也许只是终端购买，沉寂一段时间后，有可能突然恢复购买，甚至给予更多的业务份额。

DWYER方法的缺陷是，它只能预测一组客户的终身价值或每个客户的平均终身价值，无法具体评估某个客户对于公司的终身价值。

②客户事件预测法。这种方法主要是针对每一位具体的客户，预测一系列事情发生的时间，并向每一个事件分摊收益和成本，从而为每位客户建立一个详细的利润和费用预测表。

客户事件预测法可以说是为每个客户签订了一个盈亏账号，客户时间档案越详细，与事件相关的收益和成本的分摊就越精确，预测的准确度就越高。但是，客户未来事件预测的精准度并不能够完全保证，主要有以下两个原因。

a. 预测根据的基础数据不确定性很大。客户以后的变数、企业预计的资源投入和客户保持策略，以及环境变数等都具有很多不确定性。

b. 预测的过程不确定性很大。整个预测过程是一个启发式的推理过程，涉及大量的判断，需要预测人员具有丰富的经验，所以预测过程和预测结果因人而异。

（2）客户的分级与管理

分类是在对客户信息库分析的基础上，根据客户的显著特征对其进行的类别划分，如年龄、性别、地理区域等。此外，借助分类结果，应该基于客户最近的交易时间、交易频率、每次购买价值等多项指标对客户进行分级与管理。

1）客户分类

对于制定有效的客户服务策略来说，综合衡量客户的目前价值和未来价值并据此对其进行分级管理，是一种有战略意义的客户分类方法，如图4-3所示。

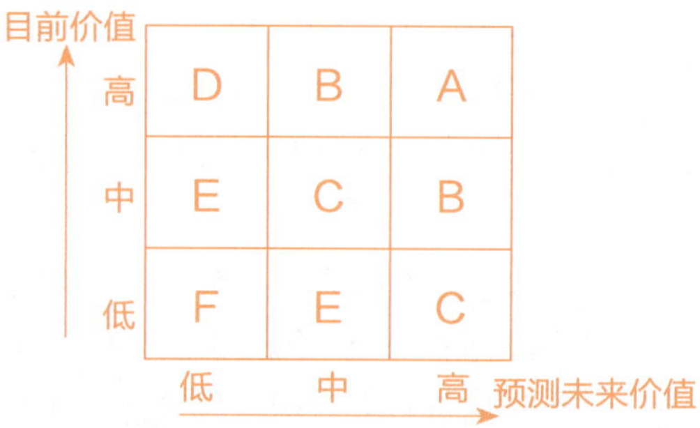

图4-3　客户分类（根据客户的目前价值和未来价值划分）

①A类客户：企业首要的客户，也是企业应该尽最大努力要留住的客户。

②B类客户：具有相当潜力的客户，对这类客户的维护，企业应有相当的投资保障。

③C类客户：企业的核心客户，企业应逐步加大对这类客户的投资。

④D类客户：企业没能争取到的客户，由于一些不可控因素的影响，客户的生命周期即将结束，企业应尽量减少对这类客户的投资。

⑤E类客户：企业的低级客户，企业应当缩小对其投资的力度。

⑥F类客户：无吸引力的客户，企业应当考虑撤资，终止为这些客户提供服务。

2）客户层级管理的意义

合理划分客户层级，对客户进行恰当分类，是为了对不同的客户提供合适的服务。例如，在航空公司举办的提升客户忠诚度的活动中，最佳客户可以获得以下待遇：

①优等的服务（快速换票，最后登机）；

②商务贵宾休息室；

③优先合作伙伴的待遇；

④回赠点数；

⑤更多的认可；

⑥更好的支持服务（如传呼中心等）。

为了对重要客户提供高品质服务，企业要确保足够的投资预算，并为客户量身定制周到细致的服务方案，以赢得并留住客户，最终使其成为企业长期的忠诚客户。

3）客户层级管理的实施

根据客户的层级模型，对于不同层级的客户需要采用不同的管理思想和管理策略。

要使新的管理思想和管理策略发挥最大作用，企业必须注意以下4个方面。

①不同层级客户的属性和特征各异。当其他变量也能描述客户层级时，应优先根据客户盈利能力的差别，将重要客户从目标市场中挑选出来。

通常，在客户细分过程中，找出某一客户层级与另一客户层级的差异是非常有用的，特别是年龄、性别、收入等特征的不同，能帮助企业筹备合适的营销活动。例如，主要由男性客户构成的客户层级和主要由女性客户构成的客户层级，两者的服务策略及营销管理通常是大不相同的。

②不同层级的客户看待服务质量的方法不同。不同层级客户的需要、欲望和感觉各不相同，他们对服务质量的定义也不相同，而且对企业的感觉也不尽相同。例如，有些客户对价格非常敏感，而另外一些客户则更在乎品牌形象。如果客户需要不同的产品，那么企业应向不同层级的客户提供不同属性组合的产品。

③不同层级客户影响购买的推动要素不同。企业一般应选定层级客户作为目标市场。企业往往愿意更好地服务盈利能力强的客户，因为这种策略有可能为企业带来更多的利润。进一步讲，企业希望通过吸引客户产生新的购买行为和增加购买数量把低级层客户转化为高级层客户，这就要求企业抓住影响客户购买决策的关键推动要素开展营销活动。

④服务质量的改善对不同层级客户盈利能力的影响存在很大差异。各个层级客户的特征、需求、欲望，以及影响购买决策的推动要素不同，如果客户层级模型是适用的，那么各层级客户对服务和营销的反应也应该不同。企业应定期评估客户层级的盈利能力。一般情况下，高层级客户对改善服务质量的反应更强烈一些，其结果是新购买行为增加了，购买量增加了，以及每个客户提供的利润增加了。

总之，不同层级客户对服务质量的反应不尽相同，高层级客户对服务质量改善的回报更大一些。

（3）重点客户的判断与管理

在企业现有的客户群中，哪些客户对企业销售额的贡献最大？哪些客户的销售增长最快？又是哪些客户对企业利润的贡献举足轻重？对这些重点客户的判定和识别，以及在此基础上提供超出平均水平之上的优质服务，以增加客户黏性，提高客户的满意度和忠诚度，是企业客户工作的战略重点。

随着市场情况的变化，对企业具有重要意义的客户可能会出现各种各样的问题，这就要求客服人员及时发现问题，深入分析问题的症结所在，并提出相应的化解策略，为上级主管的决策提供有效支持。

对企业重点客户的判断及管理，可采用相应表格工具来进行，如表4-4、表4-5和表4-6所示。

表4-4 重点客户管理表

重点客户的初选						
序号	销售额前 10 名		销售额增长率前 10 名		销售利润率前 10 名	
	客户名称	销售额	客户名称	增长率	客户名称	利润率
1						
2						
3						
4						
5						
6						
7						
8						
9						
10						

重点客户的确定				
序号	重点管理客户	销售额目标	将其设为重点客户的原因	实现目标的行动措施
1				
2				
3				
……				
客户服务部经理建议				
总经理建议				

表4-5 重要客户对策表

序号	客户名称	负责人	销售情况	问题所在	应对策略
1					
2					
3					
……					
扩大重要客户的基本方针					
备注					

表4-6　问题客户策略制定表

序号	客户名称	负责人	销售范围	所在位置	恶化趋势	问题表现	应对策略
1							
2							
3							
……							
备注							

4.2 接待活动流程

4.2.1　正常订单处理

（1）在线接待基本流程

1）问好

主动向买家问好，并介绍自己的旺旺名，与买家沟通，了解其需要；当客户发出沟通信号的时候在 10 秒内必须先有问候的反馈，首先要对其表示欢迎。

2）在线销售

了解需求，为买家提供真实可靠的商品信息及服务承诺，了解买家相关信息，寻找主题及共鸣点，扩大沟通范围，淡化交易存在。

3）主动推荐和关联销售，促成交易

善意提醒客户是否还有其他需求，尽量关联销售，提升客单价；接着要引导客户回到交易，拍下商品，并付款。

4）核实

付款后，要提醒买家两方面的信息：尽量争取买家收货后的好评，并提醒买家可以选择“淘分享”；建议买家收藏卖家的店铺，以便不错过后期的优惠活动。

5）告别

感谢买家的信任与支持，送祝福语并欢迎其再次光临。

（2）在线接待的基本要求

①反应及时（反应快、训练有素）；

②热情亲切（赞美、热情、亲昵称呼、自然、真诚），用语规范，礼貌问候（让客户感觉热情，不是很生硬的话语，做到亲昵称呼，自然亲切）；

③了解需求（细心、耐心、有问必答、准确、找话题）；

④专业销售（自信、随需应变、舒服）；

⑤主动推荐和关联销售；

⑥建立信任（建立好感、交朋友）；

⑦转移话题，促成交易；

⑧体验愉悦（解决问题、强化优势、欢送）；

⑨可以充分利用网络优势，在对话中可以发一些表情，更直接有效地与客户沟通。

（3）形成和遵守接待流程的重要性

①按流程运行可以提高工作效率；

②标准的流程可以尽量减少失误；

③接待服务显得更加规范和专业；

④统一规范工作流程，养成严谨的工作作风；

⑤可纳入工作考核内容，有利于新员工上岗培训。

4.2.2 异议订单处理

客户的异议总是让人感到不愉快，但网店客服人员应该理解异议的必然性，因为商品销售本来就是一个“异议—同意—异议”的循环过程，每一次交易都是一次“同意”的达成。解决异议、满足需求不仅是争取客户并同其建立良好关系的绝佳机会，而且还能创造新的销售机会。为什么客户总是爱“故意”刁难客服人员？如何化解客户异议从而促成交易呢？

客户异议是指客户对商家销售的产品、商品客服人员、商品销售方式或交易条件产生的怀疑、抱怨，并进而提出否定或反面的意见。所以，学会如何更好地解决客户的异议对客服人员来说非常重要。

（1）客户异议的类型

客户异议的类型有以下几种，如图4–4所示。

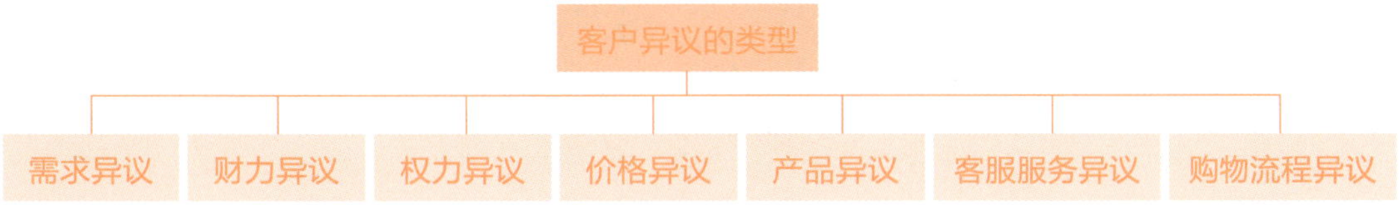

图4-4　客户异议类型

1）需求异议

需求异议是指客户认为不需要某产品而形成的一种反对意见。它往往是在客服人员向客户介绍产品之后，客户当面拒绝的反应。例如，一些客户提出：“我根本不需要它”“这种产品我用不上”“我已经有了”等。这类异议有真有假。真实的需求异议是成交的直接障碍。客服人员如果发现客户真的不需要产品，那就应该立即停止推介。虚假的需求异议既可表现为客户拒绝的一种借口，也可表现为客户没有认识或不能认识自己的需求。客服人员应认真判断客户需求异议的真伪性，对虚假需求异议的客户，设法让其觉得网上销售产品提供的利益和服务，符合客户的需求，使之动心，再进行营销。

2）财力异议

财力异议是指客户认为缺乏货币支付能力的异议。例如，“产品不错，可惜无钱购买。”“已经购买了很多产品了，不能再买了”等。一般来说，客服人员应该在了解真实原因后再作处理。

3）权力异议

权力异议是指客户以缺乏购买决策权为理由而提出的一种反对意见。例如，客户说：“这件商品要问问我老公，我做不了主。”“不知道这件衣服穿起来好不好看，我要问问我朋友。”等。与需求异议和财力异议一样，权力异议也有真实或虚假之分。面对没有购买权力的客户，极力网上销售商品是营销工作的严重失误，是无效营销。在决策人以无权作借口拒绝客服人员及其产品时放弃营销更是营销工作的失误，是无力营销。客服人员必须根据自己掌握的有关情况对权力异议进行认真分析和妥善处理。

4）价格异议

价格异议是指客户以产品价格过高而拒绝购买的异议。无论产品的价格怎样，总有些人会说价格太高、不合理或者比竞争者的价格高。例如，“太贵了，我买不起。”“我想买一种便宜点的型号”“我已经买了这么多了，能不能包邮。”“在这些方面卖家的价格不合理”以及“我想等降价再买”。当客户提出价格异议，表明买家对咨询产品有购买意向，只是对产品价格不满意，而进行讨价还价。当然，也不排除以价格高为拒绝营销的借口。在实际引导工作中，价格异议是最常见的，客服人员如果无法处理这类异议，就难以达成交易。

5）产品异议

产品异议是指客户认为产品本身不能满足自己的需要而形成的一种反对意见。例如："我不喜欢这种颜色""这个产品造型太古板""新产品质量都不太稳定"还有对产品的设计、功能、结构、样式、型号等提出异议。产品异议表明客户对产品有一定的认识，但了解还不够，担心这种产品能否真正满足自己的需要。因此，虽然有比较充分的购买条件，就是不愿意购买。为此，客服人员一定要充分掌握产品知识，能够准确、详细地向客户介绍产品的使用价值及其利益，从而消除客户的异议。

6）客服服务异议

客服人员服务异议是因为对某个客服人员有异议，买家不喜欢这个客服人员，不愿让其接近，也排斥此客服人员的建议。但客户肯接受自认为合适的其他买家客服人员。例如："原来那个客服介绍得更详细，这个客服都不懂产品。""客服的服务态度太差，我要投诉客服。"等。客服人员对客户应以诚相待，与客户多进行感情交流，做客户的知心朋友，消除异议，争取客户的谅解和合作。

7）购物流程异议

客户提出购物流程异议，表明客户愿意购买产品，只是客户对购物流程不熟悉，包括交易的过程、付款的环节、售后的服务以及物流的状况等，面对这样的问题，卖家应该做到打消疑虑，说服客户接受公司的购物流程，告诉客户，如果现在学会了，以后的购物都会很方便、很安全。

为了避免在成交阶段出现过多的异议，客服人员应该在准备介绍时就主动回答客户有可能提出的异议，为成交打下基础。如果在试图成交阶段客户的异议接二连三，就说明在前面营销介绍阶段存在的漏洞太大。

（2）处理异议的技巧

处理异议的技巧有以下几种，如图4-5所示。

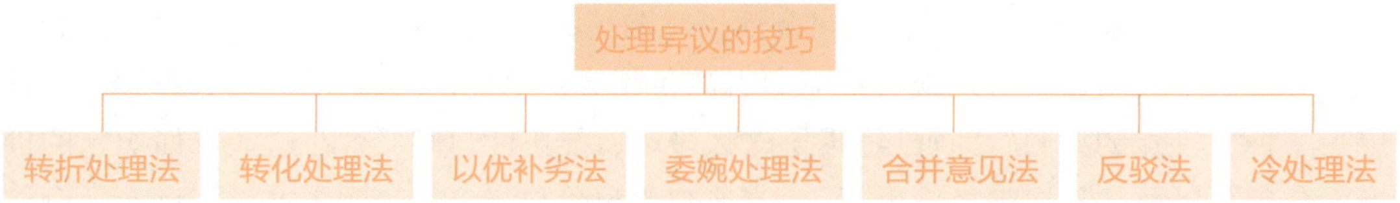

图4-5 处理异议的技巧

1）转折处理法

转折处理法，是推销工作的常用方法，即客服根据有关事实和理由来间接否定客户的意见。应用这种方法是首先承认客户的看法有一定道理，也就是向客户做出一定让步，然后再讲出自己的看法。此法一旦使用不当，可能会使客户提出更多的意见。在使用过程中要尽量少地使用“但是”一词，而实际交谈中却包含着“但是”的意见，这样效果会更好。只要灵活掌握这种方法，就会保持良好的洽谈气氛，为自己的谈话留有余地。

2）转化处理法

转化处理法，是利用客户的反对意见自身来处理。客户的反对意见是有双重属性的，它既是交易的障碍，同时又是一次交易机会。客服要是能利用其积极因素去抵消其消极因素，未尝不是一件好事。

这种方法是直接利用客户的反对意见，转化为肯定意见，但应用这种技巧时一定要讲究礼仪，而不能伤害客户的感情。此法一般不适用于与成交有关的或敏感性的反对意见。

3）以优补劣法

以优补劣法，又叫补偿法。如果客户的反对意见的确切中了产品或公司所提供的服务中的缺陷，千万不可以回避或直接否定。明智的方法是肯定有关缺点，然后淡化处理，利用产品的优点来补偿甚至抵消这些缺点。这样有利于使客户的心理达到一定程度的平衡，有利于使客户做出购买决策。

4）委婉处理法

客服在没有考虑好如何答复客户的反对意见时，不妨先用委婉的语气把对方的反对意见重复一遍，或用自己的话复述一遍，这样可以削弱对方的气势。有时转换一种说法会使问题容易回答得多，但只能减弱而不能改变客户的看法，否则客户会认为客服歪曲买家的意见而产生不满。客服可以在复述之后问一下：“您认为这种说法确切吗?”然后再继续下文，以求得到客户的认可。比如客户抱怨“价格比去年高多了”。客服可以这样说：“是啊，价格比起前一年确实高了一些。”然后再等客户的下文。

5）合并意见法

合并意见法，是将客户的几种意见汇总成一个意见，或者把客户的反对意见集中在一个时间讨论。总之，是要起到削弱反对意见对客户所产生的影响。但要注意不要在一个反对意见上纠缠不清，因为人们的思维有连带性，往往会由一个意见派生出许多反对意见。摆脱的办法，是在回答了客户的反对意见后马上把话题转移开。

6）反驳法

反驳法，是指客服根据事实直接否定客户异议的处理方法。理论上讲，这种方法应该尽量避免。直接反驳对方容易使气氛僵化而不友好，使客户产生敌对心理，不利于客户接纳客服的意见。如果客户的反对意见是产生于对产品的误解，而手头上的资料可以帮助说明问题时，客服不妨直言不讳，但要注意态度一定要友好而温和，最好是引经据典，这样才有说服力，同时又可以让客户感到客服的信心，从而增强客户对产品的信心。反驳法也有不足之处，这种方法容易增加客户的心理压力，弄不好会伤害客户的自尊心和自信心，不利于推销成交。

7）冷处理法

对于客户一些不影响成交的反对意见，客服最好不要反驳，采用不理睬的方法是最佳的。当客户抱怨客服的公司或同行时，对于这类无关成交的问题，都不予理睬，转而谈客服要说的问题。

（3）商品异议的处理

网络购物客户看不见商品实物，只能通过图片以及商品文字描述来判断商品是否适合自己，很多客户担心买到的商品不是自己想象的那样，所以就会针对商品提出很多疑问，如何回答客户提出有关商品的问题，帮助客户做出购买决定是一个客服的基本功。如图4–6所示。

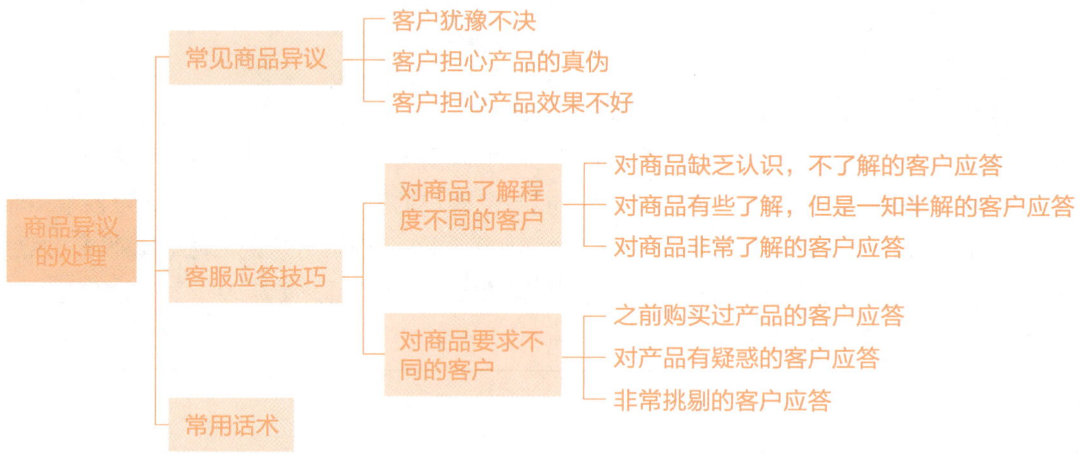

图4–6　商品异议的处理

1）常见商品异议

①客户犹豫不决。销售过程中经常碰到客户对两件或多件产品对比，难以取舍。如何帮助客户挑选并尽快让客户做决定呢？

分析：作为一名客服，其实不是在卖产品，而更多的时候是在帮客户做选择，当客户对两个或两个以上的产品都很感兴趣，但是又不想全买，势必会让客服来帮买家做选择，首先，客服要了解客户真正的需求，其次，通过自己的专业知识，站在客户的角度帮客户选择最适合的产品。最后告诉客户为什么客户选这款合适，这时候客户会觉得卖家很牛，会考虑按照卖家的选择去购买，而且能很快确定购买。

总结：在销售过程中，作为一名优秀的客服，最主要的是抓住主动权，让客户的思路跟随卖家的思路去走，这样就成功了一大半。善于给客户出选择题，告诉客户最佳答案，让客户去选择就可以了。

②客户担心产品的真伪。

分析：这个问题一直是网购客户问的最多的，毕竟网络购物是看不到实物的，这方面的担心也是可以理解的，那卖家如何去让客户购买呢？

第一，硬件证明。一般卖家经营的产品如果是通过正规渠道进货，卖家可以出具这方面的证明，客户就没有疑问了。

第二，如果卖家的产品确实是正品，但是因为很多原因没有相关硬件证明，那么卖家可以采用一些软性的说明。比如拿自己的产品和市场上假的产品进行对比分析，再拿出产品的历史销售记录给客户看，告诉客户卖家有这么多的客户群体，如果有问题卖家早就在淘宝上消失了。然后再给客户一个承诺：您好，卖家是保证正品的，接受专柜验货，假一罚十，有质量问题包退换。

总结：找最有说服力的证据证明自己的产品，客户一定会相信的。当然，如果卖家经营的产品确实是假冒伪劣产品，也就别拿到市场上来坑人了。

③客户担心产品效果不好。

分析：这个问题也是客户最为关心的一个问题，这个化妆品真的有网上说的那么好吗？这件衣服真的很适合客户吗？客户比较困惑，客服回答也比较纠结，再好的产品也不可能适合每个人，再好的产品也不会说客户用了马上就有效果，或者用一次就有效果。

面对这样无法承诺的问题，卖家最好的解决方式就是让客户认清事实。

a. 首先告诉客户这个产品很多人反馈效果很棒，但是不能保证对所有的人都很棒。

b. 其次是使用人自身的一些问题需要注意，比如化妆品是否持续使用了？是否还注意了日常的保养？比如衣服是否很恰当地和买家其他的衣服进行搭配了？如果这些基本的客户自己都没做好，那再好的化妆品、再好的衣服也满足不了客户的需求。

例：美丽的容颜，好的肌肤都是靠长期保养的哦！但是皮肤的吸收和适应能力是因人而异的，MM 坚持使用一段时间才会看到明显的效果哦！

总结：面对这样的问题让客户认清事实最重要，不要盲目夸大产品的功效，不然最终如果没有达到效果，等待客服的就是失去这个客户，失去这个客户所认识的潜在客户。客观地告诉客户产品的功效，反而更能取得客户的信赖。

2）客服应答技巧

①对商品了解程度不同的客户，沟通方式也有所不同。

a. 对商品缺乏认识，不了解。这类客户对商品知识缺乏，对客服依赖性强。对于这样的客户需要卖家像对待朋友一样去细心的解答，多从买家的角度考虑去推荐，并且告诉买家客服推荐这些商品的原因。对于这样的客户，客服的解释越细致，买家就会越信赖客服。

b. 对商品有些了解，但是一知半解。这类客户对商品了解一些，比较主观，易冲动，不太容易信赖。面对这样的客户，这时就要控制情绪，有理有节、耐心地回答，向买家表示客服的丰富专业知识，让买家认识到自己的不足，从而增加对客服的信赖。

c. 对商品非常了解。这类客户知识面广，自信心强，问题往往都能问到点子上。面对这样的客户，要表示出客服对买家专业知识的欣赏，用商量的口气和买家探讨专业的知识，给买家来自内行的推荐，告诉买家“这个才是最好的，您一看就知道了”，让买家感觉到自己真的被当成了内行的朋友，而且客服尊重买家的知识，客服给买家的推荐肯定是最衷心的、最好的。

②对商品要求不同的客户，沟通方式也有所不同。

a. 有的客户因为买过类似的商品，所以对购买的商品质量有清楚的认识，对于这样的客户是很好打交道的。

b. 有的客户将信将疑，会问：图片和商品是一样的吗？对于这样的客户要耐心解释，在肯定商品是实物拍摄的同时，要提醒买家难免会有色差等，让买家有一定的思想准备，不要把商品想像的太过完美。

c. 还有的客户非常挑剔，在沟通的时候就可以感觉到，买家会反复问：有没有瑕疵？有没有色差？有问题怎么办？这个时候就要意识到这是一个很完美主义的客户，除了要实事求是地介绍商品，还要实事求是地把一些可能存在的问题都介绍给买家，告诉买家没有东西是十全十美的。如果客户还坚持要完美的商品，就应该委婉地建议买家选择实体店购买需要的商品。

3）常用话术（表4-7）

表4-7 商品异议的处理的话术

问题	提问背景	解答参考	掌握和技巧
卖的是正品吗	①网络假货泛滥，怕买到假货 ②客户无网购经历，怕上当 ③客户第一次到店铺购物 ④客户对淘宝商城不了解	①店铺是淘宝商城店开设的，工商有备案，销售产品均为厂家授权代理机构直接供应的正品，您可以放心购买的 ②反问：您也许是第一次到商城或第一次到客服家店铺查看商品吧？店铺都是经过淘宝公司验证过的，商品您可以放心的 ③关于品质，请放心哦，店铺是厂家授权经销机构，支持7天无理由退换货服务，您可以看一下店铺中的购买记录评论再放心购买哦	①强调是官方商城验证的店铺 ②工商备案，有公信力 ③提出7天无理由退换货服务，强调其买家评价好
怎么辨别呢	还是不相信客服	卖家店是皇冠店，已经有几万的客户给了好评，您可以随意看一下，需要客服帮您简单介绍一下吗	①证据说话：客服家已经有好几万的老客户了，打消疑虑 ②转移话题，提出问题，了解客户需求
支持专柜验货吗	懂得一些维权知识，对网络销售环境略有了解	十分的支持，假一罚十哦	言语上亲切地和客户拉近距离
如果验货后说是假的会怎么处理呢	思维比较缜密，购买很小心	①到目前为止，卖家销售出去的几万件商品，没接收到一件假货投诉呀 ②很多小店铺抓住客户贪便宜的想法，销售A货、外贸尾单等，货品渠道不正宗，到头来是客户自己吃亏，我们店铺不会哦 ③卖家是可以提供正规发票的，对您是有保障的	①证据说话 ②进行对比 ③提供商品发票

（4）价格异议的处理

针对价格异议的处理，我们需要了解以下几点，如图4-7所示。

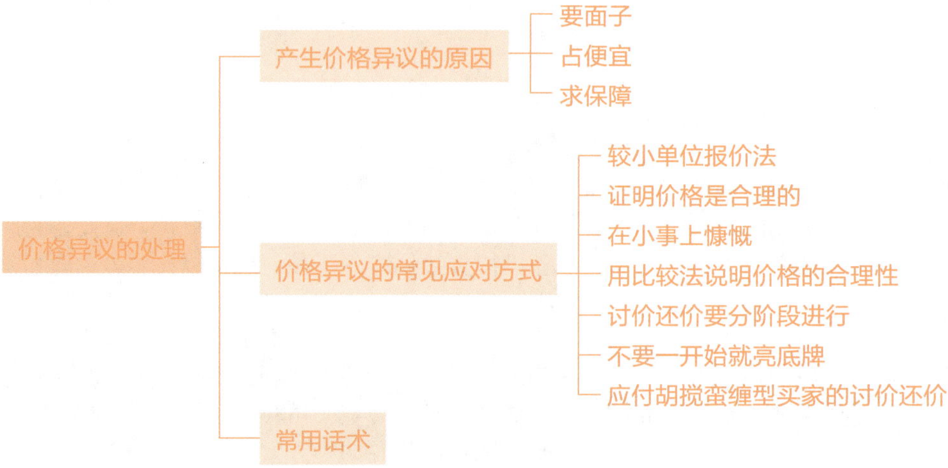

图4-7　价格异议的处理

1）产生价格异议的原因

①要面子。人都是有虚荣心的，每个人都喜欢听到对自己的赞美和受到别人的重视，客户在购买的过程中，哪怕仅买一根绣花针也总是希望得到VIP大客户般的对待。

②占便宜。这里所指的占便宜，指的是客户总是希望自己与众不同，能够拿到比其他买家更低的价格，其实，大多数客户并不喜欢便宜货，买家们喜欢的是占便宜，卖家经常可以看到，二十几元一件的东西无人问津，可是标价几百元的名牌打折到几十元的时候，就会引起抢购。很多客户都有这种奇怪的优越心理：同样的产品，只要比其他客户拿到的价格低，就赚了。

③求保障。当客户觉得自己已经享受到优惠的价格之后，买家们又会转而担心：这么优惠的价格，会不会产品本身有什么瑕疵？或者在服务上做手脚？所以对于产品的质量和后续服务会特别在意。

抓住客户心理，将心比心，合理运用销售推广技巧，以赢得客户的青睐。

2）价格异议的常见应对方式

①较小单位报价法。根据自身店铺的情况，以较小的单位进行报价，一般强调数量。

②证明价格是合理的。无论出于什么原因，任何买家都会对价格产生异议，大都认为产品价格比买家想象的要高得多。这时，必须证明产品的定价是合理的。证明的办法就是多讲产品在设计、质量、功能等方面的优点。只要客服能说明定价的理由，买家就会相信购买是值得的。

③在小事上慷慨。在讨价还价过程中，买卖双方都是要做出一定的让步。尤其是作为网店主而言，如何让步是关系到整个洽谈成败的关键。

就常理而言，虽然每一个人都愿意在讨价还价中得到好处，但并非每个人都是贪得无厌的，多数人是只要得到一点点好处，就会感到满足。

正是基于这种分析，网店主在洽谈中要在小事上做出十分慷慨的样子，使买家感到自己已得到对方的优惠或让步。比如，增加或者替换一些小零件时不要向买家收费，否则会因小失大，引起买家反感，并且使买家马上对价格敏感起来，影响下一步的洽谈。反之，免费向买家提供一些廉价的、微不足道的小零件或包装品则可以增进双方的友谊，网店主是决不会吃亏的。

④用比较法说明价格的合理性。为了消除价格障碍，网店主在洽谈中可以多采用比较法，它往往能收到良好的效果。比较法通常是拿所推销的商品与另外一种商品相比，以说明价格的合理性。在运用这种方法时，如果能找到一个很好的角度来引导买家，效果会非常好，如把商品的价格与日常支付的费用进行比较等。由于买家往往不知道在一定时间内日常费用加起来有多大，相比之下觉得开支有限，自然就容易购买商品了。

⑤讨价还价要分阶段进行。和买家讨价还价要分阶段一步一步地进行，不能一下子降得太多，而且每降一次都要装出一副一筹莫展、束手无策的无奈模样。

首先，买家会相信店主说的都是实在话，买家确实买了便宜货。同时也让买家相信店主的态度是很认真的，不是产品质量不好才让价，而是被逼得没办法才被迫压价，这样一来，会使买家产生买到货真价实的产品的感觉。网店主千方百计地与对方讨价还价，不仅仅是尽量卖个好价钱，同时也使对方觉得战胜了对手，获得了便宜，从而产生一种满足感。假使让买家轻而易举地就把价格压下来，其满足感则很淡薄，而且还会有进一步压价的危险。

⑥不要一开始就亮底牌。有的网店主不讲究价格策略，洽谈一开始就把最低价抛出来，并煞有介事地说："这个是最低价，够便宜的吧！"

网店主的这种做法其成功率是很低的。要知道，在洽谈的初始阶段，买家是不会相信店主的最低报价的。这样一来，网店主后悔也来不及了。这时网店主只能像鹦鹉学舌一样翻来覆去地说："这已是最低价格了！"此时此刻若想谈成，只能把价格压到下限价格之下了。

⑦应付胡搅蛮缠型买家的讨价还价

在买家当中，确实有一种人会胡搅蛮缠，没完没了地讨价还价。这类买家与其说想占便宜不如说成心捉弄人。即使客服告诉了买家最低价格，买家仍会要求降价。

对付这类买家，网店主一开始必须狠心地把报价抬高，在讨价还价过程中要多花点时间，每次只降一点，而且降一点就说一次"又亏了"。就这样，降个五六次，买家也就满足了。有的商品是有标价的，因标有价格所以降价的幅度十分有限，每一次降的要更少一点。

3）常用话术（表4-8）

表4-8　价格异议的常用话术

问题	提问背景	解答参考	掌握和技巧
①价格能再少点吗 ②能再打个折吗	①客户养成的习惯问语 ②碰到较贵的商品 ③女孩家讨价还价心理	①客服家的商品是正规渠道进货的，价格已经比线下低很多啦 ②售价是公司出台规定的，卖家客服是没有权利议价的，希望理解哈	①话语可以随和一些，缓和气氛 ②告知网络购物，已经比线下专卖店便宜很多了
你家卖得挺贵呀	客户试探性说法	①呵呵，不知道您是不是和我们开玩笑说的呢 ②贵与不贵是相对的，我家不是靠低价起家的，如果您了解的话，我们更乐意为您提供一种价值的服务	缓和一下气氛，探听客户背后有什么信息
有没有礼品赠送呀	①习惯性问法 ②爱好此类优惠方法	①直接法：不好意思，公司在节假日搞促销活动才会有礼品哦 ②提醒法：公司在节假日都会有一些促销活动，回馈新老客户，但促销类型也很多，不一定就是送礼品的，届时您可以积极关注一下。大家彼此理解哈	回复后，提醒买家积极关注节假日活动，有必要可以告知买家最近一次的促销活动，提早单独告知，让客户感觉受到礼遇
别家都送礼品了（别家都可以再优惠），客服家怎么这么死板啊	其他卖家也许在促销	①各家有各家的优惠，商城竞争也很激烈，有的商家卖得很便宜，但是售后服务根本得不到保证，这个您可要小心啊！（试探间接问，买家是否会说出别家的促销方式） ②公司拟定商品价格不是随意定价的，怎样的商品卖怎样的价格，公司是有计划的	①强调打折或送礼品，其后续服务是不是能跟上，做提醒 ②强调价格是公司行为，有其合理性
卖家如果不优惠我就走了	威胁，但希望在店铺下订单的一种心理	①通过刚才的话语问候，感觉您还是很识货呀，这款产品在××方面，确实×××，现在对×××能像您这样理解到位的，太少了，顶一下 ②说实在的，卖家公司是倡导为客户提供价值的，而不是价格	“三明治”策略： ①先赞美客户优点 ②强调公司理念 ③促成交易行动和话语提出

续表

问题	提问背景	解答参考	掌握和技巧
		③您来到卖家店铺也是种缘分，您放心，您买过卖家商品就会体会到卖家的服务的，对了，您这件商品这几天好像好多人问（买），客服先帮您看下库存吧	
再次声明，如果价格不便宜我就走了	/	①您真的认为我家价格很贵吗？是觉得和您的心理价位有差距还是别家卖的比我家低呢？（可以先反问，2种假设，2选1） ②客户如果回答属于心里价位，就缓和一下气氛，说：这样吧，我们聊来聊去，都挺辛苦，我也看出您买这款××的诚意，算了，真是磨不过您呀，客服帮您申请一个小礼品送给您吧？其他买家可是没有这样的机会哦 ③客户如果回答出竞争对手那边的价位，就说：哦，竞争对手是这样的价格呀，也太低了呀，换了客服，客服还真不敢买哟。这样吧，价格是不好低的，客服帮您申请一个代金券吧？其他买家可是没有这样的特别照顾哦	①最后一步，确认对方是心里价位贵还是和竞争对手相比贵，提出单独申请，给客户帮助，让客户感觉特别荣耀 ②事情快办地完时，可以半开玩笑地说，到时候可要给个好评哟
下次来会不会优惠点	这次没讨到便宜，希望下次优惠	①卖家都很希望老客户多多光临啊，下次有活动，一般会有优惠的 ②多买多优惠，下次您可要多买两件呀，我家货品在整个行业口碑还是不错的。希望您多关注呀	礼貌用语，提醒活动有优惠，不好正面回答
能不能给包个邮	商品价格也许还没有达到包邮标准	①卖家是全场满××元就包邮的 ②有的店铺是××元才免邮，卖家已经为客户考虑好多了哟	①告知政策 ②灵活应用××元以上也可以免邮的政策

续表

问题	提问背景	解答参考	掌握和技巧
		③如果客户特别希望，或非常直接告诉没有免邮就不买了。第一种：说可以申请一下看看，但不能保证批下来，先给个心理暗示，批准下来后，客户喜悦程度超过期望值，体验是不一样的，会更认同卖家。第二种：购买金额太低的，建议看看其他买家商品，这时候做主动推荐	
能多配双鞋带吗	客户以前买过，有送过，顺带问问	①反问确认：您以前买鞋子有过送鞋带的经历是吗 ②是这样，这个确实太细节了，商品部给的卖家信息，一般也都是和您看到的图片信息一样，这个只能是根据每个厂家的情况来了，一般情况下，一双鞋带也是够用的 ③客服记得自己上学时，踢足球比较磨损鞋带，呵呵，这个也是看每个人的穿法和使用环境	①提醒每个厂家情况不一样 ②建议不要刻意，一定要看环境
卖家价格怎么这么便宜呢	质疑产品价格以及货源是否正品	①反问：是吗？您以前都是在专卖店买鞋吧 ②网络销售，省去了传统企业很多渠道和门店费用，商品价格一般都要比线下优惠，所以现在有越来越多的人热衷网络购物，也挺时尚的，客服家商品新款多，款式还齐全，价格方面还很有优势的，您可以从容挑选一下	进一步提问，了解客户情况

（5）支付异议的处理

针对支付异议的处理，我们需要了解以下几点，如图4-8所示。

1）网上购物的支付方式介绍

在我国电子商务发展的过程中，B2C、C2C电子商务产生了多种支付方式，包括汇款、货到付款、网上支付等方式，并且这些方式同时并存。

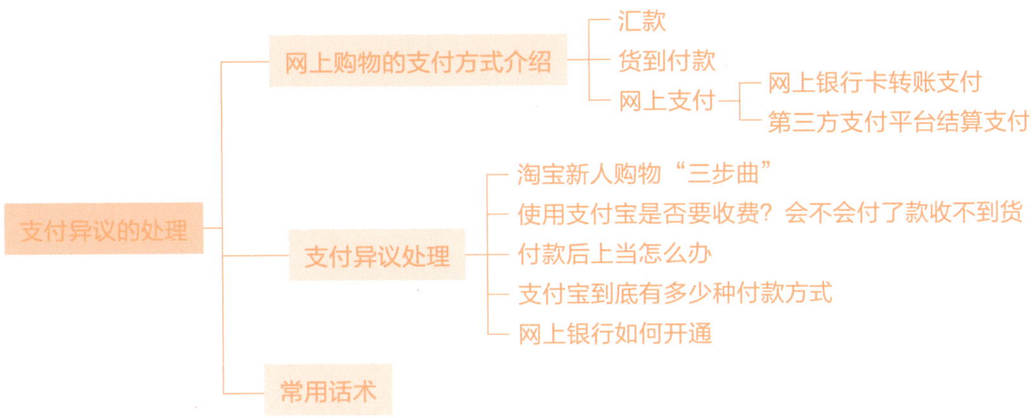

图4-8 支付异议的处理

①汇款。银行汇款或邮局汇款是一种传统支付方式。邮局汇款是客户将订单金额通过邮政部门汇到商户的一种结算支付方式。采用银行或邮局汇款，可以直接用人民币交易，避免了诸如黑客攻击、账号泄漏、密码被盗等问题，对客户来说更安全。但采用此种支付方式的收发货周期时间长。此外，客户还必须到银行或邮局才能进行支付，支付过程比较复杂。对于商家来说，这种交易方式也无法体现电子商务高速、交互性强、简单易用且运作成本低等优势。因此，这种支付方式并不能适应电子商务的长期高速发展。

②货到付款。货到付款又称送货上门，指按照客户提交的订单内容，在承诺配送时限内送达客户指定交货地点后，双方当场验收商品，当场交纳货款的一种结算支付方式。目前很多购物网站都提供这种支付方式。这是一种充满中国特色的B2C电子商务支付方式、物流方式，既解决了我国网上零售行业的支付和物流两大问题，又培养了客户对网络的信任。但是，将支付与物流结合在一起存在很多问题。首先，付款方式采用现金付费，因此只局限在小额支付上，对于商家的大额交易则无法实现。其次，由于送货上门受到地区的局限，而快递费用又较高，所以客户选择最多的还是普通邮寄，这就会带来必然的时间损耗，给用户造成不便。

③网上支付。所谓网上支付，是以金融电子化网络为基础，以商用电子化工具和各类交易卡为媒介，以电子计算机技术和通信技术为手段，以二进制数据形式存储，并通过计算机网络系统以电子信息传递形式实现的流通和支付。网上支付仍是电子支付形式中的绝对主力，国内目前采用网上支付方式主要有：银行卡支付方式、电子支票支付方式和电子货币支付方式。其中比较成熟的是银行卡支付方式，银行卡支付方式是目前在国内网上购物实现在线支付的最主要的手段。

a. 网上银行卡转账支付。网上银行卡转账支付指的是电子商务的交易通过网络，利用银行卡进行支付的方式。客户通过 Internet 向商家订货后，在网上将银行卡卡号和密码加密发送到银行，直接要求转移资金到商家银行账户中，完成支付。银行卡的卡类可以包括信用卡、借记卡和智能卡等。

目前网上银行卡转账支付可以分为有数字证书和无数字证书两种方式。一般用户如果不去银行申请启用有数字证书保护的网上支付功能，就只能使用无数字证书保护的网上支付。不启用数字证书保护的网上支付在功能上会有一定的限制，例如只能进行账户查询或只能进行小额支付。而启用数字证书保护的网上支付不仅拥有更高的安全性，而且能享受网上银行所提供的全部服务，支付的金额不受限制。

银行卡网上直接转账支付存在着安全性和方便性方面的矛盾，例如要起用数字证书保护，付款人必须经过向银行申请安装数字证书，下载指定软件等多道手续，对有些对电脑操作不熟悉的客户而言就很难实现了。另外，因客户直接将货款转移到商家的账户上，如果出现交易失败的情况，那么讨回货款的过程就可能变得非常困难。

b. 第三方支付平台结算支付。第三方结算支付是指客户和商家都首先在第三方支付平台处开立账户，并将各自的银行账户信息提供给支付平台的账户中，第三方支付平台通知商家已经收到货款，商家发货，客户收到并检验商品后，通知第三方支付平台可以付款给商家，第三方支付平台再将款项划转到商家的账户中。这样客户和商家的银行账户信息只需提供给第三方支付平台，比较安全，且支付通过第三方支付平台完成，如果客户未收到商品或商品有问题则可以通知第三方支付平台拒绝划转货款到商家。而商家则可以在货款有保障的情况下放心发货，有效地降低了交易风险。

第三方平台结算支付是当前国内服务数量最多的支付模式。国内目前第三方支付公司中，比较知名的有阿里巴巴的支付宝、易趣的安付通、贝宝、腾讯的财付通、易宝、网银在线、银联电子支付、环讯的 IPS、云网等。

2）支付异议处理

部分客户由于对一些网站购物流程不是太了解，找到满意商品之后不会或者不敢在网上付款。一般这样的问题应该如何回答（以淘宝网购物为例）：

①淘宝新人购物“三步曲”。

第一步：注册淘宝，免费获得支付宝账号。

第二步：选择以下任意一种方式，开通网上支付功能。开通银行卡网上支付功能；办理网上购物专属卡——支付宝卡通；去邮局办理“网汇 e”汇款。

第三步：已成功具备网上购物条件，可以去淘宝挑宝贝了。

②使用支付宝是否要收费？会不会付了款收不到货？

答：目前在淘宝上使用支付宝交易，全部免费，绝不收取任何费用。

支付宝交易流程：买家拍下商品，支付宝通知买家付款（当前交易状态为：等待买家付款）——支付宝公司收到买家的付款后，通知卖家发货（交易状态更改为：买家已付款，等待卖家发货）——卖家操作发货后（交易状态更改为：卖家已发货，等待买家确认）——在买家确认收货后，支付宝公司把交易钱款转至卖家的支付宝账户（当前交易状态为：交易成功）。简单地说：买家第一次的付款，只是把钱款支付到支付宝公司，待买家收到货，确认货物没有问题，点击确认收货进行第二次付款时，钱款才会从支付宝公司账户转至卖家的支付宝账户。

③付款后上当怎么办？

答：支付宝正好是针对网上购物诚信问题的解决方案，付款后钱是存在支付宝的中间账号，并未付给卖家，在买家确认收货后，钱才付给卖家。如果对货物不满意，您可以申请退款。

④支付宝到底有多少种付款方式？

支付宝有网上银行、支付宝卡通、邮政网汇 e、支付宝账户余额这四种付款方式。

a．网上银行付款：如果您有银行卡，请先开通网上银行。开通后您就可通过网上银行直接付款。

b．支付宝卡通付款：如果您不想使用网上银行，您可以申请“支付宝卡通”。此方式无须开通网银，无须银行卡号和密码，付款安全、简单。

c．邮政网汇 e 付款：您可以在邮政网点通过网汇 e 给您的支付宝账户线下充值。没有额度限制，充值成功后就可以用账户余额付款。

d．支付宝账户余额付款：您可以通过网上银行、支付宝卡通、邮政网汇 e 向您的支付宝账户充值。充值成功后，就可以用支付宝账户余额在网上进行购物和付款。

⑤网上银行如何开通？

a．网上直接开通网银：在这些银行的官方网站上可以直接在线开通网上银行，方便又快捷。

农行：借记卡可在线申请电子支付卡。

招行：一卡通、信用卡可以在线开通。

广发：信用卡可以在线开通。

民生：借记卡可以在线开通。

兴业：借记卡/兴业 e 卡可以在线开通。

深发展：借记卡可以在线开通。

b．需要到柜台办理：以工行为例介绍柜台办理流程。

请直接去柜台办理，携带本人有效证件及注册网上银行时使用的牡丹卡前往工商银行任何一个储蓄所，提交网上银行业务申请单，并向柜台声明开通“电子商务”的功能。

3）常用话术

①提醒客户服务费，并确认付款方式。

销售话术：亲，您有支付宝吗？如果有的话，个人建议您使用支付宝比较划算呢，货到付款还要根据您的衣服金额收取 3%的服务费，最低10元起呢。

②若客户没有支付宝，要求银行汇款。

销售话术：亲，非常抱歉，天猫商城店不可以使用银行汇款的哦，不如您用货到付款吧!

③若客选择货到付款，核实地址与快递费用，确认好后红旗备注：已确认发顺丰货到付款+总金额+名字+日期。

销售话术1：亲，货到付款邮费按以下标准收取：货到付款快递为顺丰，××省内运费12元，省外20元。配送速度较快哦！

销售话术2：亲，您拍的是货到付款，客服跟您核对一下信息：发顺丰快递，您到时候总共应付××元现金给快递员，请问您留的电话是本人号码吗?

若客户不会使用货到付款，则告诉其货到付款操作流程，一步步教会客户。

销售话术：亲，不用担心，我可以发给您货到付款操作流程图，您对照着来一步步操作，有哪里不明白的可以随时问客服哦，我是客服××!

④若客户说有支付宝，选择支付宝方式，则发送支付宝使用教程给客户，因为选择货到付款的一般为新手。

⑤如果客人说没有支付宝，货到付款又不支持，可以推荐使用找人代付的方法。

销售话术：亲，您还可以选择买家代付的方式哦。

（6）物流异议的处理

针对物流异议的处理，我们需要了解以下几点，如图4–9所示。

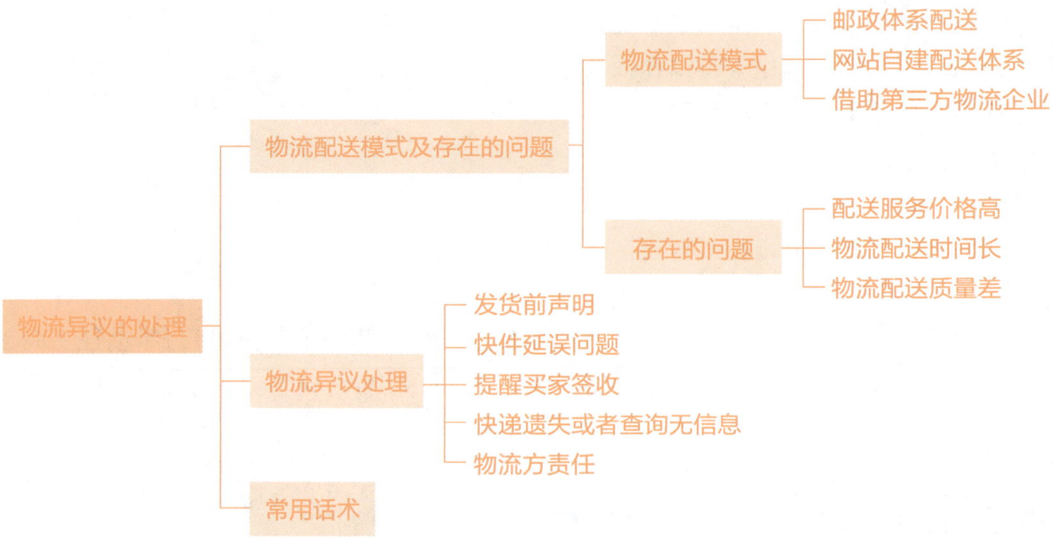

图4–9　物流异议的处理

1）物流配送模式及存在的问题

①物流配送模式。目前，客服网上购物商品的配送主要采取以下三种形式。

a. 邮政体系配送。是指网站在其营业地点建立产品仓库，根据消费者网上购物清单和消费者家庭地址信息，办理邮政递送手续，通过邮寄手段将货物送到消费者手中。这种方式的不足之处是：普通邮递速度慢，而EMS服务收费偏高。即便是EMS特快专递服务，也难以在购物的当天把货品送达，而这一点恰恰是大多数消费者非常关注的。

b. 网站自建配送体系。是指网站在其目标市场上设置的送货点。即网站在网民较密集的地区设置仓储中心和配送点，网站根据消费者购物清单和消费者家庭住址信息，由消费者所在地附近的配送中心或配送点配货并送货上门。这种配送方式，虽然可以满足消费者“即购即得”的购物心理。但也存在如下问题：配送中心和配送点建设需要大量投资，将带来成本的增加，冲抵网络购物的优势。配送中心配送点需要建多少，事先难以确定，存货带来库存风险。

c. 借助第三方物流企业。是指网站根据消费者网上购物清单和消费者家庭地址信息，利用“第三方物流企业”的交通、运输、仓储连锁经营网络，把商品送达消费者的过程。另外也有不少物流公司，如申通快递、顺丰快递等，为消费者提供特色的“门到门”快递服务，使卖家发货和买价收货都更为方面快捷。但采用这种送货方式，由于送货量往往较小，虽然送达消费者的时间较快，但送货费用一般比较高。

②存在的问题。网上购物的发展对客服及物流配送提出了更高的要求。尤其是不受地域、时间的限制，网上购物用户比较分散，难以形成集中的、有规模的商品配送流量，导致进行物流配送的难度大。由此带来网上购物物流配送的一些问题，主要包括以下几个方面。

a. 配送服务价格高。人们之所以选择去网上购物一方面是因为方便，但很多人还是因为看中了其低价的特点，但是较高的运费却也让很多人望而却步。通过这些数据卖家可以看出，虽然采取不同运输方式收费是不同的，但是即使采取最便宜快递也需要8元以上/单，如用特快专递最高费用可达到商品原价的200%。由此看出，物流配送成本是制约配送发展的瓶颈。

b. 物流配送时间长。客户在网上进行订货，采用的配送方式不同，配送需要的时间也就不同。若使用普通邮递，一般是商品出库后7～30天，但若在送达时间内没有收到商品，就需要在邮政网站上进行查询。使用快递收货要等3～7天。一旦遇上节假日或者大规模促销活动送货时间要相应延长。

c. 物流配送质量差。通过对大部分网上购物者进行调查，有28%的消费者网上购物行为失败。其中 14%的人所订购的商品从未送到过，有 10%的人由于送来的商品有破损，又无法退换。物流公司应当承担哪些责任，对于货物破损、未按时送达等情况如何处理没有明确的规定。

2）物流异议处理

每个客户都关心这个问题，客户下订单后，客户就想尽快拿到，所以当客户确定付款后，会不停地来询问是否发货了？为什么还不发货？如果这样的问题没有处理好，最终客户还是非常不满意。一般这样的问题有以下处理方式：

①发货前声明。在发货之前和买家声明卖家推荐的快递，假如买家觉得这家快递不好，可以再次说明卖家是和这家快递公司合作的，在费用上是比较便宜的，如更改物流，那快递费用要高些，再看买家的意见，基本上买家是能够理解并接受的。

②快件延误问题。与买家说清楚，宝贝在快递途中的事情买家是不能控制的，在快递时效的时间内货物未到达，尽管货物已经卖出去，但是为了买家的满意度和下次的合作，公司的客服要及时和快递取得联系，了解具体的原因，并及时通过线下的电话联系来告知买家，争取买家的谅解。

③提醒买家签收。避免因为物流的原因造成买家或者卖家的损失。在发货的时候就要再三地提醒买家收到货时先要验证货物是否完好再决定是否签收。如果真的出现因为物流的原因造成货物损坏的，首先肯定要求买家向物流公司索求赔偿，若是买家在事后才发现，已经不能追究到物流的责任，那卖家就要先向买家表示下次绝对不用这家物流，而且下次的合作会给予一定的优惠，争取其的好感，同时，视买家的具体状况和态度来决定是否给予其换货处理，争取下次的生意。

④快递遗失或者查询无信息。在出现这种状况的时候，卖家要及时和快递公司联系，了解快递的具体状况，同时要尽快地和买家联系，争取买家的理解，而不能一味地推诿。

⑤物流方责任。由于物流人员不负责任，把买家的快递让别人签收，造成买家货物损失，在这种状况下，过失方是物流公司，买家可以投诉到物流总公司，如果不给予处理，可以到消费者协会投诉，卖家的客服要积极地配合处理这一事故。

3）常用话术（表4-9）

表4-9　物流异议的常用话术

问题	提问背景	解答参考	掌握和技巧
什么时候能发货？今天能发货吗	几乎所有买家都会问的问题	①亲，如果您能在6点前付款，卖家一般都是当天发货 ②亲，非常抱歉，由于店铺促销，一般付款后48小时内发货（预售款按预售时间发货），发货后3～7天左右到货，感谢您的耐心等待	①说明操作流程 ②说明其他买家的货也这样发，买家也特殊不了的

续表

问题	提问背景	解答参考	掌握和技巧
用什么快递？什么时候能到	老买家了	①亲，卖家默认的快递是申通/圆通/宅急送哦，亲常用的是哪个呢 ②正常情况下，到您的地址××，应该是××工作日吧，不过不排除快递公司那边是否有什么突发变化给拖延哦 ③不管用什么快递，卖家会让货品以最快的速度安全送到您家，请您放心	交代货物会及时、安全地送达，请买家放心
能不能指定快递	买家的老习惯	指定快递也不是不可以，不过从您的角度说，卖家只要保证货品及时、安全地送达您家就可以的	尽量不指定，如果的确需要，请客户留言
换快递要加钱吗	/	①看来您确实很关心快递公司情况，不知快递公司不同对您的影响是哪方面？默认快递为申通/圆通/宅急送，其不能到的城市转发其他快递，若转发其他快递超过运费需补相应差价 ②亲，顺丰的收费比其他买家快递要贵哦，所以要麻烦您补10元邮费了，以下链接一件是1元，拍好联系卖家客服帮亲改成相对应的金额	提醒客户，如果换了合作不多的公司，服务不好保证
卖家发货怎么这么慢呀	还没有收到货，着急	①不好意思，您是还没有收到货吗？客服帮您查一下是什么情况，请告知客服您的姓名或者订单号 ②如果是周末单子，需特别说明：您的订单是上周五下的，但是卖家的订单都是在工作日处理的，因此，会比正常单子多耽搁两天，呵呵，还请您多理解，订单处理的流程还是比较多的，需要点时间	正常说明情况，如果客户火气大，就多解释一下，好话多说一些。如果有什么具体要求，灵活处理
客服说发货了，但是快递单号没见着呀	不相信，想确认一下	亲，不要着急，因卖家发货量大，运单号一般在发货当晚7：00前没有时间输入，第二天一早才输入的，要不客服看下您的订单状态	正常服务
订单状态显示配送中，是不是还没有发货呀	怀疑	①客服帮您查下，应该是发货了的，不要急啊（查看实际情况） ②哦，已经发货了，仓库后台还没有点击而已，您放心吧	仓库要以实际情况操作，不能作弊

（7）服务态度异议的处理

1）常见服务态度异议引发原因

有时候很多网店虽然每天有很多人来网店光顾，可惜的是做不成生意，不能让客户留下订单，这是出了什么问题呢？主要原因是没有与客户买家沟通好。避免发生下面这些情况，客服就容易留住客户了，如图4–10所示。

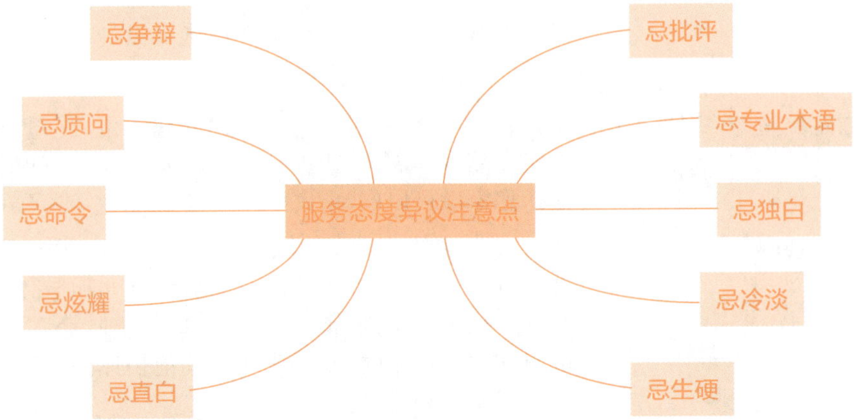

图4–10　常见服务态度异议注意点

①忌争辩。客服在与客户沟通时，卖家主要是推销产品的，不是来参加辩论会的，要知道与客户争辩解决不了任何问题，只会招致客户的反感。客服首先要理解客户对商品有不同的认识和见解，容许人家讲话，发表不同的意见；如果刻意地去和客户发生激烈的争论，即使占了上风，赢得了胜利，把客户驳得哑口无言，但最后得到的是什么呢？是失去了客户、丢掉了生意。时刻记得自己的职业和身份，忌讳争辩。

②忌质问。客服与客户沟通时，要理解并尊重客户的所需与观点，买家买商品，说明买家需要和认可此商品；如果买家不买，说明买家有原因，切不可采取质问的方式与客户沟通。举例以下所言：

a．亲为什么不买这件××啊？

b．亲为什么对这个颜色不喜欢？

c．亲凭什么讲客服的信用是炒作的？

d．亲有什么理由说客服的××质量不好？

用质问或者审讯的口气与客户沟通，是客服不懂礼貌的表现，是不尊重人的反映，是最伤害客户的感情和自尊心的。如果想要赢得客户的青睐与赞赏，忌讳质问。

③忌命令。客服在与客户交谈时，微笑要展露一点，态度要和蔼一点，说话要轻声一点，语气要柔和一点，要采取征询、协商或者请教的口气与客户交流，切不可采取命令和批示的口吻与人交谈。

④忌炫耀。与客户沟通谈到自己的商品及店铺时，要实事求是地介绍自己的商品和店铺，稍加赞美即可，万万不可得意忘形地自吹自擂，炫耀自己的商品非常美观、实用、价廉等。因为每个人的品位及审美观都不一样，客服认为好的商品买家未必认为也好。

⑤忌直白。客服要掌握与客户沟通的艺术，客户有各个阶层、各个方面的群体，在知识和见解上都不尽相同。客服在与其沟通时，如果发现买家在认识上有不妥的地方，也不要直截了当地指出，忌讳直白。康德曾经说过，对男人来讲，最大的侮辱莫过于说其愚蠢；对女人来说，最大的侮辱莫过于说其丑陋。客服一定要根据交谈的对象，做到言之有物，因人施语，把握好沟通的技巧、沟通的艺术，委婉忠告。

⑥忌批评。卖家在与客户沟通时，如果发现买家身上的某些缺点，卖家也不要批评和教育买家，更不要指责买家。要知道批评与指责解决不了任何问题，只会招致对方的怨恨与反感。与客户交谈要多用感谢词、赞美语，少说批评，掌握好赞美的尺度和批评的分寸，旁敲侧击。

⑦忌专业术语。在推销自己的商品时，尽量不要用专业术语，如客户问客服这件××是不是全棉的，客服不要告诉买家商品是棉几支，直接告诉买家含棉量是100%还是90%即可。有时使用专业术语不但让客户弄不明白客服的意思，还会让客户以为客服在买家面前炫耀专业知识。

⑧忌独白。与客户沟通，就是与客户沟通思想的过程，这种沟通是双向的。不但客服自己要说，同时也要鼓励对方讲话，通过买家的说话，客服可以了解客户个人基本需求，双向沟通是了解对方有效的工具，切忌客服一个人在唱独角戏，个人独白。如果自己有强烈的表现欲，一开口就滔滔不绝，全然不顾对方的反应，结果只能让对方反感、厌恶。

⑨忌冷淡。与客户沟通，态度一定要热情，语言一定要真诚，言谈举止都要流露出真情实感。在沟通中，冷淡的态度必然带来冷场，冷场必定无法使生意成交，忌讳冷淡。

⑩忌生硬。客服在与客户语音交流时，声音要洪亮、语言要优美；语速要有快有慢；语调要有高有低；语气要有重有轻。客服要切忌说话没有高低、快慢之分，没有节奏与停顿，生硬呆板，没有朝气与活力。

客服在与客户沟通中，说话要有技巧，沟通要有艺术；良好的口才可以助店铺生意兴隆，良性的沟通也可以使客户买完一次又一次。卖家与客户交流时，要知道什么话应该说，什么话不应该讲。不知道所忌，就会造成失败；不知道所宜，就会造成停滞。

2）如何提高服务质量

对于如何提高服务质量，可以从以下几个方面着手，如图4–11所示。

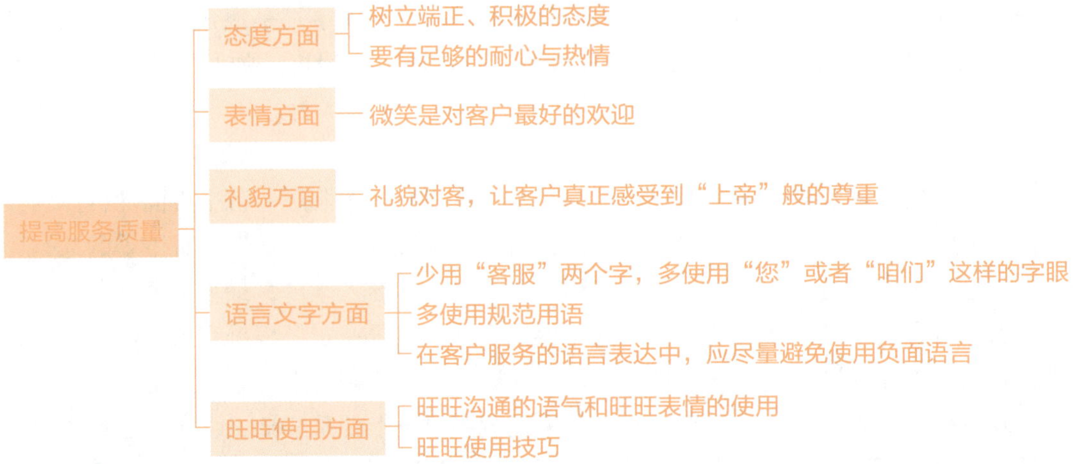

图4-11　提高服务质量

①态度方面。

a. 树立端正、积极的态度。树立端正、积极的态度对网店客服人员来说尤为重要。尤其是当售出的商品有了问题的时候，不管是客户的错还是快递公司的问题，都应该及时解决，不能回避、推脱。积极主动地与客户进行沟通，尽快了解情况，尽量让客户觉得买家是受尊重、受重视的，并尽快提出解决办法。在除了与客户之间的金钱交易之外，还应该让客户感觉到购物的满足和乐趣。

b. 要有足够的耐心与热情。客服常常会遇到一些客户，喜欢打破砂锅问到底的。这个时候就需要客服有足够的耐心和热情，细心地回复，从而会给客户一种信任感。绝不可表现出不耐烦的态度；就算对方不买也要说声“欢迎下次光临”。如果客服的服务够好，这次不成也许还有下次。砍价的客户也是常常会遇到的，砍价是买家的天性，可以理解。在彼此能够接受的范围内可以适当地让一点，如果确实不行也应该婉转的回绝。比如说“真的很抱歉，没能让您满意，客服会争取努力改进”或者引导买家换个角度来看这件商品，让买家感觉货有所值，就不会太在意价格了，也可以建议客户先货比三家。总之，要让客户感觉客服是热情真诚的。

②表情方面。微笑是对客户最好的欢迎，微笑是生命的一种呈现，也是工作成功的象征。所以当迎接客户时，哪怕只是一声轻轻的问候也要送上一个真诚的微笑，虽然说网上与客户交流是看不见对方的，但只要客服是微笑的，言语之间是可以感受得到的。此外，多用些旺旺表情，也能收到很好的效果。无论旺旺的哪一种表情都会将自己的情感信号传达给对方。比如说：“欢迎光临！”“感谢您的惠顾”等，都应该轻轻地送上一个微笑，加与不加给人的感受是完全不同的。不要让冰冷的字体语言遮住客服迷人的微笑。

③礼貌方面。俗话说“良言一句三冬暖，恶语伤人六月寒”，一句“欢迎光临”，

一句“谢谢惠顾”，短短的几个字，却能够让客户听起来非常舒服，产生意想不到的效果。礼貌对客，让客户真正感受到“上帝”般的尊重，客户来了，先来一句“欢迎光临，请多多关照。”或者：“欢迎光临，请问有什么可以为您效劳的吗?”。诚心致意地“说”出来，会让人有一种十分亲切的感觉，并且可以先培养一下感情，这样客户的心理抵抗力就会减弱或者消失。有时客户只是随便到店里看看，卖家也要诚心地感谢人家说声：“感谢光临本店”。对于彬彬有礼的网店客服，不会把任何一位买家拒之门外的。诚心致谢是一种心理投资，不需要很大代价，但可以收到非常好的效果。

沟通过程中，其实最关键的不是客服说的话，而是客服如何说话。让客服看下面的对比，来感受一下不同说法的效果：“不行”和“真的不好意思哦”；“恩”和“好的，没问题（后面加一个微笑表情）”。以上都是前者比较生硬，后者比较有人情味。“不接受见面交易”和“不好意思，客服平时很忙，可能没有时间和您见面交易，请理解哦”。相信大家都会认为后一种语气更能让人接受。多采用礼貌的态度、谦和的语气，可以顺利地与客户建立起良好的沟通。

④语言文字方面。

a. 少用“客服”两个字，多使用“您”或者“咱们”这样的字眼，让客户感觉卖家在全心全意地为买家考虑问题。

b. 多使用规范用语。常用规范用语：“欢迎光临”“认识您很高兴”“希望在这里您能找到满意的产品”“您好”“请问”“麻烦”“请稍等”“不好意思”“非常抱歉”“多谢支持”等。

平时要注意提高修炼自己的内功，同样一件事不同的表达方式就会表达出不同的意思。很多交易中的误会和纠纷就是因为语言表述不当而引起的。

c. 在客户服务的语言表达中，应尽量避免使用负面语言。这一点非常关键，客户服务语言中不应有负面语言。比如说“客服不能、客服不会、客服不愿意、客服不可以”等，这些都是负面语言。在客户服务的语言中，没有“客服不能”。当客服说“客服不能”的时候，客户的注意力就不会集中在客服所能给予的事情上，会集中在“为什么不能”“凭什么不能”上了。正确的方法应该是“看看客服能够帮您做什么”，这样就避免跟客户说不行和不可以了。

在客户服务的语言中，没有“客服不会做”。当客服说“客服不会做”时，客户会产生负面感觉，认为客服在狡辩，不是不会做，而是不想做。正确方法应该是“客服能为您做的是……”。

在客户服务的语言中，没有“这不是客服应该做的”。客户会认为买家不配提出某种要求，从而不再听客服解释。正确方法是“客服很愿意为您……”。

在客户服务的语言中，没有“客服做不了”。当客服说“不”时，与客户的沟通会马上处于一种消极气氛中，为什么要客户把注意力集中在客服或客服的公司不能做什么，或者不想做什么呢？正确方法是：告诉客户客服能做什么，并且非常愿意帮助买家们。

在客户服务的语言中，没有“但是”。客服自身受过这样的赞美吗？——“您穿的这件衣服真好看！但是……”，所以不论客服前面讲得多好，如果后面出现了“但是”，就等于将前面对客户所说的话进行否定。正确方法是：不说“但是”，而是给出更好的搭配建议。

在客户服务的语言中，有一个“因为”。要让客户接受客服的建议，应该告诉买家理由，不能满足客户的要求时，要告诉买家原因。

⑤旺旺使用方面。

a. 旺旺沟通的语气和旺旺表情的使用。在旺旺上和客户对话，应该尽量使用活泼生动的语气，不要让客户感觉到客服在怠慢买家。虽然很多客户会想“哦，客服很忙，所以不理客户”，但是客户心理还是觉得被疏忽了。这个时候如果实在很忙，不妨客气地告诉客户“对不起，客服现在比较忙，客服可能会回复得慢一点，请理解”，这样客户才能理解并且体谅客服。尽量使用完整、客气的语句来表达，比如说告诉客户商品不能讲价时，应该尽量避免直接跟客户说“不讲价”，而是礼貌而客气地表达这个意思——“对不起，卖家店商品不讲价”，还可以稍微解释一下原因。如果卖家遇到没有合适语言来回复客户留言的时候，与其用“呵呵”“哈哈”等语气词，不如使用一下旺旺的表情。一个生动的表情能让客户直接体会到客服的心情。

b. 旺旺使用技巧。客服可以通过设置快速回复来提前把常用的句子保存起来，这样在忙乱的时候可以快速地回复客户。比如欢迎词、不讲价的解释等，可以给客服节约大量的时间。在日常回复中，发现哪些问题是客户问的比较多的，也可以把回答内容保存起来，从而达到事半功倍的效果。客服可以通过旺旺的状态设置给店铺做宣传，比如在状态设置中写一些优惠措施、节假日提醒、推荐商品等。如果暂时不在座位上，可以设置“自动回复”，不至于让客户觉得自己好像没人搭理。也可以在自动回复中加上一些自己的话语，都能起到不错的效果。

3）常用话术

（通用型首语）：亲，您好，××品牌服饰旗舰店【××】为您服务，有什么可以帮您的呢，现在全场两件包邮，请务必用购物车一起拍下哦！

（针对性首语）：亲，您好！××【××】很高兴为您服务！

（抱歉1）：亲，真的很抱歉，因为咨询的客人比较多，回复稍微慢了点，客服会尽快回复您哦，谢谢您的谅解！

（抱歉2）：亲，十分抱歉，由于客服这边咨询人数过多，影响了回复速度，现帮您转接其他客服，稍后会有客服主动与您联系，请您留意下别的旺旺消息哦，感谢您的配合！

（尾语）：亲，感谢您对××的支持，【××】很高兴能为您服务，如果您对卖家满意，请收到货后给5分好评鼓励哦。

（已付款的尾语）：好的，亲，卖家每周二都会上架新款的哦，您可以多多关注一下哈，感谢您的支持，祝您生活愉快！

（温馨1）：亲，温馨提示哦，请尽快拍下付款哦，特别是库存不多的时候，淘宝是根据付款减库存的，如果其他买家先付款了，您就会因为宝贝无货而付不了哦！

（温馨2）：亲，温馨小提示：拍下订单时在卖家留言处写明发申通、圆通，还是宅急送哦，拍好后第一时间通知客服备注下，发货会更快哦！

（预售温馨）：温馨提示：淘宝自动确认收货是需发货之后的10天后才自动确认的，预售款的订单没有发货是不会自动确认的。（有货先发的订单麻烦发货之后联系客服和您延长时间，以免系统自动付款）

（优惠券温馨提示）：亲，多件衣服要用购物车一起拍下才可累计参加满就送店铺优惠券的活动，建议您重新用购物车一起拍下，这样才能赠送足额优惠券哦。

（温馨退货）：亲亲，感谢您的支持，卖家支持7天无理由退换货，若收到货不满意请及时联系卖家，一定处理到您满意为止，若满意，请记得5分好评以示鼓励哦，祝您生活愉快！

（温馨邮费）：亲，请问您那边可以收到快递吗？卖家默认申通、圆通和宅急送，如若快递不到发EMS需补5元差价哦。

（注意）：亲有什么特别注意的，需要客服备注的吗？客服怕之前您跟客服说的忘了，有的话还请亲提示哦，谢谢！

（议价1）：亲，非常抱歉，卖家是××品牌专柜正品，有质量保证，所有价格都已是折后价，所以不议价、不包邮、不抹零，谢谢谅解！

（议价2）：亲，不好意思，客服也只是个普通职员，这个是公司规定，对所有买家都公平，希望您不要再议价了哦，谢谢亲的理解！

（议价3）：亲，十分抱歉，建议不要由于价格而耽误您的宝贵时间哦，您若坚持议价，那客服实在没有办法继续回答您的议价问题哈！谢谢亲的理解与支持！

（议价难处）：亲，冒昧地问一下，您是否是因为支付宝余额不足暂时不方便支付呢？

（议价代付）：亲，您可以问问身边的朋友或同事有没有网银或者支付宝哦，可以让朋友们帮您转点钱或者也可以让家人帮您代付哦。

（议价帮助）：亲，客服也了解您的难处，这次客服就先用公司的公用支付宝将差额零头给您打过去，下次若是方便的话您再将零头补上，但是请您不要跟其他买家客户说或者在评价中提到此事哦，否则客服会有点为难了呢。

（色差）：亲，本店的宝贝都是专柜正品，实物拍摄。由于室外拍摄有光线影响，所以有色差，实物颜色以平铺图为准。您也可以看下卖家宝贝的评价说明。

（品质）：关于品质，请您放心哦，××是××有限公司在大陆的唯一经销机构，支持7天无理由退换货服务，您可以看一下店铺中的购买记录评论再放心购买哦！

（结束）：亲，为了保证对每一位买家都公平，卖家的所有优惠活动都以活动页面的截止时间为准，活动结束了就没办法给您优惠了哦，谢谢谅解，但是呢，卖家现在有活动××，时间有限哦！

（仿版）：亲，现在网上仿版很多哟！在价格上相对卖家偏高，但是卖家是专柜正品哦！接受 7 天内无理由退换货的呢，请亲认准商城品牌哦！

（发货）：亲，现付款后48小时内发货（预售按预售期发货），默认发申通、圆通、宅急送（EMS补5元和顺丰补10元），广东省内1～2天到，省外3～7天左右到，谢谢亲的耐心等待！

（货到付款）：亲，您有支付宝吗？如果有个人建议您使用支付宝比较划算呢，货到付款还要根据您的衣服金额收取3%的服务费，最低10元起呢！

（退货）：亲，请不要担心，只要衣物无污损、吊牌齐全，7天内可无条件退换货一次！非质量问题运费是您自己承担，质量问题运费是卖家承担的呢。

（交班）：亲，真是非常抱歉，由于客服要交接班可能要耽误您的时间了哦，稍后交由晚班客服为您服务，谢谢您的谅解！

（接班后）：亲，很抱歉由于客服交接班耽误了您的时间，客服会尽快回复您的哈，若还有其他问题需要咨询，您可以一次性提供给客服哦。

（小礼物）：亲，非常抱歉哦，没有什么小礼物送的呢，最重要的是衣服的质量好，让您满意，您说呢？

课后实训

背景资料：

淘宝商城九阳旗舰店（http://joyoungtp.tmall.com）是杭州九阳生活电器有限公司授权泰璞（上海）电子商务有限公司在淘宝网开设的九阳生活电器的B2C交易平台。

实训：

1. 客服前的准备（提炼企业产品服务特色及优势）

打开九阳旗舰店站点，请用文字描述九阳旗舰店（字数不超过100字），内容包括主要经营范围、产品特色、适合人群、经营思想。将内容填入表4-10中。

表4-10　客服前的准备

服务特色与优势描述

2. 沟通客户需求（客户沟通技巧）

分析九阳官方旗舰店的目标客户有哪些。请模拟售前客户服务人员，就九阳官方旗舰店的JYK-12F01C1 开水煲/电热水壶1.2L对目标客户区中不同类型的客户分别进行具有各自特点、满足不同需求的产品介绍。将模拟情况填入表4-11中。

表4-11　沟通客户需求

客户类型	产品介绍

3. 客户价值计算

假定一个客户每星期在九阳官方旗舰店有交易记录1次，平均每次交易发生额为400元，以平均客户生命周期5年为基准来计算客户价值的大小（以交易额来计算）。如果该客户对九阳官方旗舰店提供的服务满意，那他可能将自己的满意告诉另外10个人；如果不满意，也可能将其抱怨告诉另外10个人。假定所有听到其好评的人的转换率为60%，抱怨的人的转换率为90%，将计算结果填入表4-12，并进行必要的分析。

表4-12　客户价值计算

价值类型 / 价值大小	客户基本价值/元	满意客户的新增价值/元	抱怨客户的价值损失/元
计算公式			
价值大小（销售额）			
分析结论			

4. 客户分类管理

表4-13是一组用户到九阳官方旗舰店消费的基本数据，请按照ABC客户分类方法，以65%、85%左右为分割点，将客户分成A、B、C三类。分析表4-13中的数据，完成表4-14内容的填写。

表4-13　九阳官方旗舰店的基本消费数据

客户姓名	年成交额（单位：元）	占成交总额比
客户1	750	7.5%
客户2	1000	10%
客户3	3500	35%
客户4	250	2.5%
客户5	100	1%
客户6	60	0.6%
客户7	2700	27%
客户8	300	3%
客户9	250	2.5%
客户10	540	5.4%
客户11	200	2%
客户12	100	1%
客户13	50	0.5%
客户14	200	2%

表4-14　客户分类管理

A类客户	
B类客户	
C类客户	

通过对客户的分析，说说ABC客户分类管理的意义，以及如何针对上述结果对客户进行高效管理？

售后篇

项目五

售后客服的服务流程

项目导学

对一个网店来说，良好的售后服务不仅是买方市场条件下参与市场竞争的尖锐利器，也是保持客户满意度、忠诚度的有效举措，更是企业摆脱价格大战的一剂良药。

通过本项目的学习，你会对退换货处理、退款处理、应对投诉纠纷和评价管理等有一个全面的了解，并能掌握一定的售后客服处理问题的方法和技巧，为顺利进行售后服务工作做好铺垫。

学习目标

1．了解售后客服针对一般问题和严重问题的解决模型

2．掌握淘宝店标准售后接待流程

3．掌握普通售后问题处理、纠纷处理的技巧和中差评处理技巧

学习框架

5.1

售后客服的基本思路

5.1.1 针对一般问题的LSCIA模型

（1）LSCIA模型

一般来说，求发泄、求尊重、求补偿是顾客寻求售后服务的最主要的三大心理动机。对网店而言，最初阶段的售后问题一般围绕在求赔偿这一客户诉求上。由于大部分网店具有7天无理由退换货等保障消费者权益的措施，消费者在产生售后问题后第一时间联系店铺客服是希望可以在平台的规则框架内，合理地解决自己的诉求，不会有太过激烈的投诉产生。消费者在处理这些问题时情绪较为稳定，目的在于得到赔偿，解决问题。与消费者进行售后沟通时，客服可以采用LSCIA模型。

LSCIA模型一共包括5个步骤，如图5-1所示。

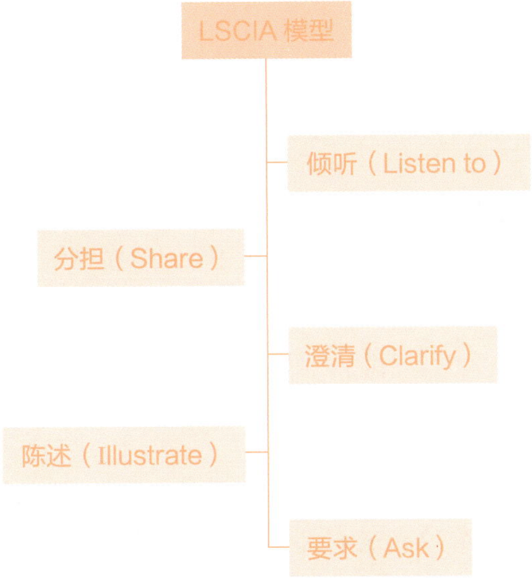

图5-1 LSCIA模型

1）倾听（Listen to）

当客户提出异议及反映产品及问题时，客服代表首先要学会倾听，收集数据，做好必要的记录。然后，要弄清问题的本质及事实，切记不要打断对方。在倾听的过程中不妨多运用提问的技巧。

2）分担（Share）

在基本弄清问题的本质及发生原因时，客服代表可以采用分担的方式，举例来说：“您讲得有道理，我们以前也出现过类似的事情。”总之，不管是产品本身，还是使用不当等原因，都不能责备客户。这样，客户会感受到自己已被重视。

3）澄清（Clarify）

基本了解客户异议的本质及动向后，此时应对问题加以定义，是产品本身还是客户使用不当？如果是产品本身，应立即向客户道歉，并以最快的时间给客户解决；若是客户使用不当，要说明问题的实质。

4）陈述（Illustrate）

帮助客户解决问题，说明产品正确的使用方法（性能、特点、特性），并用鼓励的话语感谢客户提出的异议。必要时予以精神及物质奖励。

5）要求（Ask）

在客户异议基本解决后，还要再询问客户还有什么其他要求，以诚恳的态度告诉客户，假如你还有其他问题，请随时致电客服中心，并感谢客户提出的宝贵意见和建议。

（2）LSCIA模型举例

在接待过程中，运用LSCIA模型解决问题的例子如下所示：

客户：我拍了两件，只给我发一件也就算了，发的这件还有色差。

客户：说吧，怎么处理？

客服：亲，请您先不要急，我很理解您现在的心情，我们一定会帮您解决这个问题的。

客服：漏发的那一件我们这边查实后会为您补发，这个您不用担心哈。

客户：还有发货的这件有色差？

客服：有色差可能是每个电脑的分辨率不同，所以看上去有色差哦。

客户：但是色差有点严重啊。

客服：给您造成困扰真的很抱歉，您看这样好不好，为了补偿您的损失，给您返20元您看可以吗？

客户：那行吧。

客服：您还有什么其他的问题随时都会为您服务的哟！

客户：暂时没有了。

客服：谢谢您这次的反馈哈，这边以后会多加注意的呢。

5.1.2 针对严重问题的CLEAR模型

有些顾客的售后问题较为复杂或客服接待过于繁忙，导致客服无法及时解决问题，等候多时的客户会怀疑客服推卸责任，从而感到自己不受尊重，情绪升级，除求赔偿的心理之外，增加了求尊重和求发泄的心理。客服在遇到客户情绪激动，售后问题无法妥善解决，要抉差评和投诉的情况时，作为客服，需要先安抚顾客的情绪，然后再尽量帮助客户解决问题。CLEAR模型就是在处理情绪激动顾客或严重的售后问题时，客服可以采用的沟通模型。当然，如果个别客户无理取闹，客服也应该守住底线，对无理要求坚决予以拒绝。一般网店都规定，对于无理取闹、过度占用客服资源的顾客，客服可以在申请得到组长同意后，直接忽略该顾客的无理对话。

(1) CLEAR模型

CLEAR模型的步骤如图5-2所示。

图5-2　CLEAR模型

1）控制（Control）

当顾客发怒时，企业员工要处理的第一个因素是控制自己的反应情绪。当顾客进行投诉时，常常心情不好，失去理智，顾客的语言或行为会让员工遭到攻击、不耐烦，从而被惹火或难过，容易产生冲动，丧失理性，“以暴制暴”，这样就使得局势发展更加复杂，店面服务和信誉严重受损。作为客服，要固守“可以不同意顾客的投诉内容，但不可以不同意顾客采取投诉的方式”的原则。顾客投诉是由于他们有需求没有被满足，所以客服应当要充分理解顾客的投诉和他们可能表现出的愤怒、懊丧、痛苦或其他过激情绪的基础上，尽可能控制自己的情绪，避免被顾客的不良情绪“传染”。

2）聆听（Listen）

客服的情绪平复下来后，需要顾客也镇静下来才能解决好问题。先别急于解决问题，而应先抚平顾客的情绪，然后再来解决顾客的问题。在顾客进行激烈的抗议和陈述时，客服应该认真聆听，不要随意打断顾客的倾诉，让顾客将愤怒一吐为快，使愤怒的程度有所减轻，表示出与顾客合作的态度，在顾客冷静下来后再进行沟通。在聆听的过程中，客服不但能无形中使顾客宣泄情绪，更可以从顾客的字里行间掌控顾客所投诉的实质和顾客的真实意图，了解客户想表达的感觉与情绪。

仔细凝听的态度，给顾客的抱怨一个宣泄，辅以语言上的缓冲，为发生的事情道歉，声明你想要提供帮助，然后进行仔细地凝听，表示出与顾客合作的态度。这既让顾客将愤怒一吐为快，使愤怒的程度有所减轻，也为自己后面提出解决方案做好预备。

3）建立共鸣（Establish）

共鸣被定义为站在他人角度的态度，理解他们的参照系的能力。它与同情不同，同情意味着被卷进他人的情绪，并丧失了客观的态度。顾客为了安抚顾客情绪，可以站在顾客的立场设身处地为顾客着想，对顾客的遭受深表理解，这是化解怨气的有力武器。当顾客投诉时，他最希望自己的意见得到对方的尊重，自己能被他人理解，满足顾客求尊重的心理诉求，建立与顾客的共鸣就是要促使双方交换表达。

4）道歉（Apologize）

客服聆听了顾客的投诉，理解了他们投诉的缘由和感受，那么就有必要对顾客的情形表示歉意，从而使双方的情绪可以控制。在道歉时，客服应该表现出负责任的态度，不要轻易回避责任，说这是他人的错，这么做只会令人对公司整体留下不好的印象，其次，即便顾客是错的，客服为了安抚他的情绪，也应该为顾客情绪上受的伤害表示歉意，和气生财。最后，道歉要有诚意，一定要发自内心地向顾客表示歉意，不能口是心非、皮笑肉不笑，否则就会让顾客觉得是心不在焉的敷衍，也不能一味地使用道歉的字眼来搪塞。

5）解决方案（Resolve）

在积极地聆听、共鸣和向顾客道歉以后，双方的情绪得到了控制，就应该把重点从互动转到解决问题上了。平息顾客的不满与投诉，问题不在于谁对谁错，而在于争端各方如何沟通处理，解决顾客的问题。

解决方案可分成应急方案和预感性方案。

应急方案是为了快速解决本次顾客投诉，要迅速做出应对，迅速就目前的具体问题，向顾客说明各种可能的解决办法，或询问他们希望怎样办，充分听取顾客对问题解决的意见，对具体方案进行协商；然后确认方案，总结将要采取的各种行动——客服的行动与客户的行动，进行解决。要重复顾客关心的问题，确认顾客已理解，并向顾客承诺不会再有类似事件的发生。圆满提出针对此个案的解决方案并得到顾客的认可。预感性方案是要提出杜绝类似事件发生或对类似事件进行处理的预感性方案，而不单单是解决个别个案。在顾客投诉结束后，客服在检查顾客投诉的进程中，负责投诉处理的员工要记录好投诉进程的每个细节，把顾客投诉的意见，处理进程与处理方法在处理记录表上进行记录，深度分析。每次的顾客投诉记录，客户关系部都将存档，以便往后查询，并定期检讨产生投诉意见的缘由，从而加以修改。最后，预感性方案重在落实，店铺要对所有顾客的投诉意见及其产生的缘由、处理结果、处理后顾客的满意程度和店内今后改进的方法，均应及时采用各种固定的方式，如例会、动员会、早班会或企业内部刊物等，告知所有员工，使全体员工迅速了解造成顾客投诉意见的种种，并充分了解处理投诉事件时应避免的不良影响，以避免类似事件的再次发生。

（2）CLEAR模型举例

在接待过程中，运用CLEAR模型解决问题的例子如下所示：

客户：真是太过分了，你家东西质量这么差，一收到就有破洞，你们到底能不能给个说法？还有没有人能回答下问题？再不解决我就到淘宝投诉你们！

客服：亲亲，您先不要急，我们这边会积极帮你解决，您放心，可以麻烦您详细说一下是什么问题吗？

客户：我昨天签收的衣服，有个破洞！这还是不是新衣服？这么大的破洞怎么穿？找你们好几次了都是机器人自动回复，你们有没有人可以说句话啊？

客服：亲亲，先别生气，如果是我遇到这样的购物经历也会很气愤的。我们正在快马加鞭地核实，如果的确是我们的问题我们肯定承担责任，委屈您了。

客户：你们核实完了吗？

客服：亲亲，很抱歉，是我们这边仓库发货没有仔细检查质量，给您造成不便了，真的对不起。

客户：那你们说怎么处理？

客服：亲亲，您看您愿意把衣服寄回给我们，我们换一件给您可以吗？来往的运费我们负责。您收到换货后可以找我们报销。

客户：那就这样吧，早说可以换就好了啊。

客服：谢谢您的理解和支持，那我这边就为您备注啦，请您寄出后联系我们留一下运单号哦，谢谢。

5.1.3 淘宝店标准售后接待流程

客户进入售后多数意味着我们的服务或者商品没有达到客户的满意度，那么售后客服是否专业就显得尤为重要，因为售后客服的服务质量会直接影响到客户流失率，店铺的好评率和回购率。设定售后客服沟通标准流程在大大增加客服的专业度的同时，可以尽量减少客服在接待过程中可能的失误。

对于大部分淘宝店而言，在综合LSCIA模型和CLEAR模型的基础上，再结合淘宝交易的流程，售后客服接待流程可分为五个步骤：问候，安抚，解疑惑，再次询问需求，请求好评。

面对进入售后流程的客户，售后客服一定要本着同理心的心情去对待客户，首先对客户进行问候，然后安抚客户，对客户表示十万分抱歉的态度，然后再询问是哪里让客户不满意，弄清客户的真实想法，再次根据客户存在的问题进行核实，然后双方协商解决。解决完之后需再次问候客户，看还有没有其他问题可以为客户服务，最后希望客户能够对客服的服务进行好评。

以下是售后沟通六步法的步骤及对应话术。

1）问候

首先要对客户进行问候，表示出客服对于客户要进入售后流程的歉意，首先降低姿态，赢得顾客的好感。

话术模板：亲亲，您好，我是售后客服××，非常抱歉您进入我们的售后客服流程，请问您这边是出现了什么样的问题呢？

2）安抚

安抚这一步骤可以让客户感觉到客服是可以理解他们感受的，使客服可以与客户更好地协商解决问题，不容易造成顾客流失。

话术模板：亲亲，非常抱歉让您进入售后流程，我表示非常的抱歉。我也十分能理解您现在的心情，所以我会尽12分的努力去解决好您的事情。

3）解疑惑

这一步骤是用来询问来确定顾客的问题并提出解决方案，一般来说，不同类型的售后问题对应的常见解决方案也不一样。在下一节将详细阐述几种常见售后问题对应的解决流程和话术模板。

话术模板：亲亲，请问这边是有什么问题呢？您说，我们这边给您协商解决。

4）再次询问需求

解决问题后的再次询问需求，会让客户感觉到客服非常专业和贴心，即使这次出现了这样的问题，也不会影响客户下次再次购买。

话术模板：亲亲，请问您这边还有什么问题需要解决的吗？

5）请求好评

如果售后客服顺利解决了顾客的售后问题，顾客是乐意给予店铺好评的。和售前请求好评一样，售后流程请求好评也将很大程度上提高店铺的好评率和综合评分。

话术模板：亲亲，感谢您的配合和理解，我们之后也会注意类似事件，避免再次发生，希望您继续保持对本店的热情，如果您对我的服务还满意的话，请您好评哦。

5.2

售后常见问题及其处理

5.2.1 普通售后问题处理

普通售后处理是指在正常交易下，客户由于某些主客观原因对商品或服务表示不满，但愿意用沟通、协调的方式去解决售后问题。普通售后处理是售后客服每天最频繁的工作内容，也是售后客服的主要工作之一。下面我们来了解下普通售后问题的具体处理方法。

（1）正常换货、退货

正常退换货是指客户在收到商品后，由于商品质量、发错商品、7天无理由退换货等原因，要求店铺在不低于原价格的基础上退还商品。退还分为同款退换和不同款退换。一般来说，正常退换货的相关信息在商品详情页必须有所说明，尤其是运费方面的说明。

1）换货

如果售后客服遇到发错货、产品质量问题、7天无理由退换货等原因导致的换货问题，可根据客户的要求先查明原因，符合换货条件的则立即给客户换货。与此同时，一定要备注跟进。例如：

客户：我要的是蓝色，怎么给我发成了紫色的呀？

客服：亲，真的抱歉！您先拍个照片给我看一下。如果发错的话，我这边马上安排，争取今天帮您把蓝色发出去。您先把紫色退回来可以吗？麻烦您了。

客户：好的，我先拍个照。

从上述对话可以看出，造成换货的原因是卖家发错货，此时需要先确认商品是否发错，确认发错后应先表示歉意，然后根据买家的需要进行换货。

客户：在吗？今天收到货了。我觉得这条黑色的牛仔裤和我的衣服不太配，给我换成蓝色的吧。

客服：好的，亲。请保证包装吊牌完好，没有清洗哦！同时写清楚您的旺旺ID、联系方式和换货原因，然后寄到××××××，我们为您的宝贝投付了运费险，但需要您先垫付运费。我们拒收货到付款哦，谢谢。

从上述对话可以看出，换货的原因是买家想要另一个颜色，这种情况下应该同意换货并说明换货的条件。

2）退货

退货是卖家经常会遇到的一类比较令人头痛的问题，退货原因也是各种各样。合理而及时的处理和跟进，通常有20%的退货可以避免。当售后客服遇到退货客户时，应根据客户的要求先查明原因，及时为客户解决，尽量挽留或者引导客户取消退货。与此同时，一定要备注跟进，例如：

客户：这什么质量啊，才穿了两天就破了，赶紧给我退了。

客服：亲，麻烦您提供一下照片，方便我核实哦。可能由于缝制时不太精细，您看这样行吗？您自己去当地裁缝师那里缝制，我这边给您做出补偿。

客户：嗯，等一下。

从上面的对话可以看出，由于所购商品质量出现问题，买家要求退货。客服在处理时先要求买家提供证据，再给出处理的方案。这个方案的目的是为了给客户提供一种其他的处理方式，引导买家取消退货。如果买家同意，这个订单会正常完成；若卖家不同意，仍旧坚持退货，也一定要满足买家的要求。

（2）退款

淘宝为卖家提供了退款处理方法，现将退款问题归纳为五类，并对每一类问题给出相应的处理方法和后续建议，如表5-1所示。

表5-1　退货原因和处理方法总结

常见问题	售后客服处理方法	后续跟进
货物破损、少件等问题	①联系卖家提供实物照片，确认商品情况 ②向物流公司核实是谁签收包裹 ③如果非本人签收，且没有买家授权，建议客服直接给买家退款，并联系物流公司协商索赔，避免与买家之间产生误会。	①发货前严格检查产品质量 ②选择服务品质高，尤其是对签收操作严格规范的物流公司 ③提前约定送货过程中商品破损、丢件等损失由谁承担
质量问题	①联系买家提供实物图片，确认问题是否属实 ②核实进货时商品质量是否合格 ③如果确认商品有问题或无法说明商品是否合格，可直接与买家协商解决，如退货、退款	①重新选择优质的进货来源 ②进货后保留好相关的进货凭证

续表

常见问题	售后客服处理方法	后续跟进
描述不符	①核实商品详情页的描述是否有歧义或者容易让买家误解信息 ②核实是否发错商品 ③如果描述有误或者发错商品，可以与买家协商解决，如换货、退货、退款等，避免买家产生误会	①确保商品描述内容要通俗易懂，不让人产生歧义 ②确保发出的每一件商品与买家购买的商品一致
收到假货	①核实进货时的供应商是否具备相应资质 ②如无法确认商家资质，可直接联系买家协商解决	①选择有品牌经营权的供应商 ②进货后保留好相关的进货凭证或者商品授权书
退运费	①核实发货单上填写的运费是否少于订单中买家所支付的运费 ②如果有误，将超出部分的金额退还给买家	邮费模板要及时更新，如果有特殊情况，应及时在旺旺中通知买家

当售后客服遇到退货、退款客户时，应该根据客户情况查明原因，掌握客户的实际意图，找到问题并解决问题。对于可退可换的客户，联系沟通后可将退款转化为换货，以减少退款率。例如：

客户：这颜色怎么没有图片上明亮呢，我要退货退款。

客服：亲，我们是专门请摄影师拍摄的，有时会因为计算机显示器的亮度调节不同导致出现色差，我们把色差已经降到了最低。如果亲确实不喜欢，我们可以帮您换一件，但是提醒您一下，所有的网上商品由于拍摄显示器的原因都避免不了会有相应程度的色差哦。

（3）售后维修

如果买家所购商品属于三包类商品，卖家在保修期的应该为买家提供售后服务，如换货或维修等。提出售后维修的客户一般会咨询四个方面的内容，如图5-3所示。此时，客服应根据客户遇到的情况进行解答，且必须核实情况再做处理。

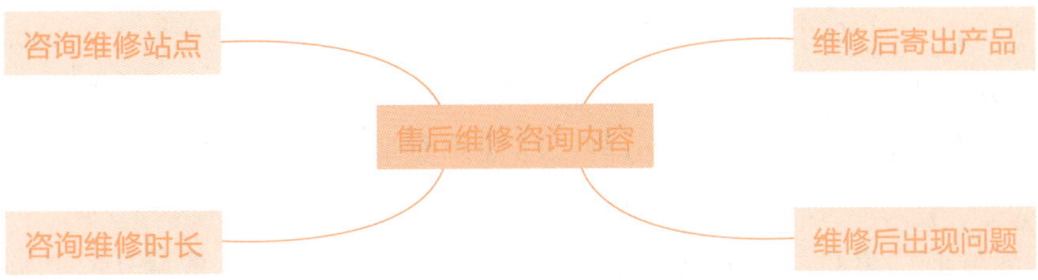

图5-3　售后维修客户咨询的内容

以下为售后维修的案例：

客户：手表突然不走了，可以修吗？

客服：亲，对于您的手表坏了，我们表示非常遗憾。您方便告知所在地吗？我看看你那边有没有维修点。

客户：我在长沙。

客服：亲，抱歉哦，长沙我们没有维修点啊。

客户：那怎么办呢？

客服：亲，不要担心，既然你那边没有维修点就只能先寄回来，然后我这边安排专业的维修师傅帮您看看。

客户：寄回来可以，但要花多久时间呢？

客服：亲，长沙到我们这边一般是三到五天，维修的时间要看您的表的损坏程度，一般情况下不超过半个月。

客户：好吧。谢谢。

5.2.2 纠纷处理技巧

所谓纠纷，是指买卖双方就具体的某事或某物产生了误会或者一方刻意隐瞒事实，导致双方协商无果的情形。对于客服人员来说，一旦与买家发生纠纷，就比较难以与买家沟通，处理起来也比较麻烦。此时，客服人员不仅需要熟悉淘宝售后的规则，还要与客户斗智斗勇，尽自己最大的努力去化解店铺的危机。

（1）纠纷产生的原因

客户在购买商品的过程中，与网店产生纠纷的原因主要有以下几种情形，如图5-4所示。

1）产品质量

产品质量是客户衡量商品使用价值的标准。所谓的产品质量，具体是指产品本身规定或潜在要求的特征和特征总和。在这里，因产品质量引起的纠纷通称为质量因素，并分为外观质量、使用质量和客户心理预期3个方面。下面我们来分别讲解。

①外观质量。产品的外观质量是指产品在外形方面满足消费者需要的性能，主要表现为产品的光洁程度、造型、颜色等方面，客户在收到产品后能够通过肉眼进行感官识别。我们在这里将商品的外观质量分为产品缝制质量、产品局部瑕疵和产品颜色偏差3个方面。

a. 产品缝制质量。产品的缝制质量大多集中于服装类目。客户在收到商品后，会对商品的缝制质量进行检查，包括服装缝制线路是否顺直，拼缝是否平服，服饰是否存

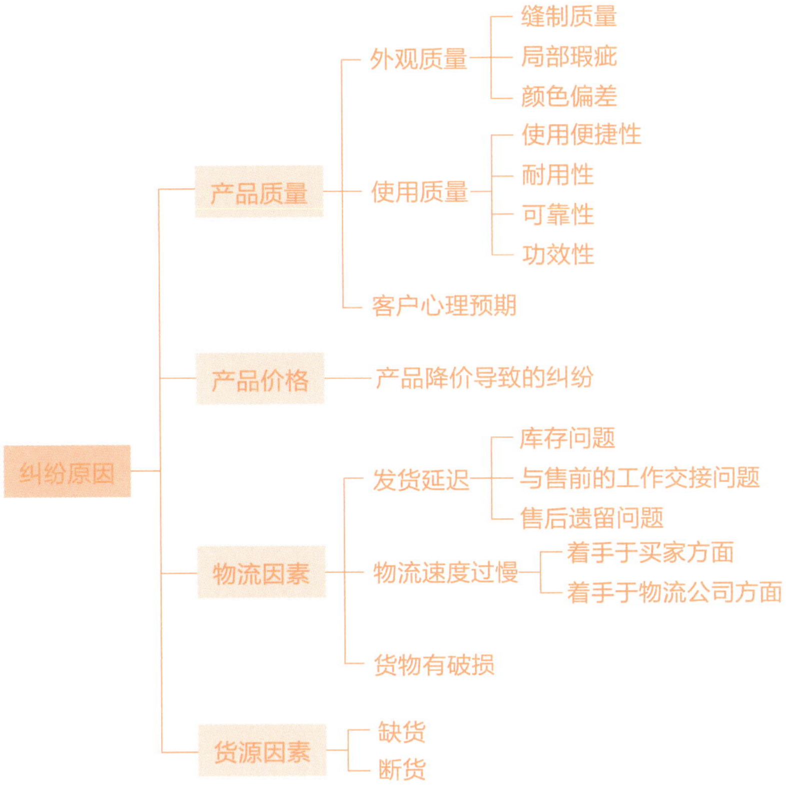

图5-4　纠纷产生的原因

在脱线、缝制断裂的情况。当然，客户也会对服装辅料、装饰物的质地和质量进行检查，如拉链是否滑爽、纽扣是否牢固、四合扣是否松紧适宜等。产品的这些缝制质量直接反映了服装在制作过程的细致或粗劣，粗劣的产品很容易导致客户对产品质量的投诉。例如：

客户：你们店卖的都是什么质量的衣服？穿一次就破了两个洞，我必须要投诉你们！骗子！

b. 产品局部瑕疵。产品的局部瑕疵是指产品在功能和性能上并不影响客户的使用，但在产品的外观上有一定的污迹、破损、毛边等情况。产品的局部瑕疵是网店和客户争议较多的焦点之一。例如，购买的衣服上有污迹、购买的电器有并不重要的零件缺损等情况，很多时候在产品制作的过程中，制作者认为只要不影响商品的正常使用即可，这就与客户的需要形成了矛盾。例如：

客户：我在你们家买的iPad背面有划痕，这样的商品我肯定不会要的，你赶快解决好，否则我一定投诉你！

客服：亲，有划痕的确很抱歉了，可我们用iPad都会买可爱的套子对吗？套子遮住了就看不到了，不会影响您对商品的使用。

客户：你这是什么话，明明就是你们商品的瑕疵，我要投诉你们！

c. 产品颜色偏差。产品的颜色偏差是指客户收到的商品与店铺所呈现、客服所介绍、自己所预期的颜色不一样，没有满足客户对商品外观色彩的要求。照片与实物的颜色偏差是引起纠纷的主要因素之一。很多网店不注重产品颜色的介绍，错误或简略地介绍商品的色彩，让客户产生错误的预期，而当客户收到和自己理想的色彩差异太大的产品时，会对整个产品都产生一种抵触感，从而引起不必要的纠纷。

注意：商品的外观因素是因为产品制作工艺不够精细，与客户的需求不同，自然不可避免，但在面对因外观因素造成的纠纷时，还是需要客户在收到商品后于规定的时间之内拍照说明情况，客服要区分照片的真伪以及商品是否是人为造成的损坏。

②使用质量。商品的使用质量即产品在使用过程中表现出来的质量，它直接影响客户对产品的使用情况。而客户对产品的使用情况则又包括产品的使用便捷性、产品的耐用性、产品的可靠性、产品的功效性四个方面。客户始终坚信高质量的产品应该是使用方便、可信度高、使用效果好的产品。

a. 产品的使用便捷性。便捷性是指产品使用的方便程度。产品的质量对其使用的方便程度有很大的影响，甚至会制约产品实际功能的发挥。例如，客户在网上购买了一块手机备用电池，在商品质量没有问题的前提下，电池可正常待机三天，但客户发现购买的这块电池只能待机两天，虽然客户仍然可以享受商品所带来的使用价值，但这个使用价值因为产品的质量问题被限制了制约，制约了产品本应发挥的功效和作用，引起了客户在使用过程中的不方便。

b. 产品的耐用性。产品的质量决定着产品的使用时间，也就是通常所说的产品耐用性。一般而言，耐用的产品意味着在其使用寿命期限内的功效是稳定的。客户在网上选购商品时，对于产品的耐用性是极为看重的，这也是他们衡量产品质量的标准。例如，在网上购买节能灯，那么节能灯使用时间的长短就会让客户十分重视。若是客服承诺店铺所出售的节能灯能使用半年，但客户只使用了一个月就坏掉了，那么客户就会对产品的质量产生怀疑。

c. 产品的可靠性。产品的可靠性是指产品功效在规定期间内的稳定性。产品的生产日期、产品的质量检测报告等都属于产品质量可靠性的一部分证据。假设客户在网上购买了一大堆零食，可收到货物后发现全是过期和临期产品，那么这些商品的质量便是不可靠的，直接影响了客户对产品使用的信任。

d. 产品的功效性。产品的功效性是指产品性能（或功能）在使用过程中是否得到了证实或被发挥的程度。例如，以美白著称的化妆品是否真的有美白的效果，以保温著称的水杯是否真正有保温的功效。这些产品的功效性也是消费者最容易感知的一项质量维度，若是客户在使用产品之后，感觉并未达到预期的效果，那么客户自然会认为这是产品质量不过关的原因。

注意：面对客户因为产品质量而产生的纠纷，客服应尽可能满足客户的需要，倾听客户的抱怨和意见；在客户购买阶段要降低客户对产品质量的心理预期；在纠纷产生之后，要让客户以图为证；在向客户解释的时候要为自己留有余地，尽可能不用“一定”“肯定”等确定性的词语。

③客户心理预期。网上购物最显著的一个特点，便是客户在选购商品时无法通过五官感受来衡量商品的质量，只能通过卖家所提供的产品信息、图片信息、买家秀来建立自己对商品的期待值。我们将客户对产品的这份期待值称为客户的心理预期。客户为什么觉得这件衣服的质量不好？一是客户有对比，可能会对比其他店铺产品的质量或对比同款产品的质量；二是客户对产品的期望值太高，或许客户通过浏览网店详情页，认为自己所购买的产品是零瑕疵、零污迹、耐用性极佳的一款产品，可实际收到的货物远远低于客户的心理预期，给客户造成了巨大的心理落差，就很容易因为产品的质量引起纠纷。正所谓“期望越小，失望也就越小”，客服在引导客户购物的过程中，除了客观的介绍、销售自己的产品，还有一项重要的职责就是适度降低客户的心理预期。

适度降低客户的心理预期，可以给店铺规避一定的风险。客服在引导客户购物的过程中，应适时的给客户一些温馨提示，例如：

温馨提示：

因测量方式不同，会有1～3厘米的误差，相关数据仅供参考，以收到的实物为准。

因拍摄光线不同，商品会有一定的色差，介意者慎拍。

产品使用时间以正常使用为参照，实际使用时间因人而异。

这些提示不仅能让客户感受到客服的诚实，还能让客户对商品的瑕疵有一定的心理承受力。这样一来，即使是客户收到的商品存在一定的问题，客服在处理类似的纠纷时也能化被动为主动，以理服人，赢得客户的信赖。

2）产品价格

价格是客户在整个购物过程中较为关注的内容。如果客户刚买的商品突然降价，而且降价的幅度还不小，他们肯定会觉得被坑了，觉得客服不够诚信，甚至会因此而投诉。

其实商品的价格变动是很正常的事情，就像商店里常常有打折的活动一样，网店的商品价格也有浮动变化，尤其是在一些特殊节日期间，更会推出一些优惠来促进商品的销售，如国庆节、春节、双11购物狂欢节等节日。客户购买商品是有时间差异的，有的客户购买商品时正好在商品的低价打折期间，有的则是在商品处于高价位的时候进行购买。那么客服如何在工作中减少客户因为商品的价格变化而产生的纠纷呢？

如实相告是客服工作素质诚信的体现。当客户咨询商品有意愿进行购买时，如果店铺的商品价格有较大的变化或者店铺有什么活动，客服需要如实告知客户，让客户选择购买时间，提前预防因价格原因造成的纠纷。如果商品的价格差异时间很短，且客户无法接受，客服需要通过赠送小礼品的方式进行补偿。虽然商品价格的上涨跌落都是正常的，但客服要学会站在客户的角度体谅他们的心情，千万不能说：“亲，降价是很正常的，我们的商品涨价了也没有让你付差价啊！"，这样的话语无疑是火上浇油，引得客户的强烈不满，从而引发投诉。

3）物流因素

当售前客服将商品成功地销售给客户，客户拍单付款之后，商品便进入了购物流环节。具体表现为由售后部门确定订单、打包装箱、通知物流确认发货，再有物流公司进行运输。在这个环节中，对物流公司的操作方式网店是不能控制的，所以很多纠纷也由物流因素而起。下面主要讲解物流因素中纠纷最高的三种情况，分别是发货延迟、物流速度过慢和货物有破损。

①发货延迟。发货延迟主要是指卖家在客户付款后未按约定时间发货，主要涉及网店的售后环节。发货延迟常常导致客户退款，损失店铺的交易额。发货延迟的原因有很多，库存问题、与售前的工作交接问题、售后遗漏问题等都可能是发货延迟的原因。

a. 库存问题。库存问题主要是货源的缺货、断货，也就是网店暂时性的"无货可发"导致发货延迟。售前客服在向客户销售商品时，要留意商品的库存，及时与仓库工作人员取得联系，确认是否可以按期发货；若不能按期发货，要请求客户的谅解。

b. 与售前的工作交接问题。在大中型网店中，售前和售后的工作分工是非常明确的，售后在处理待发货订单时需要与售前客服交接信息。可以直接联系售前客服或从售前客服的备注信息中获取货品应该发出的时间，并对较为急迫的订单优先发货；同时要注意售前客服承诺的发货时间，尽最大努力按时发货，避免纠纷。

c. 售后遗留问题。随着网店订单数量的增多，售后客服的工作量明显增加，在逐一对待发货订单进行打包发货时，难免偶尔遗漏一些订单。随着网店管理软件的丰富，有不少专门排查订单的软件，可以防止因为客服的遗漏所导致的发货延迟，客服不妨试试看。

②物流速度过慢。快递物流和网络购物密不可分，相辅相成。网络购物的迅速发展给快递带来了旺盛的生命力，但同时也意味着更大的挑战在等待着他们。特别是电商促销期以及节假日，对快递公司造成很大的压力。由于现阶段的快递公司尚处于发展阶段，制度不完备、规范不科学、管理不严格，在运送货物的过程中，很容易出现诸如速度慢、服务差等问题。而淘宝店铺和快递公司是彼此独立的个体，淘宝店铺并不能决定快递运输的快慢，而客户对快递速度的不满只能找店铺进行发泄，于是很多店铺吃了不少快递速度的哑巴亏。

那么，客服如何将物流速度过慢所造成的纠纷降到最低呢？我们需要从两个方面着手。

a. 着手于买家方面。买家在购买商品时就会询问客服关于使用什么快递公司、几天能收到货物品等问题，客服在回答时尽量比标准时间多说1～2天，同时切忌"肯定”“应该”等词语。现在的快递基本上在全国范围内3～4天到货，偏远一点的地方要4～5天，同城的基本上是今天发货明天到。之所以将到货的时间说长一点，一方面可以给买家一个心理准备，另一方面即使快递晚到自己也不至于太被动，最后如果快递提前到还会给卖家大大的惊喜。客服也给自己留有最大的余地，不至于因为快递的不积极导致自身面临危机。

b．着手于物流公司方面。卖家要与物流公司通过较为积极的对话，制定一份双方认可的问题解决方案，包括快递延迟到达怎么办、出现问题后怎么解决等。本着平等合作的原则，首先要达成口头上的协议，当然形成书面文字协议更好，这样出了问题就能按照协议上的规定来解决。此外，客服也要善于维护与快递员之间的关系，让快递员对你的店铺产生好感，自然在工作时就会优先处理家的快递。除此之外，客服还可以在快递的包裹上贴上一些小提示，督促快递公司尽快送货。

③货物有破损。买家经常反应的另一个问题便是在收到货物之后，商品有破损。商品破损有可能和发货时网店的检查不严有关，即商品本身就有破损；还可能是快递员在派送货物的过程中对货物造成了损害。作为最终收到货品的第三方，客户并不清楚到底是快递的过错还是商品本身存在着破损，而卖家与物流公司也很难证明是哪一方的责任，此时客户便会找到卖家进行投诉或维权。

面对责任划分不清的货物破损因素，客服在货品发出时要对客户对与物流公司进行说明与交代。首先，一定要提醒客户务必亲自检验货品后再签收。在收货时如对货品有异议，如外包装破损、浸湿等，要有承运人的书面签字确认。不过，随着快递业务的增加以及速递易等存放快递的专业存储箱的出现，很多货品都没来得及让客户亲自验收，这也是导致纠纷的一大原因。其次，客服在发出商品时要对商品进行检查；在寄送货物时包装要规范，符合寄送部门的规定，注明寄送货物的名称、规格；再将货品交给物流公司时要让快递员检查货品，确认货品的完整性，最好能够以文字的形式记录下来。

4）货源因素

客户通过网络平台购物，最终是要购买到自己所喜爱的商品，但倘若客户在付款购买之后得知卖家方面的货源出了问题，未能及时发货或根本不能发货，难免会激起心中的不满。我们把因这样的原因引起的纠纷概括为货源因素。网店常见的货源因素主要包括缺货和断货两个方面。

①缺货。当买家拍下订单完成付款，客服还满心欢喜地沉浸于销售的成功时，却突然被仓库告知库存不足即缺货，这无论对客服还是客户都是一件不愉快的事情，如果客服人员不向客户进行解释和道歉，很可能会引起客户的不满，导致交易纠纷。商品缺货是因为商品生产跟不上销售量，导致暂时性的库存不足，但可以通过再生产弥补库存量，但需要对再生产完成的时间有一个预估，并且将预估的时间如实向客户反映。若客户无法接受等待的时间，则需要为客户进行换货或者退货处理。

②断货。断货的情况与缺货相比较为特殊，具体是指商品在售卖的过程中不再进行生产，卖完即止。断货的情况在网店的清仓活动中表现得尤为明显，由于网店在清仓过程中客流量大、销售量大，售前客服与工作仓库未及时取得联系或产品数量的更新不及时，没有及时下架缺货商品，导致客户拍下商品后才发现货品断货的情况。客服在面对因为断货产生的纠纷时，一定要及时向客户道歉并进行说明，及时退款或换货，降低客户购物的不舒适的心理。

（2）处理纠纷的流程

处理客户纠纷是技巧性比较强的工作，需要长时间的经验累积，尤其是对交易纠纷的处理，能够最大限度地锻炼售后客服的心理承受能力和应变能力。售后客服在处理与买家之间的纠纷时，应即坚持有理、有节、有情的原则，然后按如下流程来处理，如图5-5所示。

图5-5　处理纠纷的流程

1）倾听

当客户收到自己期盼已久的宝贝，却发现宝贝和自己的心理预期相差甚远时，难免心里会觉得不舒服，自然会找到客服抱怨对商品的不满意。这时客服首先要充分理解客户的心情，耐心倾听客户的抱怨，给予客户发泄的机会。

当客户发泄时，不要急着去辩解，所有的解释在客户愤怒的时候都无力的，甚至会激化与客户之间的矛盾，引起不必要的争执。作为网店的客服人员，要做一个耐心的倾听者，站在客户的立场上听他把话讲完，肯定并认同客户的感受。客服最好的应对方式便是仔细聆听。当然，不要让客户觉得你在敷衍他，要保持情感上的交流，认真听取客户的话，把客户遇到的问题判断清楚。

耐心倾听客户的抱怨之后，无论纠纷的原因是什么，首先应道歉，让客户知道你已经了解问题。道歉并不意味着你做错了，客户的对错并不重要，重要的是我们应该如何解决问题而不是让问题蔓延。

2）分析

售后客户认真倾听客户的抱怨之后，需要对客户所抱怨的内容进行分析、归纳，然后找出客户抱怨的原因。一般客户抱怨最多的原因主要有四个方面，如图5-6所示。

客户抱怨的原因多种多样的，有的抱怨只是针对上面所提出来的一两个方面，有的则涉及多个方面。客服要弄清楚客户抱怨的中心点是什么？客户到底急需解决的问题是

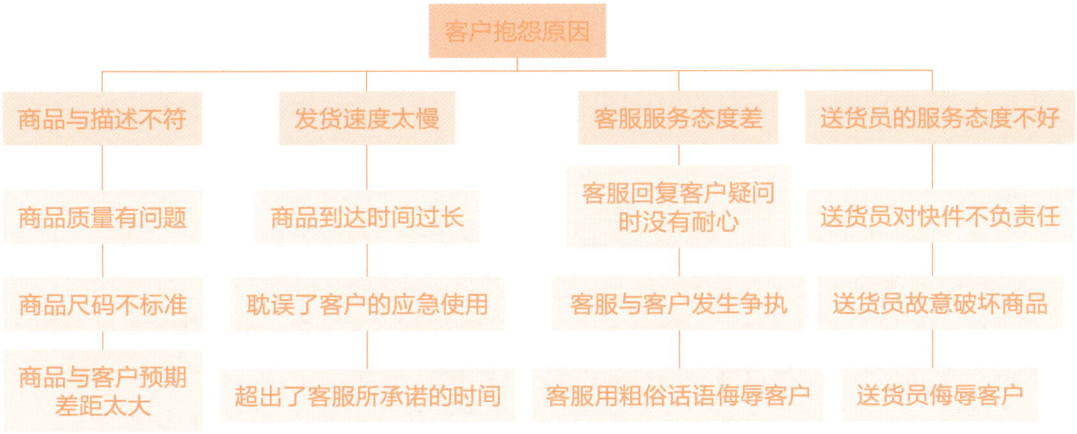

图5-6　客户抱怨最多的原因

什么？客服要理解客户在不满意的情绪驱使下，对客服、网店产生很强的抵触感，认为自己是受害者，把网店和商品都要数落个遍。

例如，有位客户这样抱怨自己的购物经历。

客户：你们这是什么打印机啊，用了两次就坏了，根本没有办法继续打印，第一次使用的时候就很卡，之后就没有办法使用了。之前的客服态度也差，对人爱理不理，发货慢死了，催了几次才发货，快递也不给力，送了五六天才收到。

这位客户抱怨的可真不少，对商品的质量不满、对客服的服务态度不满、对仓库发货速度不满、对快递运输速度不满，那么客服首先要解决客户的哪些不满呢？要先弄清楚客户的抱怨是从哪里开始的？这里，客户的抱怨是从打印机无法使用开始的，这一触点引发了对整个购物过程的不满。由此可以看出，客户最不能接受的便是商品本身的质量问题，那么客服在为客户解决问题的时候，首先就要保证商品的正常使用，而对于客户的其他抱怨与不满，则可以在之后的工作中进行弥补。

3）解决

当客户了解了客户抱怨的真实原因后，就要竭尽全力为客户解决问题，这也是处理纠纷的关键步骤。在解决客户的抱怨时，首先要安抚客户的情绪，创造一个和谐的对话环境；然后对客户所提出来的问题进行相应的解释，请求客户的理解；最后向客户提出解决方案，努力与客户达成共识。

售后客服在解决问题之前，要针对客户所描述的情况进行分析，做好责任认定，针对不同的责任提出不同的解决方法。

①店铺的责任。由于店铺或客服在销售商品和服务环节的疏忽而造成的客户精神、财产损失的，店铺应该承担主要责任，让纠纷得到妥善解决。解决纠纷的方法为：首先主动承担责任，诚恳的道歉，主动退换货，并承担来回运费；然后给予客户一定的补

偿，如赠送优惠券、升级VIP等。

②物流公司的责任。物流公司的工作任务，就是将客户在网店购买的商品运送到客户手中，但由于快递在运输过程中是无法被买卖双方所监管，因此在物流途中所遇出现的意外也会影响客户的购买体验，如快递运输过程中的掉件、商品受损、快递员服务态度恶劣等。

当客户向客服抱怨这些问题时，客服要帮助客户主动联系物流公司，弄清楚快件在运输过程中出现的问题，并要求快递公司进行赔偿，向客户赔礼道歉。

③客户方的责任。在商品交易过程中，不可避免地会因为客户的操作不当、客户恶意破坏、客户心理期望值过高等原因而引起交易纠纷。而面对上述几种问题时，售后客服应从店铺的利益出发，让客户承担纠纷中的主要责任，不能一味地忍让和纵容。

4）记录

售后客服在与客户就纠纷事宜达成一致后，要对情况进行记录，总结客户抱怨的原因、纠纷的严重性、纠纷解决方案等。这些情况记录不仅可以为客服积累一些处理纠纷案例的经验，还可以帮助网店各个部门根据客户抱怨来自省，检查自己的工作是否到位，还有哪些不足等，督促网店做得更好。

客服在记录买家抱怨与解决方案时，可以参考下表来执行，如表5-2所示。

表5-2　记录客户纠纷处理表

买家昵称	处理时间	购买商品	抱怨原因	责任认定	处理方案	客户满意度

5）跟踪

一名金牌客户，除了能顺利解决纠纷并提出客户所认可的解决方案外，还需要对纠纷处理进行跟踪调查。

①告知客户纠纷处理的进度。为客户采取什么样的补救措施，现在进行到了哪一步，都应该及时告诉客户，让他们了解你的工作，了解你为他所付出的努力。当客户认为所提出来的解决方案得到了落实，卖家也十分重视的时候，客户才会放心。

②了解客户对纠纷处理的满意度。在解决了与客户的交易纠纷之后，还应该进一步咨询客户对此次解决方案是否满意？客户对执行方案的速度是否满意？通过这些弥补性的行为，让客户感受到店铺的诚心和责任心，用自己的实际行动去感动客户，让客户忘却此次不愉快的购物之旅。

（3）各种类型纠纷的处理

了解了处理纠纷的流程，我们来具体了解下各种类型纠纷该如何处理，如图5-7所示。

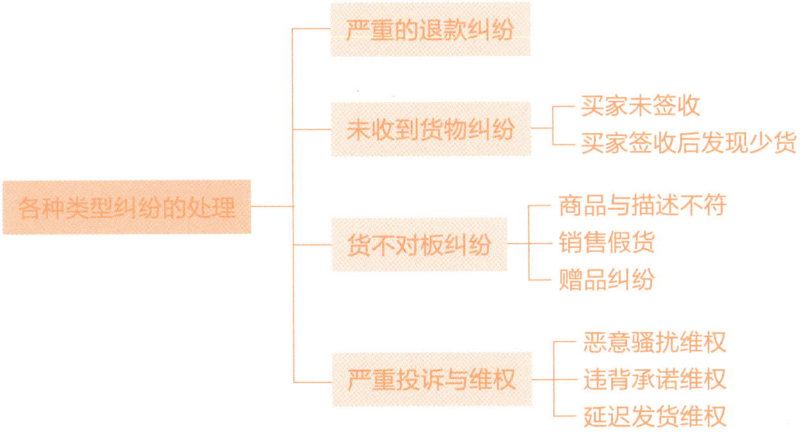

图5-7　各种类型纠纷的处理

1）严重的退款纠纷

严重退款纠纷，就是买家在申请退款之后发现卖家不同意退款，于是要求淘宝客服介入的情况。当淘宝客服介入之后，无论怎样判决，都会产生退款纠纷。严重的退款纠纷将涉及店铺的纠纷退款率和相关的淘宝处罚问题。

严重退款纠纷会影响店铺的纠纷退款率，从而导致店铺全部商品单一维度搜索默认不展示、直通车暂停14天、消费者保证金翻倍等情况。

根据淘宝集市所发布的营销活动招商要求，规定“近一个月人工介入退款成功笔数占店铺交易笔数不得超过0.1%，或笔数不得超过6笔（数码类卖家不得超过4笔）”。

淘宝会限制好评率、店铺评分、退款率以及纠纷退款率等低于淘宝指定标准的店铺参加营销活动，且给予全店商品单一维度搜索默认不展示的处理。

根据淘宝的硬性规定，卖家自淘宝检查时前一个月内纠纷退款率需要达到淘宝规定的数据，否则将被采取暂停淘宝直通车软件服务14天的处理。

注意：淘宝客服介入核实商品是否存在问题时，将对描述不符的一方进行处罚。若核实卖家未履行承诺，将给予卖家违背承诺的处罚。如未履行7天退货服务，将给予店铺违违背承诺扣4分的处罚。

2）未收到货物纠纷

由于快递的运输时间收到多方面因素的影响，而且卖家无法控制，所以由此产生的物流纠纷也很多。那么遇到买家提出的未收到货物的纠纷，作为卖家该如何处理呢？

此时，就需要通过物流跟踪信息来判断货物风险到底是属于买家还是卖家。淘宝争取处理规范明确说明：卖家按着约定发货后，收货人有收获的义务。收货人可以本人签收商品或委托他人代为签收商品；被委托人的签收视为收货人本人签收。也就是说，货物风险转移的关键在于收货人是否签收。

①买家未签收。虽然物流跟踪信息上显示买家已签收，但是买家却说自己并未签收过商品。此时，就需要提供签收底单来进行判断。如下所示为客服人员与未收到货的买家对话场景示例。

客户：物流信息显示，我已经签收了商品。怎么回事呀？我根本没有签收啊。

客服：亲，请稍等。我帮您核实一下。

……

客服：抱歉，久等了，我这边已经和为您派件的物流公司核实过了，您的快递签收单上的签收人是门卫，并非您本人，但是您本人授权了第三方签收，请您去核实一下。

从对话中可以看出，该货物非买家本人签收，而是由买家授权的第三方签收，并且卖家提供了授权第三方签收物流，所以货物风险就要由买家承担。

②买家签收后发现少货。有的客户在签收后没有打开包装查看货物，带回到家拆开包裹后才发现货物少件。遇到这样的情况，售后客服应该第一时间和派件的物流公司取得联系，首先确认签收人与买家订单上的收货人是否一致，然后再要求当地物流公司提供买家本人签收底单。如下所示为客服人员与收到少件包裹的买家的对话场景示例。

客户：在吗？我明明买了两件，怎么只有一件呢？

客服：亲，我们发货都有专人安排，您再仔细看看。

客户：我签收了之后回家一看，数量根本就不对，我看了好几次了，你们太坑了。

客服：亲，您签收前有验货吗？如果有验货的话，您可以当场拒签，拒签后我可以联系物流公司索赔。现在您签收了，我们无法确定当时的情况，没有办法同意您退款的申请哦。

客户：明明就少发了，怎么还说是我的问题，那我只能申请淘宝客服介入了。

从对话可以知道，该货物由买家本人签收。通常在签收之前都要对商品进行验货，而买家并未验货。一旦发现货物少件，卖家提供买家本人签收的底单后，货物风险就要由买家承担，所以买家申请客服介入也是没用的。

3）货不对板纠纷

货不对板纠纷主要分为商品与描述不符、销售假货、赠品纠纷三种情况，下面通过案例来分析各种纠纷的处理方法。

①商品与描述不符。关于描述不符，淘宝网有着明确的规定："描述不符是指买家收到的商品或经淘宝官方抽检的商品与达成交易时卖家对商品的描述不相符，卖家未对商品瑕疵、保质期、附带品等必须说明的信息进行披露，妨害买家权益的行为。"具体

包括以下几种情形。

a．卖家对商品材质、成分等信息的描述与买家收到的商品严重不符，或导致买家无法正常使用。

b．卖家未对商品瑕疵等信息进行披露或对商品的描述与买家收到的商品不相符，且影响买家正常使用的。

c．卖家未对商品瑕疵等信息进行说明或对商品的描述与买家收到的商品不相符，但未对买家正常使用造成实质性影响的。

d．经核实，商品存在质量问题或与网上描述不符的，作退货、退款处理。

如下所示为客服人员与由于商品描述不符而申请退款的买家的对话场景示例。

客户：你们家的被子怎么回事？我明明买的是羽绒被，怎么给我发的是棉被？

客服：亲，我们的商品都是严格按照实物进行描述的，都是羽绒的哦！

客户：是啊，你们宝贝描述里说的是羽绒，但是发给我的是棉被。羽绒和棉的手感和材质都不同。

客服：亲，您说我们发的不是羽绒被，那要提供相应的凭证哦！不能您说是棉被就是棉被吧。

客户：那我只好申请淘宝客服介入了。我自己在被子中取出了填充物，明显是棉不是羽绒。

从上述的对话中可知，买家直接申请了淘宝客服介入。淘宝客服介入后根据商品的进货凭证（品牌授权凭证和进货发票）与买家反馈材质不符的凭证，判断责任方。若证实商品确实存在棉被充当羽绒被的情况，根据淘宝规则进行处理：交易支持退货、退款，卖家承担来回运费，并且给予卖家描述不符12分一般违规扣分的处理。

②销售假货。淘宝平台是严令禁止销售假货的，一旦买家提起纠纷，卖家不仅要全额退款，而且还将面临平台处罚的危险。因此，卖家千万不要冒险销售假货。

③赠品纠纷。部分卖家可能会很困惑，为什么买家还会因为赠品问题而与自己发生纠纷呢？实际上，从买家的角度来看，部分买家可能会认为虽然赠品是免费的，但“羊毛出在羊身上”；也有部分买家认为，他们的付款金额里面有一部分是赠品费用，因而对赠品可能会有所期待和要求。所以，卖家遇到赠品纠纷也就不难解释了。

那么作为卖家，我们该如何尽力避免赠品纠纷呢？可以从以下几个方面入手。

a．卖家挑选赠品时要慎重，质量太差会影响客户满意度，甚至可能引起纠纷。

b．保证赠品库存数量，严格按照订单约定进行发货；若无法按约定发放赠品，发货前应与买家沟通，征求买家意见。

c．卖家应在宝贝详情页里提示买家，赠品属额外礼物，请不要因赠品引起纠纷；若介意，提示买家勿拍等。这个提示一般可以在一定程度上降低买家因赠品而引起纠纷的概率。

d．如果买家因为赠品而引起纠纷，卖家需提供发货前与买家协商的沟通记录，提供详情页有关赠品的说明等信息，第一时间安抚买家情绪，同时引导买家取消纠纷。

4）严重投诉与维权

严重投诉与维权，是指商品存在的争议较大，而买卖双方的争议点依然集中在发货、换货、退款、补差价等问题上。但这些问题，双方各执一词，再加上售后客服与客户的交流不顺畅，导致客户出现诸多不满，从而申请淘宝客服介入。一旦投诉、维权成立，店铺将会面临严重的处罚。

店铺处罚的标准会因客户提出的投诉原因而不同，具体内容如下：

①恶意骚扰维权。恶意骚扰是指卖家在交易中或交易后采取恶意手段骚扰买家，妨害买家购买权益的行为。对此买家可发起恶意骚扰维权，维权一旦成立，店铺每次扣12分；情节严重的，视为严重违规行为，店铺每次扣48分。

②违背承诺维权。违背承诺维权是指卖家拒绝向买家提供其所承诺的各项服务，包括交易违反支付宝交易流程、拒绝使用信用卡付款、未按成交价格进行交易以及一切卖家做出承诺却没有做到的情况等。若买家投诉卖家有违背承诺行为，淘宝核实成立，将对店铺按每次扣4分、6分、12分不等的标准进行处罚。

③延迟发货维权。延迟发货是指卖家在买家付款后未在规定时间内发货，或定制、预售及其他特殊情形等另约定发货时间的商品，店铺未在约定时间内发货，妨害买家购买权益的行为。卖家的发货时间以快递公司系统内记录的时间为准。如果出现延迟发货的情况，商家需向买家支付该商品实际成交金额的30%（金额最高不超过500元）作为违约金，该违约金将以天猫积分形式支付。

售后客服在处理严重投诉与维权时，一定要注意对时间的把握，所有的投诉必须在3个工作日内让客户撤销维权，严格执行半小时跟进制度。此外，售后客服还应了解淘宝网受理争议的范围，以免店铺遭受处罚，最大限度地减少店铺的损失，如表5-3所示。

表5-3 淘宝网处理争议范围参考表

争议类型	产生争议的原因	后续跟进
售中争议	未收到商品	在付款后、确认收货前或在淘宝系统提示的超时打款的时限内，提出退款申请
	商品与描述不符	
	商品存在质量问题	
售后争议	假冒商品	在交易成功后的90天内提出退款申请
	描述不符	在交易成功后的15天内提出退款申请
	享受“三包规定”保障的商品产生的保障范围内的争议	在交易成功后的90天内提出售后申请
	虚拟物品未收到货	在交易成功后的15天内提出退款申请；虚拟物品的使用期限短于该期限的，买家应该在虚拟物品的使用期限内提出申请

5.2.3　中差评处理技巧

一般情况下，好评率越高的商品越多人购买，而一旦出现了中差评，则会使很多买家望而却步。因此，卖家应不断提高自身素质，对商品的质量、销售、发货和服务等进行完善。虽然无法保证能让每一位客户都满意，但可以尽量地避免或减少中差评出现的概率。

淘宝规定：若评价方做出的评价为中评或差评，在评价后的30天内有一次修改或删除评价的机会。若出现了中差评，卖家应尽量在有效时间内采取措施进行处理，减少中差评对店铺的影响。

（1）引起中差评的原因

如果店铺中出现了中差评，卖家应该理性对待，找出买家给予中差评的原因并解决问题。买家给中差评的原因一般有以下几点。

①买卖双方的误会。误会是产生中差评最普遍的原因，其症结主要是买卖双方在购物时有言语上的误会，如表达不准确，双方交谈不愉快等，都可能造成买家购买商品后给予店铺中差评。

②对商品的期望过高。很多买家收到货物后，觉得实物与想象中差别太大，没有预期的效果，但又怕麻烦就不想与卖家协商退换，于是给予卖家中差评。

③服务不满意。对店铺的产品、服务等不满意，或产品、服务等质量存在问题，觉得心里气愤，给予中差评。

④恶意竞争。现在网店的竞争非常激烈，有些网店为了打击竞争对手，会故意对竞争对手卖得好的产品进行恶意中差评。

⑤职业差评师。现在网上有一种专门以给网店差评为手段来索要店铺钱财的人，这些人叫作职业差评师。他们为了获取利益，人为地找一些因素，列一大堆不合理的问题，并对卖家给予中差评。

（2）中差评对网店的影响

中差评对网店的影响非常大，特别是对于等级不高的网店来说（如2钻以下的网店），中差评可能给网店带来致命性的打击，主要包括以下4个方面的内容。

①严重影响转化率。评价是买家挑选宝贝时的一大考虑因素。如果某个热销宝贝中出现了几个中差评，会严重影响买家的购买欲望。使本来打算购买宝贝的买家放弃购买行为，导致宝贝转化率下降，进而直接使产品销量下降，给店铺带来损失。

②影响宝贝搜索排名。宝贝好评率的高低对宝贝的自然搜索排名有很大的影响。一般来说，中差评越多，好评率越低，搜索排名越靠后，这就使卖家在其他同类商品竞争中处于劣势。

③影响活动。淘宝中的很多活动，如聚划算、淘金币、天天特价等都对宝贝的好评

率有一定的要求，低于这个要求的宝贝是无法报名参加相应活动的。而活动是宣传、推广店铺和宝贝的重要途径，不仅可以引进大量的流量，提高店铺产品的销量，对网店的形象也起到一定的宣传作用。若无法参加这些活动，店铺发展将受到限制。

④资源浪费。网店的竞争越来越激烈，推广成本也越来越高，为了使自己的宝贝让买家看到，店铺还要花巨额成本来引入流量，这些流量吸引来的买家如果因为宝贝的中差评而流失，将成为店铺的巨大损失。如某个宝贝的利润是50元，一个中差评导致宝贝滞销10个，那么店铺的损失就是50×10=500元。更何况，宝贝利润和导致滞销的宝贝数量远不止这个数。

因此，如果店铺出现了中差评，一定要根据对方给出中差评的目的、动机来进行及时的处理。

（3）致电修改中差评的技巧

当店铺不幸遇上了中差评，客服需要致电客户，请求客户修改评价。作为网店的客服人员，首先要树立售后服务理念，而不是把自己当成是处理中差评的团队。若让客户修改中差评，什么起着至关重要的作用呢？是好的态度，还是用钱来息事宁人呢？

其实客户是否愿意修改中差评，很大程度上取决于客服有没有让客户感觉到网店对他的重视，如果客户感受到自己被重视，接下来修改评价只是水到渠成的事情。

其次，客服需要掌握给客户打电话时的技巧，打电话前初步了解卖家的情况，购买情况从收货信息就能看出来，然后再开始打电话。致电环节主要分4个步骤，包括确认环节、道歉环节、解决环节和收尾环节。

1）确认环节

客服致电环节是第一步就是要确认信息，避免打错电话。换句话说，客服需要对客户的身份、产品的信息、评价的信息进行确认。此外，还要在通话刚开始的时候进行自我介绍，避免被客户认为是骚扰电话的嫌疑。

①确认身份。当电话接通之后，客服需要等待客户先说话，确认客户的性别，然后就可以与客户开始对话。例如：“您好，请问您是×××先生/小姐吗？”

②自我介绍。一个基础客服和客服经理分别给客户致电，客户的感受是截然不同的，职位越高的客服联系客户，客户越会觉得自己受到重视，所以在自我介绍环节，客服要学会包装自己。例如：“您好，我是×××网店的客服经理，我叫×××。”

③确认产品。当双方都清楚了对方的身份，客服便可以逐渐切入正题，向客户确认是否购买了自己网店的某一商品，简单明了地确认客户的购买信息。例如：“您好，我想了解一下，您是否在××月××日在我们××店铺购买过××品牌××颜色的××产品呢？”

④确认评价。当客服得到了客户购买产品的肯定信息之后，客服就需要切入正题，

直接说明来意，避免拖拖沓沓让客户觉得烦躁。例如："您好，我看您给我们一个×评，我想了解一下具体的情况是怎么样的。"

2）道歉环节

当客户确认了你的来意，必然会讲明自己给出中差评的原因。不管是什么原因，客服都要通过电话向客户道歉，声音中要透露出自己的诚挚，这也是电话沟通最重要的环节。

①理解。客户在抱怨的时候，客服要对客户所烦恼的问题表示理解，话语中要透露出自己的感同身受，语速不要过快，语调抑扬顿挫，语句有轻重之分，并在对方说话时适度重复对方所抱怨的问题，让对方认为你不仅在认真倾听，还在认真地进行记录。例如："我非常理解您的感受，我也觉得很气愤，如果是我碰到这样的情况，我也会很生气的。"

②歉意。给客户道歉是客服必须要做的，不管客服觉得是谁的责任，在通话过程中都要尽量让自己的语气听起来友好。例如："给您在购物途中带来不便真的十分抱歉，我代表网店全体工作人员向您致以歉意。"

3）解决环节

帮助买家分析原因，告诉买家出现这样的情况主要是什么原因造成的。客服可以参照上一节讲到的客户中差评原因进行分析，并结合具体的中差评原因给予有针对性的解决办法，并强调客户的评价对于店铺的重要性；但在这个环节，依然少不了表达歉意。例如：

"不管怎么说，我觉得都是我们这边没有做好，网上买东西本来就是买个开心，这次让您不开心了，我真诚地向您道歉！真的挺对不起您的。"

"因为您的中差评对我们小店来说还是有一点小小的影响的，如果您觉得××××，还有就是我的服务还不错的话，请您帮我把评价的等级提升一下。"

当客户同意修改中差评后，客服需要知道客户的修改过程，一是让客户感受到自己的一对一贴心服务，二是让客户立即解决评价的修改，否则稍不留意就会忘记。例如：

此时方便：那我这边直接指导您怎么修改，很简单的，只要一分钟就好了。

此时不方便：那您几点钟方便？等一下我用简单的几句话把修改的流程发送给您，以免到时候您找起来麻烦。或者您看8点左右我给您再来个电话，我直接指导一下您，这样您操作更容易一点。

4）收尾环节

无论客户是否答应修改中差评，客服都要表示感谢，并对麻烦客户帮忙修改中差评感到抱歉与打扰。例如：

真的很感谢您对我们工作的支持，打扰您了！我们一定把工作做得更好。

（4）把解释变成宣传的机会

做网店遇到差评是难免的事，客服除了引导买家发表好评，对中差评也可以做出更多解释，特别是对同行竞争和恶意差评师引起的中差评，在向淘宝官方申诉的同时，还能通过在评论下方解释，将其转变为宣传店铺的机会。

淘宝网规定在双方互评48小时之后，卖家可以对买家所做出的评价做出解释。在面对执意不改差评的客户，尤其是恶意差评师和恶性同行竞争时，客服只能通过对差评进行解释来证明自己的“清白无辜”；当然这也是宣传店铺的机会，在很大程度上可以让店铺转危为安。

客服在解释差评的过程中主要突出以下几个方面：

①对客户给出差评的原因有针对性地做出解释；

②注意解释的字数和语气，字数越多，态度越诚恳，越能说明自己对客户所提及的问题是积极、耐心、有诚意去解决的；

③给出承诺很重要，说明店铺对商品质量的保证、服务的态度及原则、售后问题解决的决心等，让之后的客户放心购买。

课后实训

背景资料：

2015年某月，顾客在国储电脑城购买了一台价值五千多元的电脑。详细描述如下：

当日，顾客走进电脑区时，营业员都忙着，有的在接待顾客，有的在理货，当时营业员A接待了顾客，并为顾客介绍产品，但由于顾客穿着很不得体，还问些不着边际的问题，总看些贵重的机器，而且时间已是晚上将近8点钟了，因此营业员也有些不耐烦，觉得肯定不会买，就爱搭不理的。顾客说；“能不能帮我介绍一下这款，我想给我儿子买台电脑，要好点的，上大学用！”营业员这会儿觉得，顾客可能会买，这才开始细心地为顾客介绍。过程中，顾客问回去有问题怎么办。营业员说：“没关系，有什么问题尽管找我。”最终达成了销售。

过了10天左右，这位顾客又来找这个营业员，说机器有毛病，首先笔记本开机只有桌面，剩下什么都没有，其次电池电量用得太快，要求退货。营业员与顾客协商，要求顾客到售后检测，顾客不同意，并说，电脑刚买没几天，就出现这样的问题，就是机器质量问题，并且你不是说有问题尽管找你的吗？这会儿又让我去售后。卖的时候挺好，有问题就往别的地方推。

实训任务：（要求结合项目五和项目六的内容来回答）

1. 客户异议分析，完成表5–4。

表5-4　客户异议分析

本案例属于哪种类型的投诉?
针对这种投诉，客服处理客户异议的思路是什么?

2. 客户异议处理。通过了解，查证后发现客户投诉原因在于：电脑开机只有桌面，其他什么也没有；脑电池电量损耗太快；认为售中客服要求其进行产品检测是在忽悠他；要求退货。

根据以上原因进行客户异议处理，填写表5-5。

表5-5　客户异议处理

步骤1：	
话术1：	
步骤2：	
话术2：	
步骤3：	
话术3：	
步骤4：	
话术4：	

3. 客户回访和关怀

通过三天的跟踪处理，该客户的异议已得到解决，请你通过电子邮件的方式向该客户编写一封关于针对此次异议处理的回访邮件。邮件内容包括客户对此次异议处理是否满意、是否有新的问题需要得到帮助等，字数要求500字左右。将邮件内容填入表5-6。

表5-6　客户回访邮件

邮件标题：	
邮件内容：	

项目六

售后客服的数据分析

项目导学

客服的工作质量是参差不齐的，那么客服的工作质量要以怎样的方式进行检验呢？数据始终是诚实的，它能提供科学化的考核标准，我们需要用数据来衡量客服的工作优劣。

通过本章的学习，我们将利用客单价、询单转化率、退款率、旺旺响应速度这四项来对客服的工作进行检验，以及改善这些指标的切实可行的方法，让客服的工作更上一层楼。

学习目标

1. 了解客单价、询单转化率的监控
2. 能够统计退款率和客服响应时间
3. 掌握售后数据的分析和客服能力的改善技巧

学习框架

6.1 客单价、询单转化率的监控

6.1.1 客单价的监控

客单价是指网店每一个顾客平均购买商品的金额，客单价也即是平均交易金额。客单价的计算公式：

客单价=销售总额（除去打折等优惠之后算出来的钱）÷顾客总数。

例如，某个店铺有5位客户前来购买商品，他们的总成交金额是1500元，那么客单价就等于总的成交金额1500元除以成交用户数5位，客单价就是300元。在购买客户、成交数量同等的情况下，哪个店铺的客单价越高，店铺总的营业额也就越高，相对而言其利润也就越高，所以客单价对整个店铺的营业额是有巨大影响的。客服客单价决定店铺客单价，所以在客服工作中，客单价也是一个极为重要的指标。

表6-1所示是某女装店的3名客服一周的成交量情况。通过数据的对比，我们可以看出，即使是同一个网店的客服人员，由于销售技巧的不同，客单价的差别也是很大的。我们通过数据可以分析出这3位客服在销售中的一些特点：客服A的成交笔数较高，但每个订单拍下的平均商品件数不多，说明客服A的商品关联销售能力仍有欠缺，如果客户购买的件数较多，他的客单价还有上升的可能；客服B的成交笔数是最高的，每个订单拍下的宝贝数量也是3位客服之首，说明客服B有着较强的销售能力，他能在较短的时间内说服客户购买更多的商品，但我们看到他的客单价反而是最低的，这就说明客服B可能向客户推荐的都是低价位产品，这就导致了客单价不高的状态；客服C的成交笔数是最低的，但客单价反而是最高的，这说明客服C向客户推荐商品的过程中更多倾向于高价位的产品。

表6-1　某女装店的3名客服一周的成交量情况

客服	接待人数	成交件数	成交笔数	成交额（元）	客单价（元）
客服A	566	402	288	50000.5	172.40
客服B	680	522	298	40002.3	137.50
客服C	495	444	205	51200.4	256.32

结合3位客服的销售特点和客单价的高低情况，我们可以看出客单价的高低可能和

客服的引导购买销售能力、关联销售能力以及商品价位选择销售能力有关。下面就从这3个方面讲解客服提高客单价的方法。

（1）启发客户的购买需求

很多时候，客户的需求是潜在的、隐形的，他们对于自己想要购买什么的诉求并不明确，这时就需要客服的引导。除了前面所讲的要运用所学的商品专业知识突出商品的优势以外，还要向客户介绍店铺商品的活动，从价格方面引导客户购买。

1）特价活动

经常可以看见一些网店选择节庆日对商品进行促销，如在商品原价上的直接打折、买满包邮、买满减、买一送一等活动，如图6-1所示。客服需要给客户介绍店铺的特价活动，让客户感到这样的活动是难得一遇的，再加上对产品优势的解说，激发客户潜意识对商品的购买欲望，增加客户的购买量，从而实现客单价的提高。

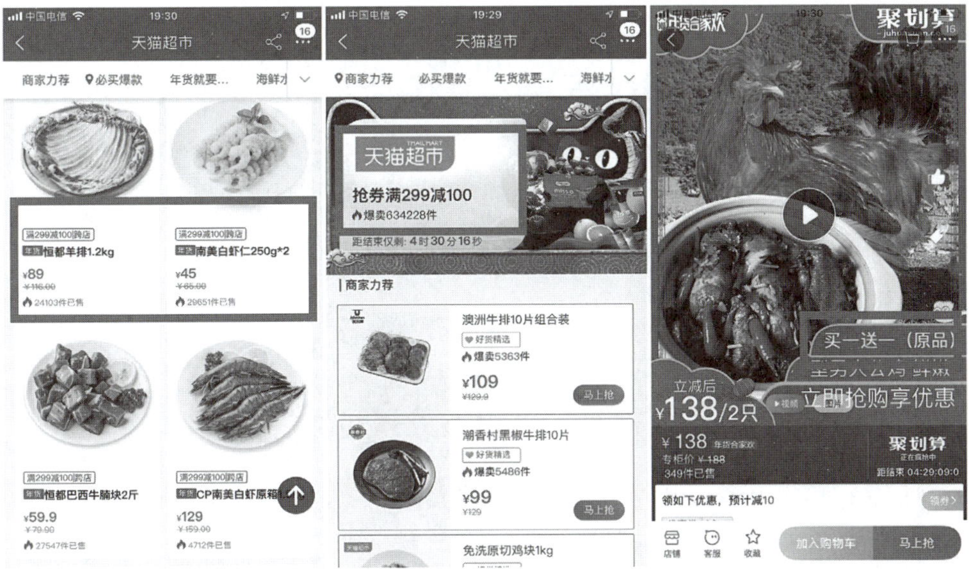

图6-1　常见的店铺特价活

2）限时限量抢购

为了提高销量，卖家经常会参加一些淘宝举行的规模较大的商品特卖活动，如聚划算、天天特价等。客户往往会被这些活动中低廉的商品价格所吸引，而此时客服需要做的就是不断向客户讲解活动的力度、活动时间的紧迫性、库存数量的有限，在客户的购买心理上造成一种稀缺性，增强客户的购买欲望。下面是淘抢购上的一款产品的限时限量抢购活动，如图6-2所示。

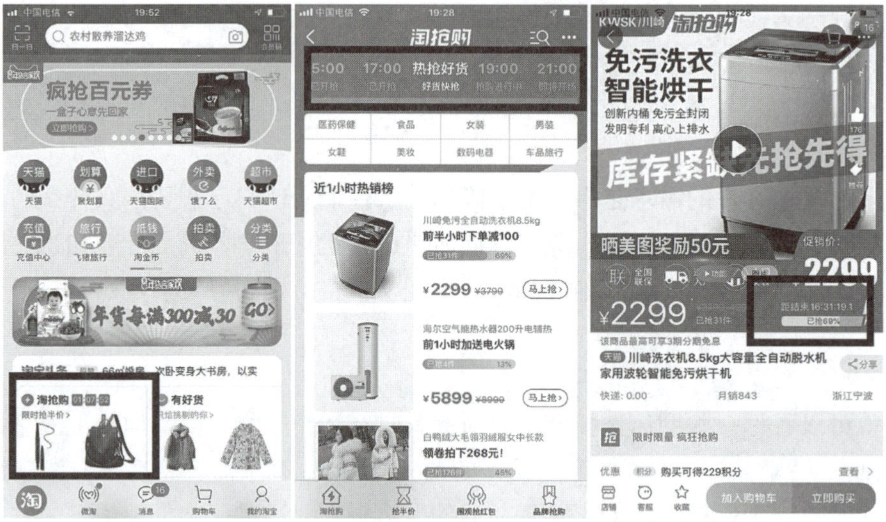

图 6-2　限时限量抢购活动

3）权威推荐

通过前面客户购买心理的学习，我们了解到客户购买环节的求同心理，这其中还有一个很重要的信息，即对权威的认可。在销售商品的过程中，客服与其费尽口舌地介绍商品的各种优势，还不及来一句“这是×××推荐的”，客户对权威的认可便转移到对商品的认可上。客户有了这样的购买心理，客服的销售就变得简单多了。图6-3就是某些明星推荐的产品。

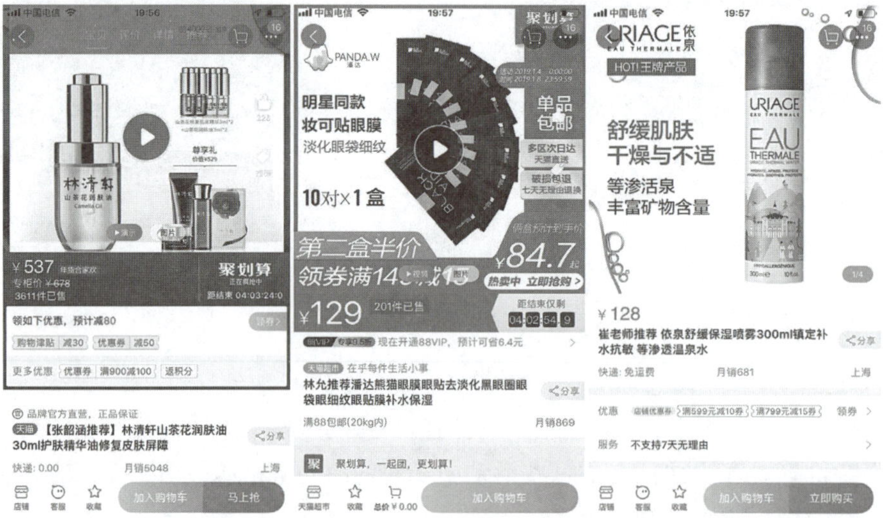

图 6-3　明星推荐的产品

（2）合理的搭配销售

客单价的高低是以客户的订单价格来计算的，例如一位客户在一次下单中拍了4件商品，总共是800元，那么客单价就是800元，与客户购买商品的平均价格是没有关系的。所以我们通常认为，客户买的东西越多，客单价也就越高。这就要求客服在进行销售的过程中要注意搭配销售，商品的关联性越强，组合得越合理，就越能激起客户关联购买的欲望，客单价自然也就越高。搭配销售是客服提高客单价的又一个武器。

商品之间的关系可以分为三种：同类型商品、互补型商品和没有关系的商品。怎样理解这三种商品之间的关系呢？这里举一个例子来说明，一个消费者进入了一个婚纱的商品页，另一款婚纱与这件婚纱的关系便属于同类型商品的关系，而手套、婚鞋、新娘头饰是这件商品的互补型商品，短裤和短袖就可以归入没有关系的商品行列。销售商品时，客服一般要选择关联销售的同类型商品和互补性商品；除此之外，价格型的商品关联和数据型的商品关联也是常见的商品关联方法，如图6-4所示。

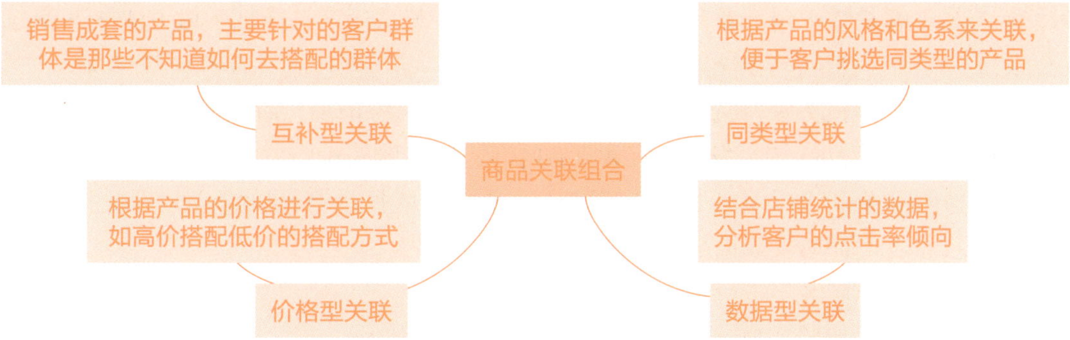

图 6-4　常见的商品关联组合方式

1）互补型关联

商品的互补型关联是指将搭配这件商品的周边产品进行搭配销售，免去了客户对“怎样搭配”的担忧。这类推荐适合嵌入式关联，可放在宝贝描述的各个地方，抓住买家最初的购物意向。例如，在上衣的页面里推荐牛仔裤，买了泳衣可以看看泳帽。客户在购买主推宝贝的同时很可能同时购买相关宝贝。

若卖家在衬衣页面加入了对裤装的推荐，那么客服在向客户推荐衬衣的同时，可以附加推荐裤装，并以搭配得体美观、免去自己再次搭配、裤装耐看百搭等特点说服客户进行购买，从而提高客单价。

2）同类型关联

所谓的同类型关联是指商品在内在属性、使用方法、外在美观性等各个方面具有相似的地方时，客服需要对这类商品进行组合分类。当客服清楚地了解客户的需要后，在向客户推荐商品时才能更具有选择性。推荐与主推宝贝相似的宝贝，为客户提供更多的选择，也增加了客户购买的可能性。

3）价格型关联

在项目二的客户购买心理的学习中，我们了解到一部分客户购买商品是源于求廉心理，他们习惯在商品的价格上精打细算。所谓价格关联就是客服在搭配商品的时候注意商品价格的搭配。较为理想的搭配方法就是“高价位商品+低价位商品≈高价位原价”，这样的搭配方式会让客户感觉非常实惠，用一件商品的价格换来了两件或更多商品，他们当然愿意以套餐的形式进行购买，这样一来，客户购买的商品数量就多了，客单价自然也就上去了。

4）数据型关联

数据型关联就是根据之前客户的浏览情况、购买情况等数据信息，推测商品搭配的可能性，站在客户需求角度对商品进行关联销售。一般采用两种数据关联方法，下面分别介绍。

第一种方法是按买家购买记录来挑选。导出宝贝销售记录，看购买了A商品的客户同时购买了哪些商品，如果发现买了A商品的客户同时购买B、C、D商品的概率较高，那么就把A商品关联上B、C、D商品。以这种方法为依据进行的商品关联是比较常见的。客服在推荐商品时要以商品搭配销售的销量和客户的喜爱程度为依据向客户进行销售，如图6–5所示。

第二种方法是按照客户的浏览习惯进行的数据型关联，客服要关注“正在浏览E商品的人更喜欢浏览哪些商品”的数据统计，并实时做好统计。例如，发现浏览了E商品的人又浏览了F、G、H商品，这些也能成为商品关联的依据。

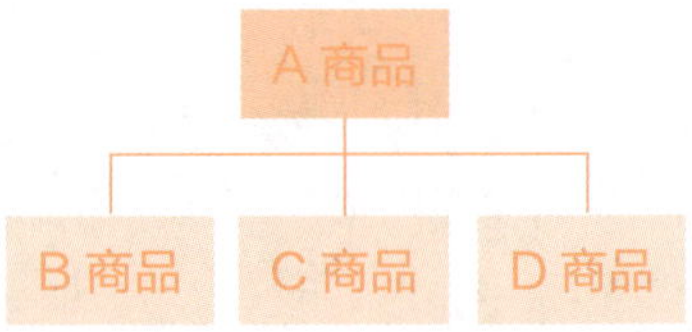

图 6–5　客户购买概率形成的数据型关联

（3）适当推荐高价位的新产品

对客服的销售而言，提高客单价的另一个因素就是商品的价位。如果一个客服在销售过程中总是主打特价、低廉价格的商品，费了很大的力气客单价还是上不去；但是如果商品本身的单价就比较高，客单价自然也跟着上升。我们来看看商品的生命周期和价格周期。

图6–6所示为商品的生命周期，从图中可以看出，商品的利润和商品的销量并不成正比。曾经普遍认为，商品的销量高了利润也就高了，但这样的认识难免太过片面。随着商品销量的提高，伴随而来的往往是更多的竞争对手，市场竞争白热化，产品、服务同质化严重，企业利润呈现微薄甚至负盈利等现象，反而在产品的新品成长阶段由于竞

争对手少，投入的成本少很多，致使这个阶段成为赢得利润的最佳时间段，这也是为什么客服在推荐销售商品时要注重新品推荐的原因。

同样的，图6–7揭示了商品价格的周期变化。从图中可以看出，任何商品的价格都不能一直稳定不变，为了促进销量、保证利润，卖家总会通过升降价格来刺激客户的购买，当商品开始降价的时候是客服以价格刺激客户购买欲望的最佳时机。

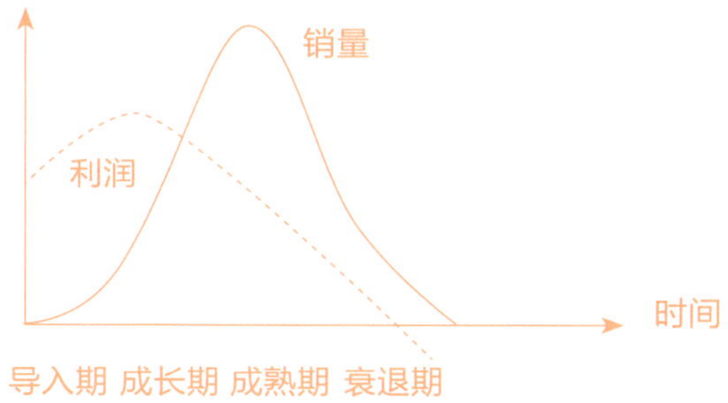

图 6–6　商品的生命周期

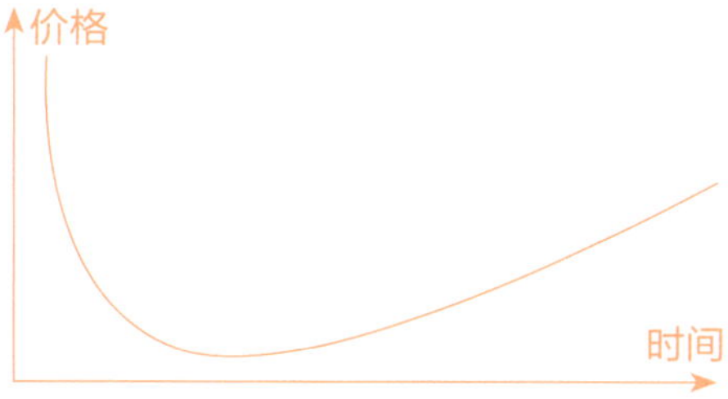

图 6–7　商品的价格周期

前面学习了为什么要通过介绍高价格的新产品来提高客单价，下面介绍如何通过与客户的沟通促进客户对高价商品的购买。

1）分析客户群体

客服对高价位产品的推荐可不能随意，不然很容易吓跑客户。要因人而异，需要对客户的价格需求与购买力进行合理分析。当客户说出与下面类似的语言，那么，客服就可以为这个客户介绍一些高价的产品。例如：

我不喜欢价格太便宜的，质量没保证。

价格高低都无所谓，只要商品安全系数高、质量好就行。

我买东西就图个放心。

客服可以通过客户自己的介绍以及需求的表达，挖掘出客户购买商品最在意的一些因素，当获知客户考虑最多的不是价格因素之后，就可以向客户推荐一些价格略高的商品。当然，客服对客户心理价位的了解，还可以通过直接询问客户的方式获得，推荐的产品价格应该比客户所能接受的价格稍高一点。

2）突破销售高价产品的心理障碍

客服要敢于大胆地推荐价格高的产品。要知道，销售低价产品和高价产品所付出的时间和精力其实是一样的。既然这样，何不在销售过程中把销售重心放在高价产品上呢？有些客服总觉得销售价高的产品心里过不去，就好像自己“宰”了客户一样，甚至还会担心客户购买力不够，其实这是一种很不健康的销售心理。

客服首先要知道产品给客户带来的价值是不能用付出的几十或几百元直接衡量的，我们销售产品给客户，真正受益最大的是客户而不是我们。其次，客服要相信客户的购买力永远比我们想象的要大，我们没有帮客户选择他真正想要的适合他的好产品，那才是真正的失误。

在销售的过程中，为客户着想推荐的第一款产品价格要尽量往高走，如果客户接受不了这样的价格，我们可以换别的商品或者通过议价来达成一致，这是客服想要保持较高客单价必须要做到的。

3）合理的引导劝说

客服一定要有“一分钱一分货”的概念。价格高的产品有价格高的理由。选准理由，旁敲侧击地劝说客户拍下付款可是很重要的，那么客服在劝说客户接受高价位产品时都会找一些什么理由呢？

①商品的使用时间。价格高的产品在质量和售后方面有一定的保障，也就是商品的耐用性更强，客服可以以此作为卖点，以商品的耐用程度说服客户购买。例如：

亲，乍看上去好像这件衣服真的不便宜，可您可以这样想啊，呢子大衣的耐用性很强，再加上我们使用的是上等材料的面料，在服装的版式设计上也是极为经典的款式，可以穿好几年都不过时呢。其他便宜的衣服可能今天穿了，明天就不成型了。从平摊价格这个角度来看，这个衣服也是很划算的呢。

②品牌的魅力。品牌自身带有的吸引力也是客户选择高价商品的原因之一。客服可以从品牌的知名度、社会评价等方面介绍品牌独有的魅力，吸引客户购买。例如：

亲，你也知道coach的包在时装界很有名，很多明星都有收藏使用，更何况这是限量版的包，所以价格自然会贵一些，但它带给您的回头率一定是极高的，您真的可以考虑入手这个品牌的包。

③客户面子的需要。客户有时候因为要送礼才购买商品，这时候重点宣传产品的档次高可是让客户购买高价商品的好办法，例如：

亲，既然是送朋友，这个价格的礼物可是很划算的，我们准备的礼品盒也是非常精美的，送给亲朋好友很有面子，很上档次的。

④质量安全的保障。商品的价格越高，其质量安全就越有保障。让客户在购买与使用的过程中更加的放心，安心是客服提高客单价的着手点之一。例如：

亲，既然是给小朋友使用的玩具，安全系数可是第一位的。我们的这款产品是从德国进口的，玩具的材料、配件等都经过严格的检测，我们可以为您提供质量说明书，产品的价格虽然比其他玩具略贵一点，但为了孩子的安全着想也是很值得的呀！

客服都知道，新产品的生命周期、盈利周期都比老产品更有优势，所以客服要注重高价位新产品的销售，把以上几个方面作为劝说客户的最充分的依据，从而提高客单价。

6.1.2　询单转化率的监控

转化率最开始运用于试产调查，后延伸到电子商务领域对客服工作的考核中，便有了询单转化率的概念。询单转化率是指客户进入网店后，通过咨询客服后完成的商品交易情况，即经过咨询客服下单成交的客户数与询问的总客户数的比例。计算公式为：

询单转化率=咨询付款人数/咨询人数

例如，有100个客户向某位客服咨询商品的相关信息，其中有40个客户下单购买，那么这位客服的询单转化率就为40%。这里所说的咨询总人数是指除去了小广告、恶意骚扰等，真正咨询商品本身的聊天人数。

客户进入店铺后，会通过两种途径来下单购买商品：一类客户选择直接下单购买；而另一类客户需要咨询客服，确认了疑惑信息后才进行购买。前者订单的转化情况被称为静默转化率，与网店推广和店铺的页面详情有很大关系；后者则与店铺的询单转化率相关，而店铺的询单转化率与客服的工作有着莫大的关系。询单转化率主要反映的是客服的专业能力。买家既然选择了咨询，就说明他已经产生了购买意向，一般只要有正确的引导，成交的概率就能达到90%。询单转化率越高，说明客服能力越强。本书主要对客服的询单转化率进行讲解，并介绍用数据来衡量客服的工作能力以及提升客服询单转化率的方法。

（1）坚定客户的购买意愿

客户主动向客服咨询，说明买家已经产生了购买意向，只要有正确的引导，成交的概率很大，可为什么很多客户在咨询客服的过程中反而动摇了他们的购买意愿，最后放弃了购买呢？作为客服人员，最苦恼的莫过于客户购买意志的不坚定，时不时拒绝客服的推荐。而对于询单转化率而言，客户的拒绝，往往是拉低转化率的罪魁祸首。作为一名优秀的客服，引导客户坚定购买信心是提升转化率的工作使命，那么我们就从客户的拒绝着手，对这些拒绝理由一一应对，说服客户买下商品。动摇客户购买决心的原因如图6-8所示。

客服在工作过程中要善于发挥自己的专业精神，在客户的购买过程中不断给予他们心里暗示，坚定客户的购买意愿，促进询单转化率的提高。

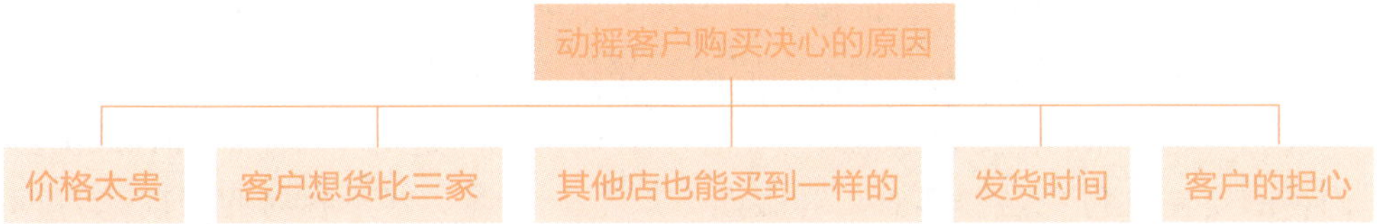

图 6-8　动摇客户购买决心的原因

1）价格太贵

价格太贵是客户拒绝理由中被运用次数最多的，也是较为敏感的拒绝理由。这个时候客服可要仔细权衡了：议价是一些客户的习惯性行为，这类客户可能购买意愿是很强的，但他们欲擒故纵，故意借口说一些“太贵了，我不买了”之类的话，其目的是让你主动降价；当然还有一类客户是确实觉得太贵了，如果能便宜一点就拍单付款。客户议价的心理客服很难进行判断，那么客服在面对这类拒绝理由时，首先要了解关于价格的一些问题。例如：

①我们店铺的价格在价格上处于整个行业类似产品中的什么水平？

②竞争对手的定价在哪个价格区间？

③这个产品卖出的最低价是多少？

④我们的利润空间有多大？

⑤商品对于客户是必需品吗？

理清了上面的几个问题，客服对网店商品的价格就有了一些了解，如商品的定价规则、定价的市场竞争力、定价面向客户等知识。下面就需要将学到的价格知识好好运用起来。在面对因价格因素拒绝购买的客户时，客服又应该怎么做呢？我们来看看下面这个案例。

客户：你们的价格太高了，还是算了吧。

客服：亲，您觉得您能接受的价格是多少呢？

客户：那就200元吧，就把零头抹了吧！

客服：亲，我们的原价是298元，200元确实做不来啊。您看我们店庆活动的时候都是大让利，活动价258元，您看我们以活动价给您可以吗？

客户：嗯，行吧，如果你们有小礼品，记得送给我哟！

议价的范围在客服所能把控的范围内，既没有让客户失望，又以商品的最低价平衡了客户的心理，促使订单迅速完成，提升了询单转化率。

切不可自乱阵脚，一听到客户因为价格问题放弃购买就自动降低价格，要将价格的主导权控制在自己手中。

2）客户想货比三家

淘宝上的商品不仅种类繁多，同类同款的商品数量也不在少数。客户可以对同类同款产品在价格、质量等各个方面进行科学的比较，从而挑选出自己最满意的网店进行购买。而网店则多了更多的挑战，但也有利于卖家不断提高自己的商品性能。

网络购物深受大众欢迎的其中一个原因，就在于客户只需通过网络就可以在一个开放的平台上对比商品的优劣，选购最合自己心意的产品。这对于客户而言有了更多的选择，购物的自主性也更强；但对于客服而言却十分头疼，好不容易迎来前来咨询的客户，可客户总以“我想看看其他家的”为借口拒绝购买，中途跑了，买了其他店的商品。这无疑给客服工作带来了巨大的挑战，但客服一定要切记，货比三家是客户购买商品的权利，客服可不能强制客户购买。不过，客服难道就要眼睁睁看着客源流失吗？当然不能。我们先来看看下面这个案例。

客服：亲，您还有什么疑问需要我帮您解答的呢？

客户：哦，没有了，谢谢啦！

客服：这是我应该做的，如果您方便现在就可以下单的，我会安排仓库为您优先发货哦！

客户：哦，我想再看看其他家的商品，多对比对比。

客服：行的，亲，您可多看看，多比比，说不定会更喜欢我们家呢！嘻嘻，您看我半个小时之后再联系您好吗？

客户：好的，谢谢你啦！

从上述案例中可以看到，客服把选择权留给了客户，让客户感受到了卖家对他的尊重。这是因为客服深知，客户在购物环节中不仅仅有对所要购买商品的需求，还有对服务的感受。必要的时候与客户约定联系的时间，可以让客户感受到自己得到了重视。即便是客户看了无数同类的产品，而这些产品在价格上更优于你，但若是你的服务做到了让客户满意，那么这个客户最终也非你莫属。这样你还会发愁询单转化率上不去吗？

3）其他店也能买到一样的

当客服尽情介绍着自己商品的质量保障、售后维护等优势时，客户一句“其他店铺也能买到一样的”犹如一盆冷水不禁把客服的热情一下子浇灭了，这个时候客服应该怎么办呢？

客户去购买商品时，对于商品的了解毕竟只是某一个方面或仅仅局限于某一个功能，但客服可是产品的全知者，挖掘产品的潜在功能，突出产品独有的特色优势是客服应对这类拒绝最有利的武器，能在一定程度上劝说客户留下购买，促进询单转化率的提升。客服需要思考自己的产品所存在的独特优势，比如：

我们商品的卖点在哪里，会给客户带来什么好处？

我们网店的产品与其他店铺的产品有什么不同，或在服务上有什么不同？拿出证据，证明自己的产品是值得购买的，这就需要客服掌握商品的生产数据和事实证据。

归纳了上面的几个问题，客服对网店商品的优势就会有一些了解了，在说服客户留下购买时劝说客户的语言也会更加具有说服力。那么客服具体应该怎么做呢？让我们先来看看下面这个案例。

客户：我看网上和你们卖的一模一样的款式有很多，我没有必要非在你们家购买呀，别人家还便宜一点。

客服：亲，我们的宝贝在网上的确有很多高仿款，其他的我不敢说，但在商品质量和售后服务方面，我们家是最有保障的，其他网店只能模仿我们的外在样式，却无法比拟我们的内在质量。

客户：那你们的质量有什么不同啊？

客服：亲，您也知道这款衣服的特色在于防水性能，我们的衣服可以盛水，并且放置一个月也不会漏水的，防水性能是很好的。虽然其他店铺也会主打防水性能的特点，但其防水性远远不如我们的商品。

客户：哦，是这样呀，那我就在你们家购买吧！

注意：客服要在不诋毁同行的情况下，站在事实的角度重点阐述自己产品独一无二的质量优势，以打动客户。

4）发货时间

客户不喜欢等待，他们大都希望能够尽快收到所购买的商品，这对网店的发货速度和物流的运输速度要求较高。有的客户对商品的迫切性很强，如果卖家发货速度不能满足客户的紧迫性需求，客户便会放弃购买。那么合理的发货时间是多久呢？其实网店的发货时间并不固定，需要客服根据店铺的规模、发货习惯等回答客户。大多数店铺为了规避延迟发货的投诉，将发货时间定为下单付款后72小时内，可这有可能会错失一些紧急客户的订单，对店铺的询单转化率可是不利的，我们来看看下面这位客服是如何应对的。

客户：你们什么时候可以发货呀？办公室打印机坏了，每天都有很多文件需要打印，我这边很着急，等着用。

客服：亲，您好，我们会在您拍下后72小时之内发货，可如果您很着急，我们可以为您优先发货的。

客户：真的吗？那大概什么时候可以发货呢？

客服：如果您在16：00点前完成付款，我们今天就给您发货。

客户：那就太好了，我立刻付款。

注意：如果客户明确表示自己的购买条件就是快速的发货和较快的物流，那么对于客服来说，掌握客户的购买条件，并尽最大可能地达成客户预期的效果，就能促成这笔交易，但切记要量力而为，优先发货的承诺可不能随随便便许诺给客户，客服必须要确保自己真的能够做到，自己所选择的快递可以如期送到。但凡遇到客户着急要货，客服都承诺优先发货，这是不现实的，对其他客户来讲也是不公平的。

客服能够尽快地给出客户满意的发货时间，并迅速抓住客户，促进询单转化率，固然是一件好事，但既然给出了这样的承诺，就一定要说到做到。有些客服为了提高询单转化率，会做出一些无法完成的发货时间的承诺。在这种条件下，如果达不到客户的发货时间要求，倒不如提前诚实地告知客户，否则询单转化率倒是上去了，投诉和售后的数量也跟着上升了。

5）客户的担心

客户拒绝购买的另一个原因在于客户的担心，担心什么呢？客户的担心可能更多集中于对网络购物的不信任，如怕遇到骗子、对商品的质量不放心、售后有没有保障等。客户的这类担心是很多的，原因也是各不相同的，但他们的担心都有一个共同的暗示——不想买了。

客服在面对客户的担心时，要了解客户为什么不想买了，找到原因，攻其重点，消除客户的担忧。我们看看下面这个客服是怎么做的。

客户：我还是不买了吧，我有点担心。

客服：亲，您担心什么，可以和我说说吗？

客户：真的吗？

客服：亲，您是担心我们的商品存在质量问题吗？还是对我们所做的售后承诺不放心呢？

客户：说实话吧，我担心你们卖的是假货，而且选择衣服的大小也不知道是否合适，也没有试穿过。

客服：亲，我非常理解您的心情，但我们郑重承诺，商品是接受专柜验货的，如果检验出是假货，您只需让专柜开一张鉴定报告，我们会做出三倍赔偿的。至于您担心的衣服大小问题，我们接受7天无理由退款。此外，我们还为您购买了运费险，退货换货运费都不用您承担的，这点您大可放心。

客户：这样的呀，那我就可以放心购买了。

注意：客户临时放弃购买，可能是心里突然出现了某种担心，这种担心可能是多方面的，说出来就好了，可如果他们不愿意告诉客户或者自己也不是特别清楚为什么准备放弃购买，客服这时就不能再继续纠缠着“您有什么好担心的”这类开放式的问题，而应该给客户准备几个封闭式的选项，只有找到问题的关键才能对症下药。这时客服的耐心可是少不了的。

客服面对客户的担心时要通过不断的提问，问出客户实际担心的问题，再通过针对性的解释来消除客户心中的担忧，让客户尽快下单，促成询单转化率的提升。

通过以上知识的学习，我们明白了客服应如何应对客户的各种拒绝理由，引导客户坚定购买意愿，下单付款，提高客服的询单转化率。为了更好地记录客服的工作具体情况、分析询单转化率的高低原因，很多网店制定了专门的表格供客服填写，如表6-2所示。通过这样的表格，一方面可以让卖家了解客服的短板在哪里，更有针对性地进行辅导和培训；另一方面，也可以让客服人员通过表格明白自己当时的失误在哪里。

表6-2 客服服务记录表

客服号									
咨询时间	客户旺旺ID	咨询内容	回复内容	是否拍下	未拍下原因	是否付款	未付款原因	做出的补救措施	备注

（2）紧跟客户完成付款

前面将注意力主要集中在鼓励客户下单的环节，但付款是否才是订单是否有效转化的关键，所以客服要在客户下单后请客户付款。

很多客户在拍下订单之后迟迟未付款，时间一长要不就忘了付款的事，要不就是购买欲望降低了，直接关闭订单，这可是让客服们最为头疼的一件事情。如果遇到客户下单未付款的情况，客户需要紧跟下单客户完成付款。这时适当的催付必不可少，下面介绍客服催付的技巧。

客服在催付的过程中，切忌直接要求客户进行付款，这样会让客户感到很不舒服，我们将客服的正确催付技巧概括为以下4点，如图6-9所示。

图6-9 客服的正确催付技巧

1）从到货时间上暗示客户尽快付款

网上购物最让客户感到无奈的便是等待，不像在实体店购物，付款即可拿到商品；而等待也分先来后到、轻重缓急，在网上购物有一条通用于各个店铺的规则——先付款先发货。网店仓库在发货时，除了标注的紧急优先发货的商品外，都是按照付款的订单先后顺序进行打包发货的。客户越早付款，卖家越早发货，所以客服可以利用这一点对客户进行催付，让客户尽快付款。例如：

亲，您在16：00点之前付款，那么今天就可以为您安排发货。最近仓库发货紧张，先付款先发货哦。

2）从促销活动的时效性上提醒客户付款

网店为了积聚人气，会开展一些让利促销活动，但店铺的促销活动是有一个时间期限的，如果错过了这一期限就不能享受到相应的优惠了。客服可以利用促销活动对客户的吸引力进行劝说，以促销活动的时效性作为催付理由，引导客户付款，促进询单转化率的实现。例如：

亲，我们店铺的周年庆活动马上就要结束了，今天是活动的最后一天，活动一结束商品就都恢复原价了，请抓紧付款哟，谢谢。

3）从商品本身的优势和热销程度上忠告客户

商品的销售量和受欢迎程度决定了商品是属于供不应求还是供过于求，及时告知库存量对于客户快速付款也是有一定作用的，尤其是当货品供不应求的时候，对货品的数量紧缺的提醒可以加速客户产生对商品"快没了"的担心，从而迅速付款。客服可以利用这一点，促成询单转化率的提升。

亲，我们店铺的周年庆活动马上就要结束了，今天是活动的最后一天，商品的库存不多了，请抓紧付款哟。

4）从解决客户付款疑惑的角度上进行提醒

很多客户由于在付款环节上遇到一些问题，但又苦于无人帮助他解决，只能选择放弃付款。作为专业的客服人员，怎么可以因为客户的支付问题白白失去客户呢？指导客户完成支付，也是客服提高询单转化率需要完成的工作。在前面章节我们学习了支付宝的支付流程，但在淘宝支付上还有很多其他的支付方式，例如余额宝支付、网上银行支付、信用卡支付等，客服需要对淘宝网的支付流程进行全方位的掌握。通过支付流程进行询问也是客服催付的一个很好的借口。例如：

亲，我看到您还有一笔订单没有完成付款呢，是在付款环节遇到什么困难吗？如果有需要我可以为您解答的，我可是全能的小客服！如果需要帮助，您可以随时联系我哟！

6.2

退款率和响应时间的统计

6.2.1 退款率的统计

退款率是指卖家在近30天成功退款笔数占近30天支付宝交易笔数的比率，其计算公式为：

退款率=近30天成功退款笔数/近30天支付宝交易笔数×100%

客服的退款率就是经由客服服务成交后的退款订单数与客服总成交订单数的比率。退款率过高会导致店铺商品单一维度搜索默认不显示，对店铺评分系统有很大的影响，所以客服在工作中要降低客户的退款退货概率。

（1）商品退款的原因

影响退款率的因素有很多，有的源于商品本身，有的源于客户偏好，如前面提到的对商品的真伪表示怀疑、对商品质量的不满意、对物流的不满意等诸多原因，其中因为产品本身的因素导致的退款单数是最多的。

1）对商品的质量、大小不满意

客户对商品的质量、大小不满意，可能出现两种情况：一种是商品本身存在着一些质量上的缺陷，如商品损坏影响使用；另一种是商品无使用上的缺陷，但距离客户的心理预期有一定的差距，常见的有色差问题、宝贝与描述不一致问题等。

2）对商品的真伪表示怀疑

商品的真伪也是客户十分看重的方面。客户对商品真伪的怀疑，主要是由于出现使用不适的情况或从商品的外在包装上看出差别。一旦客户对商品的真伪产生怀疑，一定会非常生气地要求网店进行退款赔付。

3）对客户的服务态度不满意

客户收到商品后，可能会对商品存在着一些不满意。当客户找到客服，并向客服反映商品的某些瑕疵后，聪明的客户一定会首先道歉，并尽可能对客户的抱怨进行弥补。但有一部分客服却高高在上，极力推荐责任，甚至对客户说出不礼貌、不文明的用语，激起客户的怒火，从而小事化大，最终导致客户的退款。例如：

客户：衣服我收到了，可为什么这么多线头啊？看起来很劣质。

客服：衣服有线头很正常，你用剪刀剪一下不就好了吗。

客户：你怎么说话呢！

客服：是啊！几十块钱的衣服，你想怎样的质量啊？要想没线头，你挑贵的买呀！

客户：你这人会说话吗？给我退货，我还不要了呢。

4）对物流速度表示不满意

商品的到达时间影响了客户对产品的使用，这可是让客户十分生气的。一些客户为了加快客户对商品的购买进度，肆意夸大客户收到货品的时间。等客户付款后，发现快递的运送时间与客服所承诺的相悖，不满也就在所难免。设想客户计划在三天之后使用某件商品，可商品在第五天才送达，那么这件商品对于客户而言就失去了意义，自然客户会选择退款。

5）其他原因

当然，导致客户退货的原因还有很多，诸如客户收到商品后不喜欢、卖家发货后才发现拍单错误、收到商品后发现暂时不需要了，等等。无论是属于商品本身还是客户本身，商品被退的理由也是各种各样的。

（2）降低商品退款率的弥补措施

在前面学习了如何通过售前过程来降低客户的退款率，如明确说出商品可能出现的瑕疵，降低客户的期望值；结合网店的实力，量力而行做出承诺等措施。可如果客户已经出现了退款意识，客服又该怎么做呢，图6-10总结了降低商品退款率的三个步骤。

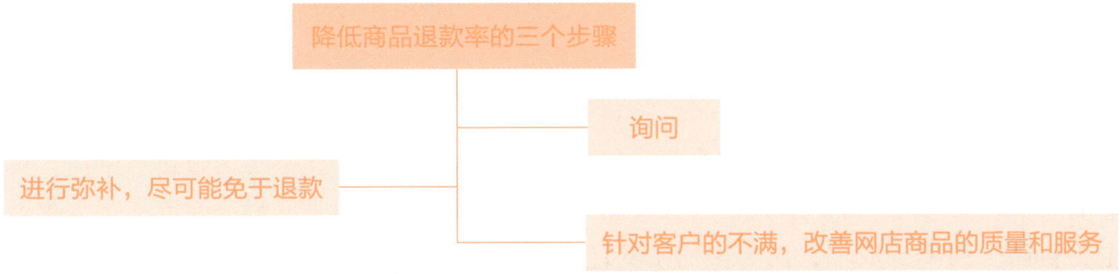

图 6-10　降低商品退款率的三个步骤

1）询问

当客户收到商品，主动联系客服说明自己有退款意愿的时候，客服一定要主动而耐心地询问客户的退款原因，分析客户所提出的问题是否能够解决，不能客户一提出退货要求，客服就立刻答应。应多用下面的话术回复。

您好，方便告诉我您想要退款的原因吗？

我们没能为您带来完美的购物体验，真的十分抱歉，可以告诉我们您不满意的原因吗？

是我们的商品或服务让您感到失望了吗？

2）进行弥补，尽可能免于退款

对于一些因为不满意商品质量而提出的退款理由，客户可以采取一些物质、精神上的补偿来平衡客户的心理。

①物质补偿。物质补偿的方式很多，主要有支付宝直接返现补偿、赠送店铺礼物、升级会员享受专属特权等方式。支付宝直接返现可以按照商品原价的5%～10%的比例进行赔偿；礼品的赠送要尽量多一些，以显示店铺的诚意；当然，客服也可以通过升级会员的形式平衡客户的心理，让客户享受更多的网店专属特权，这也在一定程度上留住了客户资源。

②帮忙转让。对于一些价格较高的商品，客服可以充当中介的角色，将客户购买后觉得不合意的商品按照客户的要求，以稍低的价格放在网店页面，并列出客户的联系方式，帮助客户寻找下一位买家。

3）针对客户的不满，改善网店商品的质量和服务

市场是卖家选择出售商品类型的最主要因素，而客户则是卖家调整经营模式最重要的依据。店铺想要降低商品的退款率，最根本还得从自己的产品着手。在收集完客户的意见之后，店铺应根据客户需要调整自己的商品。满足了客户的需要，改善了店铺商品的质量，店铺退款率自然也就下降了。

打铁还需自身硬，降低退款率最行之有效的办法就是集中对自己商品质量的完善，顺应客户的需求便是对市场的顺应。

6.2.2 响应时间的统计

在网店的运营过程中，卖家会想出很多提升销售额的方法，甚至通过付费推广让更多的人了解自己的产品，但他们往往忽略了客服在速度和效率上的提高能够在很大程度上为自己节约不少成本，而更快的回复速度和更短的回复时间能够促成咨询客户的成交。客服旺旺相应速度分为首次响应时间和平均响应时间。

客服的首次响应时间是指客服从收到客户的咨询信息后到第一次回复客户的间隔时间，10秒以内的首次响应时间是比较合理的。客服平均响应时间是指客服在与客户的整个聊天过程中，回复客户咨询时间的平均值，16秒以内的平均响应时间是较为理想的状态。

（1）影响客服响应时间的因素

我们都知道客服的响应时间很重要，但客服在工作中总会因为各种各样的原因，增加客户的等待时间，那么影响客服响应时间的因素有哪些呢？如图6–11所示。

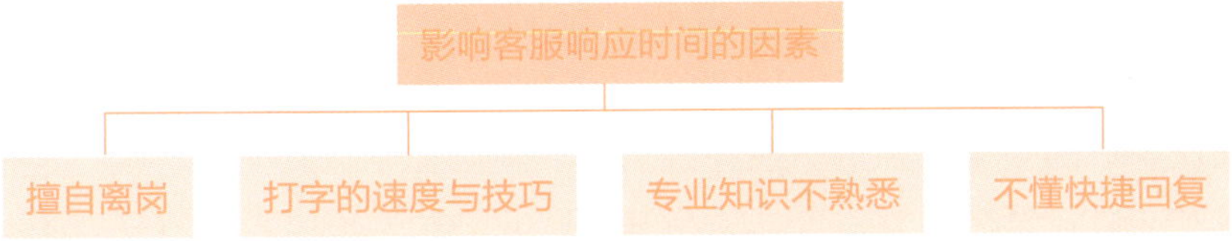

图 6–11　影响客户响应时间的因素

1）擅自离岗

客服工作需要随时面对着计算机，因为客户的咨询会随时出现。这要求客服在工作时间要保持高度注意力，不能擅自离开电脑。如果在客服离开期间遇上客户咨询，却无人响应，无疑会给客户留下不好的印象。当然，客服在工作中难免会因为一些紧急事情离开，这就需要客服在离开的时候将自己的旺旺头像从“在线状态”调整为“离线状态”“忙碌状态”或者“隐身状态”。

当客服要离开岗位的时候，除了要调整自己的旺旺状态以外，还需要与其他客服进行工作交接，将前来咨询的客户转给其他客服帮忙服务，切忌让客户久等。

2）打字的速度与技巧

提高客服的打字熟练度是快速提高阿里旺旺回复速度最行之有效的办法，那如何提高客服的打字熟练度呢？这没有什么捷径，只有通过不断的练习。一般而言，客服合格的打字速度应在65字/分钟左右。很多淘宝卖家会选择一些固定的打字测试软件，定期测试客服的打字速度。其中金山打字通是较为常用的打字测速软件，这个我们之前已经详细讲述过了。

除了打字速度影响客服的响应时间外，打字技巧也很重要。很多时候客户提出的问题可能需要客服用较多的文字去解释、回答，客服在回答这类问题的时候要注意打字技巧，切记分段打字发送。因为这类问题的答案文字较多，要完整回答需要的打字时间较长，很多时候一些客户会误以为客服不搭理他，从而会关闭对话窗口，而分段发送文字可以减少客户等待的时间，实时与客户进行互动，对于客户没有理解透彻的细节也可以进行补充说明。

3）专业知识不熟悉

客户询问什么，客服不懂什么，这时只有翻翻商品详情页，问过同事之后才能准确回答客户的问题，这样能不影响客户的等待时间吗？对商品专业知识的不熟悉，在很大程度上会增加客户的等待时间，降低旺旺的平均响应时间，这也是影响客服旺旺响应速度的最主要因素。客服需要按照前面章节所讲的内容去学习相关专业知识，提高对商品各个方面的熟悉度。

4）不懂快捷回复

回复时间快自然是好事，但客服要懂得合理取巧。如果对客户咨询的问题做个统计，便会发现客户的问题主要集中在这么几点。拿女装类商品来说，客户常常会问“产品是否有货?”“质量怎么样?”“尺寸大小是标准的吗?”“可以再便宜一点吗?”“什么时候发货?”“大概几天能收到?”等几类问题。如果每一个向我们咨询的客户都问这些问题，客服全都一个字一个字去敲打，那回复速度有多慢可想而知。这时候客服就要动动脑筋，利用阿里旺旺来设置常常回答的问题的快捷回复。

（2）三只松鼠的客服响应时间案例分析

在我国有个以服务制胜的行业案例，叫“海底捞，你学不会”，研究其案例，我们发现一个好的服务团队，并不只是懂得运用服务技巧，更多的是用心去服务，用心去感受顾客需要什么。当你“用心”的时候，才能打动人心。

三只松鼠就是这样一个年轻的团队，创造出一个新的顾客服务模式，而这一切的源点，是基于大家对松鼠文化的共同认知，一致的信仰、一致的思维模式、一致的服务理念。松鼠客服团队的每个人都要用心对待“主人”，不断学习、更新产品知识和服务技巧，成为优秀的松鼠客服。

30秒内快速响应，永远做最后一个结束对话的人，“用心去真诚交流”，如图6-12。在三只松鼠，客服所承担的角色实质上是品牌工作者而并非销售，与消费者聊天的目的不再充满功利性。每天松鼠的客服人员都会围在一起，在后台查阅聊天记录，并将一些好的、有意思的对话进行截屏分享，将那些模棱两可的，甚至听起来不够友善、不够萌的进行完善。有趣的是，当出发点更为简单、单纯的时候，销售额却不断递增。

某一年的春节期间，一名上海的男主人来到三只松鼠的天猫旗舰店购买产品想要送礼，他很纠结，不知道该买哪些产品组合成礼包，客服很细心地为他准备了好几种方案，有送父母的、送老师的、送同事的、送朋友的等，“主人”下单成功后，硬是要了这名客服的联系方式，觉得这样细心又耐心的姑娘实属难找，并坚持为她寄了一个手工小礼物。

图 6-12　三只松鼠的客服响应

三只松鼠的客服部门叫“全球客户满意中心”，简称“客满部”，做到一切以消费者为中心。在他们看来，每一次聊天都很有成就感。“被主人点名表扬的感觉和被‘男神’表白的心情一样激动，”客满中心的小松鼠说，“你会发现每一次的用心交流都能得到一个善意的回应”。“觉得主人像身边的朋友吗?”我问。她摇摇头：“比朋友还要亲密一点。”

现在，三只松鼠前台送来的快递中，还常常有“主人”为客满小松鼠寄过来的小礼物。

做客服能做到像三只松鼠一样的极致，也是值得很多网店学习的。

课后实训

1. 以下为客服与顾客对话的场景，分析客服面对讲价的客户所用的销售技巧是否恰当，如有不当该如何改正?

客户：老板，给我一个折扣呗。

客服：亲，已经是最低价了。

客户：我可是你家的老顾客了，就打个折，下次还会来的。

客服：亲，真的是没办法，抱歉。

2. 以下为客服催付的场景，分析客服的催付技巧是否恰当，如有不当该如何改正?

客服：亲，您好，我是×××的客服×××，您今天上午10点在我们店铺拍了一条裙子，您还有印象吗? 是这样的，看您没有支付呢～您的眼光真好，这个宝贝很热销的，同一时间有很多买家购买，不知道是什么原因没有完成付款呢? 有没有需要我帮助的地方呢?

客户：没有哈。

客服：您好，我们已经在安排发货了，看到您的订单还没有支付，这里提醒您现在付款我们会优先发出，您可以很快收到包裹哦!

客户：知道了，你已经说了很多次了。

项目七

客户关系管理

项目导学

自人类有商务活动以来，客户关系就一直是商务活动中的一个核心问题，也是商务活动成功与否的关键之一。建立良好的客户关系是电子商务时代企业赢得利润和重复业务的基础，而利润和重复业务是电子商务企业的成功所在。良好的客户关系需要企业将“以客户为中心”的理念贯穿于全部的经济运营活动中，并通过个性化的产品和服务以及优秀的品牌效应来赢得客户的信任和长久的合作，从而为企业获得更多的财富创造条件。

通过本项目的学习，能让您理解客户关系管理的内涵、目标和作用，了解客户关系管理在电子商务活动中的应用，并掌握开发新客户和维护老客户的方法及技巧。

学习目标

1．了解客户关系管理的含义和种类

2．知道客户关系管理认识的误区

3．了解客户关系管理在电子商务中的应用

4．知道新客户的开发和老客户的维护技巧

学习框架

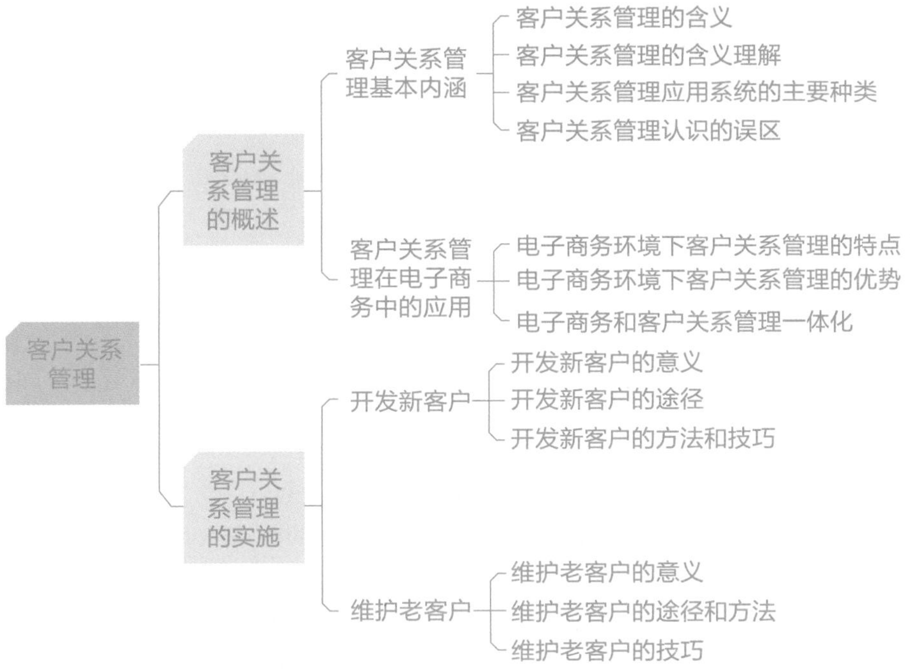

7.1 客户关系管理的概述

7.1.1 客户关系管理基本内涵

（1）客户关系管理的含义

客户关系管理就是通过有效的管理制度和技术工具，不断加强与客户交流，不断了解客户需求，不断挖掘客户价值的过程。

电子商务环境下的客户关系管理：是指企业借助网络环境下信息获取和交流的便利，充分利用数据仓库和数据挖掘等先进的智能化信息处理技术，把大量客户资料加工成信息和知识，用来辅助企业经营决策，以提高客户满意度和企业竞争的一种过程或系统解决方案。

我们来看一个线下客户关系管理的经典案例，其中的客户关系管理思维值得很多网店借鉴。

“海底捞”的客户关系管理

四川海底捞餐饮股份有限公司成立于1994年，是一家以经营川味火锅为主，融会各地火锅特色于一体的大型跨省直营餐饮民营企业。其通过对员工满意度和客户满意度的双满意度考察体制，成功打造了火锅行业“五星级服务”典范。公司始终秉承“服务至上、顾客至上”的理念，以创新为核心，改变传统的标准化、单一化的服务，提倡个性化的特色服务，致力于为顾客提供愉悦的用餐服务；在管理上，倡导双手改变命运的价值观，为员工创建公平公正的工作环境，实施人性化和亲情化的管理模式，提升员工价值。二十几年来历经市场和顾客的检验，成功地打造出信誉度高，颇具四川火锅特色，融会巴蜀餐饮文化“蜀地，蜀风”浓郁的优质火锅品牌。图7-1所示为海底捞火锅的Logo。

图 7-1　海底捞火锅 Logo

海底捞就餐前后的服务过程如下。

1）用餐前

“海底捞”门店有专门的泊车服务生，主动代客泊车，停放妥当后将钥匙交给客人，等到客人结账时立即提车到店门前，客人只需要在店前稍作等待。此外还有免费的擦车服务，在任何一家“海底捞”店里的等候区都可以看到如下的景象：大屏幕上不断打出最新的座位信息，几十位排号的顾客坐在那儿悠闲地吃着免费水果，喝着免费的饮料，享受店内提供的免费上网、擦皮鞋和美甲服务。

2）点餐时

“海底捞”不像其他火锅店为了多挣钱尽可能增加点菜量，如果客人点的量已经超过了可食用量，服务员会及时提醒客人，可想而知，这样善意的提醒会在我们的内心形成一道暖流。此外，服务员还会主动提醒食客，各式食材都可以点半份，这样同样的价钱就可以享受平常的两倍的菜色。

3）就餐时

大堂里，女服务员会为长发的女士扎起头发，并提供小发夹夹住前面的刘海，防止头发垂到食物里；戴眼镜的朋友可以得到擦镜布；放在桌上的手机会被小塑料袋装起，以防油腻；每隔15分钟，就会有服务员主动更换你面前的热毛巾，如果你带了小孩子，服务员还会陪他在儿童天地做游戏，使顾客能轻松快乐地享受美食。

4）就餐后

餐后，服务员会送上口香糖，一路遇到的所有服务员都会向你微笑道别。

那么他们的客户关系管理具体是怎么做的呢？

1）客户关系

①建立良好服务顾客档案。“海底捞”的员工会记录自己招待的顾客的生日，顾客家庭人口数，他们孩子的生日以及他们的结婚纪念日和其他顾客信息等。根据以上建立的顾客档案与顾客保持不断联络，让他记住你，并成为朋友。

②呼叫中心成为焦点。“海底捞”区别于其他同类或者类似餐厅的是，它租用了自己的专属呼叫中心，并且很有特色。“火锅外卖”这种新鲜的服务被很多媒体关注，这种“特色服务”因极大地挑战了人们的想象力而迅速成为热点话题。海底捞是国内首家推出这种服务的，他们称之为“HI捞送”。有别于普通外卖的“HI捞送”，消费者只需要拨打一个电话到海底捞的呼叫中心，将需求告知接线员，呼叫中心系统会快速地记录、存储、生成订单统一派发，菜品、炊具、餐具就会全部送到家里。并且整个的订单派发过程还能够实时跟单，帮助海底捞轻松实现了传统餐饮向电子商务的转型。应用于海底捞的呼叫中心系统，完全采用租用模式，对于需要随时增减坐席、增加业务功能、前期不想占用太多资金在呼叫中心上的企业来说，租用型呼叫中心系统无疑是最好的选择，免去了软硬件的资金投入和维护的人员精力投入，企业可以把更多的资金和精力放在经营自身的业务上，让呼叫中心成为企业经营的助推器而不是负担。

③聚客效应。“海底捞”的这些忠诚客户能够给企业带来聚客效应。自古以来，人气就是商家发达的生意经。一般来说，人们的从众心理都是非常强的，常常追捧那些最热门的企业和品牌，因此，是否已经拥有大量的客户将会成为人们聚焦的重要考虑因素之一。就像我们外出就餐或者购物的时候，经常发现排队的客人越多，越有人去排队，而那些空荡荡的地方本来就没什么人，那么就更不会引起顾客的兴趣，就越没人去了。也就是说，已经拥有较多客户的企业将容易吸引过多的新客户的进入，从而使企业的客户规模形成良性循环。海底捞的这些顾客能够给企业带来聚客效应。逐渐被顾客熟知的海底捞在众多顾客和媒体的追捧下使其成为更多消费者的选择。

2）价值创造机制

①客户价值主张：提供优质服务。

②海底捞重塑服务利润链，同时提升员工满意度和顾客忠诚度。

服务利润链由以下几个循环构成：分别是员工能力循环，员工满意度循环，顾客忠诚度循环，企业盈利循环。以企业盈利循环为主线，四个循环之间又相互作用。

海底捞的服务利润链，企业对员工好—员工有干劲—员工对客户好—客户体验良好—忠诚顾客再次消费和口碑推广—企业获利。

3）模式分析

模式：接触客户—了解客户—服务客户

①接触客户。在就餐前、就餐时和就餐后，员工通过替客户泊车，擦车，提醒客户按需求点餐，主动为客户节省成本等服务接触客户，通过接触顾客从而了解到客户的需求，更好地为顾客提供服务，让客户体验到宾至如归的服务感受。

②了解顾客。根据建立的顾客档案与顾客保持不断联络，让顾客记住你，并成为朋友，目的只有一个：让客户永远记住我们，当他们想吃火锅的时候，第一个想到的就是我们。最高境界就是：让顾客习惯我们的服务！

③服务客户。海底捞通过对员工满意度和客户满意度的双满意度考察体制，成功打造了火锅行业“五星级服务”典范。公司始终秉承“服务至上、顾客至上”的理念，以创新为核心，改变传统的标准化、单一化的服务，提倡个性化的特色服务，致力于为顾客提供愉悦的用餐服务。

4）综合评价

作为一个企业，需要有良好的服务，并有较大的客户群，而且能够留住客户是需要花很多心思的，海底捞作为一个成功的案例给了我们启示，一个企业要想发展，客户关系管理是不可忽视的。

（2）客户关系管理的含义理解

1）客户资源是企业最重要的资产

客户资源是一个企业最终实现交易并获得现金收入的唯一入口，是实现企业利润的唯一来源。企业如果没有客户资源，其产品就不能实现交换，服务也无法交付，那么企业的一切活动都将毫无意义。所以，以客户为中心是客户关系管理的最高原则。

2）建立客户忠诚度是企业实施客户关系的根本目标

客户忠诚是指高度承诺在未来一贯地重复购买偏好的产品或服务，且不会因市场态势的变化和竞争性产品营销努力的吸引而产生转移行为。客户忠诚是企业取得竞争优势的源泉。

3）客户关系具有生命周期

一个完整的客户关系生命周期包括关系建立、关系发展、关系维持和关系破裂四个阶段。客户关系的发展阶段具有不可逾越性。

4）客户关系管理的两项基本任务

并不是每个客户都具有同样的价值，因此，识别有价值的客户是客户关系管理的首要任务。识别出有价值的客户以后，如何留住他们，并实现他们对企业价值的最大化，这是客户关系管理的重要使命。

5）客户价值的判别依据

企业在与某一具体客户保持交易关系的全过程中所获得的全部利润的现值构成客户的全生命周期利润。对于现有的客户，客户全生命周期利润主要由“客户当前价值”和“客户增值潜力”两部分构成。

①客户当前价值：在假定客户现行购买行为模式保持不变的情况下，客户未来可为企业创造的利润的总和。

②客户增值潜力：假定企业采用更积极的客户关系管理策略，使客户购买行为模式向着有利于增大企业利润方向发展时，客户未来可为企业增加的利润的总和。

6）客户关系管理软件是实施客户关系管理的支持平台

客户关系管理是一种先进的管理模式，其实施要取得成功，必须有强大的技术和工具的支持。客户关系管理软件是实施客户关系管理必不可少的一套技术和工具的集成，它基于网络、通信、数据库等信息技术，能实现企业前台和后台不同职能部门的无缝链接。

（3）客户关系管理应用系统的主要种类

按照目前市场上流行的功能分类方法，客户关系管理应用系统可以分为操作型、分析型和协作性3种类型。

1）操作型客户关系管理系统

操作型客户关系管理系统通过基于角色的关系管理工作平台，可实现员工的授权和个性化设置，使前台交互系统与后台订单系统实现无缝链接，并与所有客户交互活动同步。

这种系统设计的目的是让企业各部门的业务人员在日常工作中能够共享客户资源，减小信息流动的滞后性，从而力争把企业变成一个单一的“虚拟个人”呈现在客户面前，使企业作为一个统一的信息平台面对客户。当客户与企业做生意时，尽管可能会与不同的部门打交道，却能像是与一个（而不是多个）好朋友做生意一样，会始终如一并前后呼应，从而可大大减少客户在与企业的接触过程中产生的种种不协调。

2）分析型客户关系管理系统

分析性客户关系管理系统的用户不需要直接与客户打交道，而是从操作型客户关系管理系统所产生的大量交易数据中提取各种有价值的信息，对将来的趋势做出必要的预测，从而为企业的经营决策提供可靠的量化的依据。

该类系统属于一种企业决策支持工具，它主要利用数据仓库、数据挖掘等计算机技术进行设计，可将完整、可靠的数据转化为有用的信息，再将信息转化为知识，进一步为整个企业提供战略上和技术上的商业决策，为客户服务和新产品研发提供准确的依据，使企业能够把有限的资源集中服务于所选择的有效的客户群体，并与这些客户保持有效益的长期的合作关系。

3）协作型客户关系管理系统

借助于协作性客户关系管理系统，可让企业客服人员与客户一起完成某项活动。由于该类系统要满足企业员工和客户一起完成某项任务的要求，因此具有访问速度快、处理时间短等特点。

该类系统目前主要由呼叫中心、客户多渠道联络中心、帮助台及自助服务帮助导航等部分组成。具有多媒体、多渠道整合能力的客户联络中心是协作型客户关系管理系统的发展趋势，其作用是提供最新的交换技术，使客户在任何时间、任何地点均可通过方便的渠道了解相应的产品和服务。

（4）客户关系管理认识的误区

企业部署客户关系管理系统，是一项复杂的系统工程，需要依据企业的长期发展战略，有计划、分阶段地稳步推进。实际上，多数企业在选择建设客户关系管理项目时，没有建立在对企业自身业务和整个运营方式深入了解的基础上，加之在项目的实施过程中缺乏长远发展战略的指导，这种盲目的选择往往可能导致不良后果。

目前人们对客户关系管理的认识还存在不少误区，主要表现在以下几个方面。

1）客户关系管理系统是一个销售管理系统

首先，客户关系管理系统并不等同于一个通用计算机软件系统。其次，传统的销售管理系统只是一个部门级的管理软件，而客户关系管理系统则是一个企业级的管理软件，销售的自动化管理只是客户关系管理中的一个功能。客户关系管理系统功能的丰富性是传统的销售管理系统所无法相比的。

2）只有大型企业才需要进行客户关系管理

客户关系管理是一个商业理念，适用于所有从事经营活动的产品或服务的提供者。即使一个企业没有采用任何现代意义上的客户关系应用技术，它仍然可以根据客户关系管理应用技术改善企业内部某些不合理的流程及客户维持的薄弱环节。

3）客户关系管理只是比客户联系人管理多了一些功能而已

在真正接触客户关系管理系统以前，人们很容易将客户关系管理系统想象为客户描述性信息（如联系人的地址、电话等）管理系统。实际上，客户关系管理系统作为一个企业级的应用系统，它可以从根本上改变整个企业的文化环境和运行机制，而联系人管理只是其中的一项基本功能。

4）如果客户关系管理系统好用，那就买一个来试试

具有这种想法的人是把客户关系管理系统当成了一般的软件。实际上，客户关系管理系统的应用将改变企业深层次的运作机制，涉及人、流程和技术三方面要素。因此将是一个比较漫长的过程。

5）客户关系管理就是要让客户百分之百的满意

首先，客户关系管理的根本目标是使客户资源价值最大化；其次，在大多数情况下，企业是无法使所有客户都同样满意的，因为这不但涉及企业的成本，而且与客户期望值直接相关，这不是企业所能控制的。

7.1.2　客户关系管理在电子商务中的应用

（1）电子商务环境下客户关系管理的特点

在电子商务环境下必须有新型的客户关系管理模式，这种客户关系管理模式是通过

互联网为客户提供服务的，同时客户也可通过在线方式获取信息和自助式服务，即电子化客户关系管理。与传统的客户关系管理相比，电子化客户关系管理具有以下特点，如图7-2所示。

图 7-2　电子化客户关系管理的特点

1）整合性

它包含了前端和后端的整合。前端指的是统一的联系渠道，它使得企业可以同时让客户根据自己的情况，在不同时间以电话、传真、网站或电子邮件等各种方式与企业接触。更重要的是，不论是服务专员还是自动化装置，企业所提供的解答，都应当一致。后端则是指用先进的资料分析方法，深入探索客户相关的知识，作为客户关系管理的依据。

2）一对一

电子商务环境下，客户的个性化需求越来越明显，电子化客户关系管理是以每一个客户作为一个独特的区域，所以对客户行为的追踪和分析，都是以单一客户为单位的，发现他的行为方式与偏好。同时，应对策略或营销方案也是依每个客户的个性来提供的。与客户一对一就是为了让客户能够真正满意并成为忠诚客户，这是唯一的目标，与客户一对一不是为了取悦客户而是让客户接受产品和服务并使消费体验高于期望值，从而达到满意并持续购买服务。

3）实时性

电子商务环境下客户快速地接受大量信息，所以客户的偏好也在不断地改变。企业必须不断地观察客户行动的改变，并立即做出应对策略，才能掌握先机，赢得客户。

4）数据库

营销结合基于互联网的客户关系管理是一个完整的收集、分析、开发和利用各种客户资源的系统。这种新型的系统应该与数据库营销相结合，客户与公司交往的各种信息都能在客户数据库中得到体现，数据库营销能最大限度地满足客户个性化的需求。

（2）电子商务环境下客户关系管理的优势

在电子商务环境下，相对于传统商务环境，电子化客户关系管理具有以下优势。

1）易运作

互联网只需要企业上网就能进入网络环节，这减少了许多传统环境下的中间环节，互联网缩短了公司与客户之间的距离，信息的广泛交流不仅提高了商务效率，也使电子商务从业者对环境的适应性增强。

2）灵敏度高

互联网是一个快速变化的空间，各种各样的用户需求随时会出现，电子化客户关系管理总能快速地做出反应。

3）全球性

目前几乎所有的国家和地区都联入了互联网，企业通过互联网可与全球的客户进行交流合作，大大地削弱了商业活动的地理空间限制。

4）交互性

互联网的快速反应和回复，使得企业在该环境下可与客户进行实时信息交流，高效率地完成全部信息的交换过程。

（3）电子商务和客户关系管理一体化

在电子商务环境下，市场竞争激烈，客户关系显得尤为重要，只有将电子商务和客户关系管理一体化才能使企业资源运用和价值实现发挥出最大效能，企业必须把实现电子商务看作是客户关系管理整体战略的首要部分。

电子商务和客户关系管理一体化的做法是将网站和公司的客户数据库连接起来，网站可以通过对客户网页浏览的顺序、停留的时间长短为这位客户建立个人档案，识别出具有相似浏览习惯的客户。电子商务前端的客户关系管理应该和企业的内部管理系统连接起来，不管客户从哪个渠道进来，都可以与后台的企业管理系统连接起来。网站的一切工作都应围绕着客户需求这一中心，要符合客户的浏览习惯，充分考虑到客户在网上碰到困难时需要的帮助和技术支持，开展网上自助服务，客户根据自己的意愿，随时随地上网查询，自行解决自身遇到的问题，以帮助降低成本。同时，还可以为客户定制在线购物经验、定制广告、促销活动和直接提供销售报表。

7.2

客户关系管理的实施

××作为长沙×××实业有限公司天猫旗舰店的客服人员，充分认识到在客户关系管理中开发新客户和维护老客户的重要性，她说："做生意不能一直坐等着客户上门，更不能认为老客户没有什么用，那样会导致店铺生意越做越差，个人收入也越来越低。"所以，客服人员一定要重视新客户的开发和老客户的维护，这样企业才能长久地发展下去。

作为天猫旗舰店的客服人员，不仅要熟悉和掌握天猫会员关系管理工具的使用方法和技巧，还要掌握开发新客户和维护老客户的理论和方法。

7.2.1 开发新客户

（1）开发新客户的意义

思考开发新客户的意义对企业改变自身的做法会有帮助。单纯依靠老客户，企业通常只能保持现状。

例如，即使企业能让80%以上的老客户回头，同时也需要把这些回头的老客户变大20%以上，才能维持营收的现状。让80%的老客户回头和让客户变大20%，对许多企业来说都是一件困难的事情。

一个企业想健康平稳地发展必须做好两件事：

①实现合作客户忠实度的最大化；

②不断挖掘新客户资源并将其发展成合作客户。

（2）开发新客户的途径

对网店来说，获取新客户可以通过以下4种途径。

1）老客户介绍

如客户购买了某产品，朋友也喜欢，于是介绍朋友来购买。

2）广告宣传

网店在网上发布广告信息或参加营销推广活动，等着客户找上门。

3）销售人员开发

网络销售人员可以通过搜索引擎的关键词查找或分类目录查找客户资料，主动联系客户；也可以借助电子商务供求平台查找需求信息，联系客户。

4）客服人员开发

一般情况下，网络新客户的第一次成交难度是最高的，因为会存在着怀疑、不信任、怕承担风险等心理。销售过程中，客服应该紧紧地把握客户心理，努力快速地促成第一次成交。

（3）开发新客户的方法和技巧

1）克服心理障碍，保持积极的成交态度

对于一些新手客服人员来说，在推销的过程中经常会产生一些不利于成交的心理障碍，如担心成交失败。因为在沟通的过程中，气氛往往是比较紧张的，尤其当客服在通过各种方式向客户传达商品信息的时候（如介绍新品、介绍店铺主推的爆款等）。

客户经常会发出一些疑问，去怀疑你的产品价格、产品质量、产品的售后服务，甚至会怀疑客服人员本身，这时有一些客服人员就会紧张，甚至会词不达意。一旦出现这种情况，成交就比较难以实现。因此，客服人员的心理是销售成功的基础，只有坚定自信，保持积极的成交态度，加强心理方面的训练，才能消除各种不利于成交的心理障碍，顺利地促成交易。

在工作中，客服要注意以下几点：

①正确地对待失败。推销失败是销售过程中经常遇到的情况，但是有一些客服人员在经历了几次失败以后，成交失败的心理障碍就会出现。

②要有自信心。很多人觉得做客服工作低人一等，有不同程度的职业自卑感。

③要有积极主动的心态。很多客服人员认为客户会自动提出成交请求，或者以为客户在交流结束的时候会自动购买产品，因此在销售过程中总是慢慢等待。

2）用心做好服务，及时主动地促成交易

在互联网环境中，客户通常处于优势地位，尤其是在消费品市场，基本不愿意主动地提出成交请求，更不愿意主动明确地提示成交。但是客户的购买意向总会有意无意地通过各种信号表现出来，如语言文字信号、行动信号等。

比如，客服人员一般可以尝试性地用下面的语言提示客户成交：

“亲，您现在下单的话，还来得及赶在今天下午之前发货。”

“亲，我们这款衣服因为是新品，只有前10名客户才能享受到这个价格哦！”

“亲，在这个月底后，我们这个宝贝的价格就要涨50元钱了。”

3）不要轻易地亮出王牌

客服人员在实际的推销工作中，要学会保留一定的退让余地，不要轻易地亮出王牌。许多成交都要经过一番沟通与交流、讨价还价等，客户从对所销售的商品产生兴趣到最终做出购买决定，是需要一定的时间的。

因此，客服人员应该讲究技巧，不到万不得已的时候不要把最后的王牌露出来。比如，在成交的关键时刻，客服人员可以用下面的语言进一步引导客户，增强客户的购买决心：

"亲，如果现在购买的话，我们还有小礼品赠送，这个活动到××日就截止了。"

"亲，宝贝都是最低价，亏本卖的，没有利润的，亲谅解哦！"

"亲，满××元仓库会随机送一份小礼品哦，礼物代表一份心意，希望您喜欢哦！"

4）正确地对待没有成交的客户

成功的销售总是从被拒绝开始的，第一次接触就能成交的概率是很低的，但是第一次被拒绝并不意味着失败，用心地服务客户，与客服交朋友，就有可能达成最后的成交。

对待没有成交的客户，客服应该想办法建立潜在客户数据库，在互联网时代，这个目标更容易实现。例如，主动加客户为好友做好备注，鼓励客户收藏、加入我们的QQ群，成为我们的微博粉丝、微信粉丝等。

5）把握成交时机，随时促成交易

客服人员一定要机动灵活，能够随时发现成交的信号，把握每一个转瞬即逝的成交时机。一个完整的销售过程往往要经历寻找客户、与客户接触、处理异议和下单成交等不同的阶段，这些不同阶段之间相互联系、相互影响、相互转化。

在销售的任意一个阶段，随时都有可能成交，一旦时机成熟，客服人员就应该立即促成。很多客服也许非常擅于接近客户并且说服客户，但是总是抓不住有力的成交时机，经常功亏一篑。把握成交时间，要求客服人员具备一定的直觉判断力，具备了这种特殊的职业灵感，才能及时有效地做出准确无误的判断。

7.2.2 维护老客户

（1）维护老客户的意义

维护老客户对每个企业来说是非常重要的，主要表现在以下4个方面。

1）使企业的竞争优势长久

企业的服务已经由标准化细致入微服务阶段发展到个性化客户参与阶段。成功的企

业和成功的客服人员，把留住老客户作为企业与自己发展的头等大事。

2）使成本大幅度降低

发展一位新客户的投入是巩固一位老客户的5倍，确保老客户的再次消费是降低销售成本和节省时间的最好方法。

3）有利于发展新客户

在商品琳琅满目、品种繁多的情况下，老客户的推销作用不可低估。

4）会获取更多的客户份额

忠诚的客户愿意更多地购买企业的产品和服务，忠诚客户的消费支出是随意消费支出的2～4倍。

（2）维护老客户的途径和方法

企业要千方百计地留住老客户，维护老客户的途径和方法主要有以下5个方面。

1）明确客户需求，细分客户，积极满足客户需求

具体方法主要有以下几点：

①利用优惠措施，加强与客户的沟通交流。更多优惠措施，如数量折扣、赠品、秒杀、试用、更长期的赊销等。经常和客户进行沟通交流，保持良好融洽的和睦关系。

②特殊客户特殊对待。根据80/20法则，公司利润的80%是由20%的客户创造的，并不是所有的客户对企业都具有同样的价值，有的客户带来了较高的利润率，有的客户对于企业具有更长期的战略意义。

美国《哈佛商业评论》杂志发表的一篇研究报告指出：多次光顾的客户比初次登门的客户可为企业多带来20%～85%的利润。所以善于经营的企业要根据客户本身的价值和利润率来细分客户，并密切关注高价值的客户，保证他们可以获得应得的特殊服务和待遇，使他们成为企业的忠诚客户。

③提供个性化服务。提供系统化解决方案，不仅仅停留在向客户销售产品的层面上，要主动为他们量身定做一套适合的系统化解决方案，在更广范围内关心和支持客户的发展，增强客户的购买力，扩大其购买规模，或者和客户共同探讨新的消费途径和消费方式，创造和推动新的需求。

2）建立客户数据库，和客户建立良好关系

在信息时代，客户通过互联网等各种便捷的渠道可以获得更多、更详细的产品和服务信息，使得客户比以前更加聪明、强大，更加不能容忍被动的推销。与客户的感情交

流是企业用来维系客户关系的重要方式，日常拜访、节日的真诚问候、婚庆喜事、过生日时的一句真诚祝福、一束鲜花，都会使客户深为感动。

交易的结束并不意味着客户关系的结束，在售后环节还要与客户保持联系，以确保他们的满足感持续下去。由于客户更愿意和与他们类似的人交往，他们希望与企业的关系超过简单的买卖关系，因此企业需要快速地和每一个客户建立良好的互动关系，为客户提供个性化的服务，使客户在购买过程中获得产品以外的良好心理体验。

3）与客户深入沟通，防止出现误解

客户的需求不能得到切实有效的满足往往是导致客户流失的最关键因素。一方面，企业应及时将企业经营战略与策略的变化信息传递给客户，便于客户工作的顺利开展。

另一方面，善于倾听客户的意见和建议，建立相应的投诉和售后服务沟通渠道，鼓励不满的客户提出意见，及时处理客户的不满，并且从尊重和理解客户的角度出发，站在客户的立场去思考问题，采用积极、热情和及时的态度。大量实践表明，2/3的客户离开其供应商是因为对客户的关怀不够。

4）制造客户离开的障碍

一个保留和维护客户的有效办法就是制造客户离开的障碍，使客户不能轻易去购买竞争者的产品。因此，企业自身要不断创新，改进技术手段和管理方式，提高客户的转移成本和门槛；从心理因素上，企业要努力和客户保持亲密关系，让客户在情感上忠诚于企业，对企业形象、价值观和产品产生依赖和习惯心理，就能够和企业建立长久关系。

品牌的层次与其客户参与的程度存在着一种正比的关系。如果企业品牌在客户心目中的层次和地位越低，客户参与企业的愿望就越弱，而如果一个品牌在客户心目中的层次和地位越高，甚至认为这个品牌关系到自己的切身利益，那么这个客户就越愿意参与这个企业的各种活动，企业与客户的关系就越紧密，特别是当他们将品牌视为一种精神品牌，这种参与程度可以达到最高境界。

因此，这就要求企业必须改变以往的单向的灌输式信息传播方式，而尽量与客户进行沟通和互动，让客户参与其中，才能建立起长期稳定的客户感情和友谊，从而立于不败之地。

5）不断培训服务人员，培养忠实的员工

忠实的员工才能够带来忠实的客户。失败的客服人员常常是从找到新客户来取代老客户的角度考虑问题，成功的客服人员则是从保持现有客户并且扩充新客户，使销售额越来越多，销售业绩越来越好的角度考虑问题。

对于新客户的销售只是锦上添花，没有老客户做稳固的基础，对新客户的销售也只

能是对所失去的老客户的抵补，总的销售量不会增加。

从服务利润链分析可知，要保持客户忠诚必须从员工着手，具体可采取以下手段：

①注重员工培训、教育，为企业员工提供发展、晋升的机会。

②尽可能为员工创造良好的工作条件，以利于他们高效地完成工作。

③切实了解员工的各种需求，并有针对性地加以满足。

（3）维护老客户的技巧

对于一个店铺来说，如果只靠引入新客户来维持店铺成交的话，那这个店铺永远不会做得很好，因为新客户是有限的，不可能有无限的新客户让你引入。所以要把那些购买过商品的客户发展成店铺的老客户，这样店铺才会有源源不断的成交。维护老客户的技巧主要有以下几点。

1）对客户进行分类

要利用搜集好的资料把聊天工具（如QQ、淘宝旺旺、京东咚咚等）上的老客户进行分类，可以按客户的消费层次、风格、会员等级等信息来做好分类，这样既能方便管理，又能有针对性地给这些客户制定一些特殊活动。

2）建立互动平台

可以建立一个QQ群或旺旺群，把客户都拉进去，平时可以让这些买家在群里沟通，时不时也可以在群里做一些活动，活跃群里的气氛。还可以分享有用的生活常识、最新产品优惠信息等，或是对于成交后的客户进行问候，中途是否遇到疑问或有产品问题，进行记录、解决、向上反映，会让客户产生对你的依赖、信任。

3）群发消息

如淘宝的阿里旺旺不仅是买卖双方联系、交流问题的工具，也是卖家和客户联络感情的重要工具之一。

卖家利用阿里旺旺可以把客户分组添加为联系人，也可以群发消息给客户，如果有新货到了或者有促销活动等信息，阿里旺旺的群发功能可以帮助卖家迅速地通知客户。

如果在特别的节日或者某位客户生日，卖家可以利用阿里旺旺给客户送达店铺信息，随时随地和客户联系，让客户不会忘记店铺，并成为店铺的忠实客户。但是切记，发送的信息不要太官方，否则会让客户产生反感，导致删除或屏蔽你发过去的信息。

4）手机短信

手机是客户都会使用的通信工具，只是很少有卖家会利用手机来给客户发送祝福信息，手机也有群发功能，但是卖家得在平时积累客户的电话号码，这样才能在需要的时候直接使用。

曾经有一个很认真的卖家，他说自己从还是小卖家的时候就一直做一件事，那就是拿一个笔记本把每个客户的名字和喜好以及生日等信息记录下来，然后在客户生日的时候送上一条祝福信息，或者在新产品上市的时候，根据客户的喜好发信息。

这样贴心的卖家让每个到他店铺购物的客户都觉得温暖，虽然不是每个卖家都能做到这样，但是在特殊的节日给客户发一条祝福信息是件很容易做到的事情。

当然，还可以利用邮件、空间、微博、微信等方式，加强与老客户的联系，维护与老客户的关系。

课后实训

1. 选择京东、天猫、当当、唯品会、乐峰、携程、去哪儿等任意一个电子商务企业作为研究对象，了解该企业选择客户的标准、选择客户的渠道和企业通过哪些策略与客户建立关系等情况。

实训内容：

（1）了解电商企业的类别和基本情况；

（2）理解企业选择客户的标准；

（3）掌握电商企业选择客户的渠道和建立客户关系的策略。

2. 根据所学知识，完成“网店开发新客户和维护老客户的途径及方法”的方案设计，将设计内容填写在表7-1中。

表7-1　网店开发新客户和维护老客户的途径及方法

序号	方式	具体的途径和方法
1	开发新客户	1. 2. 3.
2	维护老客户	1. 2. 3.

参考文献

[1] 林海. 网店客服［M］. 北京：清华大学出版社，2014.

[2] 刘建珍，刘亚男，陈文婕. 网店金牌客服［M］. 北京：人民邮电出版社，2018.

[3] 刘桓，刘莉萍，赵建伟. 网店客服［M］. 北京：人民邮电出版社，2019.

[4] 崔恒华. 网店客服实操［M］. 北京：电子工业出版社，2018.

[5] 方玲玉. 客户服务与管理——项目教程［M］. 第3版. 北京：电子工业出版社，2018.

[6] 王国玲，李瑞吉. 客户服务与管理［M］. 第2版. 北京：中国人民大学出版社，2019.

[7] 徐茜. 金牌网店客服实战108招 小服务大效果［M］. 北京：人民邮电出版社，2019.

[8] 胡冬申. 淘宝天猫网店实战宝典［M］. 北京：北京联合出版公司，2019.

[9] 廖宵. 电商训练营 网店客服［M］. 北京：人民邮电出版社，2019.

[10] 阿里巴巴商学院. 网店客服［M］. 北京：电子工业出版社，2016.